ENTRE ARMÁRIOS E FRONTEIRAS

LINGUAGEM, CULTURA, CIBERESPAÇO E PERFORMANCE DAS MASCULINIDADES

Editora Appris Ltda.
1.ª Edição - Copyright© 2024 do autor
Direitos de Edição Reservados à Editora Appris Ltda.

Nenhuma parte desta obra poderá ser utilizada indevidamente, sem estar de acordo com a Lei nº 9.610/98. Se incorreções forem encontradas, serão de exclusiva responsabilidade de seus organizadores. Foi realizado o Depósito Legal na Fundação Biblioteca Nacional, de acordo com as Leis nᵒˢ 10.994, de 14/12/2004, e 12.192, de 14/01/2010.

Catalogação na Fonte
Elaborado por: Dayanne Leal Souza
Bibliotecária CRB 9/2162

M528e 2024	Melo, Thiago Benitez de Entre armários e fronteiras: linguagem, cultura, ciberespaço e performance das masculinidades / Thiago Benitez de Melo. – 1. ed. – Curitiba: Appris, 2024. 219 p. : il. ; 23 cm. – (Coleção Educação e Direitos Humanos: Diversidade de Gênero, Sexual e Étnico-Racial). Inclui referências. ISBN 978-65-250-6442-0 1. Homossexualidade masculina. 2. Fronteiras. 3. Sexualidade, gênero e sociedade. I. Melo, Thiago Benitez de. II. Título. III. Série. CDD – 306.76

Livro de acordo com a normalização técnica da ABNT

Appris editora

Editora e Livraria Appris Ltda.
Av. Manoel Ribas, 2265 – Mercês
Curitiba/PR – CEP: 80810-002
Tel. (41) 3156 - 4731
www.editoraappris.com.br

Printed in Brazil
Impresso no Brasil

THIAGO BENITEZ DE MELO

ENTRE ARMÁRIOS E FRONTEIRAS

LINGUAGEM, CULTURA, CIBERESPAÇO
E PERFORMANCE DAS MASCULINIDADES

Appris
editora

Curitiba, PR
2024

FICHA TÉCNICA

EDITORIAL
Augusto Coelho
Sara C. de Andrade Coelho

COMITÊ EDITORIAL
Ana El Achkar (UNIVERSO/RJ)
Andréa Barbosa Gouveia (UFPR)
Conrado Moreira Mendes (PUC-MG)
Eliete Correia dos Santos (UEPB)
Fabiano Santos (UERJ/IESP)
Francinete Fernandes de Sousa (UEPB)
Francisco Carlos Duarte (PUCPR)
Francisco de Assis (Fiam-Faam, SP, Brasil)
Jacques de Lima Ferreira (UP)
Juliana Reichert Assunção Tonelli (UEL)
Maria Aparecida Barbosa (USP)
Maria Helena Zamora (PUC-Rio)
Maria Margarida de Andrade (Umack)
Marilda Aparecida Behrens (PUCPR)
Marli Caetano
Roque Ismael da Costa Güllich (UFFS)
Toni Reis (UFPR)
Valdomiro de Oliveira (UFPR)
Valério Brusamolin (IFPR)

SUPERVISOR DA PRODUÇÃO
Renata Cristina Lopes Miccelli

PRODUÇÃO EDITORIAL
Bruna Holmen

REVISÃO
Bruna Fernanda Martins

DIAGRAMAÇÃO
Bruno Ferreira Nascimento

CAPA
Lívia Costa

REVISÃO DE PROVA
Bruna Santos

COMITÊ CIENTÍFICO DA COLEÇÃO EDUCAÇÃO E DIREITOS HUMANOS: DIVERSIDADE DE GÊNERO, SEXUAL E ÉTNICO-RACIAL

DIREÇÃO CIENTÍFICA Toni Reis

CONSULTORES

Daniel Manzoni (UFOP)
Belidson Dias (UBC Canadá)
Jaqueline Jesus (UNB)
Leonardo Lemos (Unicamp)
Wanderson Flor do Nascimento (UNB)
Marie Lissette (The American)
Guilherme Gomes (PUCRS)
Cleusa Silva (Unicamp)
Sérgio Junqueira
(Univ. Pontificia Salesiana-Roma-Italia)
Alexandre Ferrari (UFF)
Araci Asinelli (UFPR)
Fabio Figueiredo (PUCMG)
Grazielle Tagliamento (USP)
Magda Chinaglia (Unicamp)
Miguel Gomes Filho (Faed-UFGD)

Tereza Cristina (UFBA)
Jucimeri Silveira (PUC-SP)
Marcelo Victor (UFMS)
Cristina Camara (IFCS/UFRJ)
Vera Marques (Unisinos)
Antonio Pádua (UFRJ)
Lindamir Casagrande (UTFPR)
Mario Bernardo (UFRJ)
Helena Queiroz
(Universidad de La Empresa-Montevidéu)
Moisés Lopes (UNB)
Marco José de Oliveira Duarte (UERJ)
Marcio Jose Ornat (UEPG)

À minha mãe, Eva, porque resistiu, lutou e venceu. Porque foi minha primeira professora e me ensinou a ensinar; porque me mostrou o significado da palavra amor da forma mais pura e sublime: me amando; porque se doou por inteiro, retirou de si mesma tudo o que podia para me entregar; porque apostou na educação como forma de mudar a minha vida.

AGRADECIMENTOS

Agradeço infinitamente a cada pessoa que se disponibilizou a participar da pesquisa que deu origem a este livro, indivíduos com suas histórias, memórias, dores e paixões. Pessoas que me ensinaram muito, as quais me fizeram repensar sobre minhas múltiplas vidas, as que tive, as que tenho e as que terei. Sujeitos de idades, escolaridades, classes, religiões, regiões, raças, sexualidades, línguas e subjetividades diferentes, mas com sonhos em comum: deixar de sofrer por ser aquilo que se quer ser, amar intensamente sem precisar guardar seu amor no armário, não ser julgado ou discriminado por sua orientação sexual, gênero, língua, nacionalidade, raça ou etnia.

Quero agradecer, também, à minha mãe acadêmica, amiga da vida: professora Maria Elena Pires Santos, que me abraçou desde a graduação ao doutorado, confiou no meu potencial. Seus elogios e ensinamentos foram os combustíveis para eu não desistir. Suas palavras me transformaram, como profissional e como ser humano.

Aos professores Fabio Lopes Alves (Unioeste), Henrique Rodrigues Leroy (UFMG), Renan Quinalha (Unifesp), Regina Coeli Machado e Silva (Unioeste) e Samuel Klauck (Unioeste), por me ensinarem a pensar sobre o incomum, sair da caixa, furar a bolha; pela forte inspiração nos estudos da linguagem e humanidades; pelas discussões de livros e autores fabulosos que me encaminharam para complexos, mas gratificantes, caminhos.

Agradeço à minha família pela confiança e apoio, por me acolher de braços abertos, por se orgulhar de mim em cada conquista, sobretudo à minha mãe, meu porto seguro e musa inspiradora das linhas que escrevo para construir minha história no mundo.

Também agradeço a meus grandes amigos e amigas, meus irmãos e irmãs do coração, em especial àqueles e àquelas que me mostraram o valor do companheirismo, a importância do abraço afetuoso nos momentos difíceis.

Ao meu companheiro, Everton Gimenes, pelo incentivo, pelos sorrisos depois do desespero, por ser calmaria na tempestade, pelas palavras de afeto e abraços de conforto, por ser luz na escuridão.

Por fim, agradeço à Universidade Estadual do Oeste do Paraná (Unioeste), lugar onde fiz minha graduação, mestrado e doutorado, por ser de qualidade e pública, por fazer parte da história que hoje chamo de minha.

Somos una especie en viaje
No tenemos pertenencias, sino equipaje
Vamos con el polen en el viento
Estamos vivos porque estamos en movimiento
Nunca estamos quietos somos trashumantes
Yo no soy de aquí, pero tú tampoco
De ningún lado del todo
Y de todos lados un poco.
(Movimiento, *Jorge Drexler*)

O que vão dizer de nós?
Seus pais, Deus e coisas tais
Quando ouvirem rumores do nosso amor?
Baby, eu já cansei de me esconder
Entre olhares, sussurros com você
Somos dois homens e nada mais.
(Flutua, *Johnny Hooker*)

PREFÁCIO

A mesma emoção que vivenciei ao acompanhar cada parte do desenvolvimento da pesquisa de Thiago Benitez de Melo me invade novamente ao prefaciar – com muita honra –, agora em formato de livro, esta publicação admirável, sensível, instigante e provocadora, intitulada *Entre armários e fronteiras: linguagem, cultura, ciberespaço e performances das masculinidades*. Não se trata apenas de mais um trabalho acadêmico-científico, mas de uma chamada a reflexões sobre como esperançar uma sociedade mais cuidadosa, pautada no afeto, respeitando e acolhendo as diversas manifestações das identidades humanas.

A escolha do título, bem como o prólogo que anuncia o texto, já nos convida a refletir sobre a multiplicidade de significados que residem no ato de esconder, de se retrair e, consequentemente, de se expor nas intersecções das masculinidades.

Tendo como objetivo central investigar as construções das performances narrativas das masculinidades a partir de estratégias de mascaração da sexualidade homoerótica, por meio de travessias de fronteiras, de homens que se relacionam sexoafetivamente com outros homens, buscando entender a formação dos discursos voltados ao "entrar e sair do armário", o autor nos convida a explorar, nesse terreno movediço, os recantos mais íntimos e, muitas vezes, silenciados de vidas que se desenrolam nas sombras dos armários sociais.

Surpreendido pelas limitações da Covid-19 para a geração de registros, encontrou na etnografia multissituada e em movimento a forma de redirecionar sua pesquisa, inscrita no âmbito dos estudos das humanidades, da linguagem e das sociabilidades, rompendo e transgredindo as pautas disciplinares para construir uma perspectiva inter/trans/indisciplinar.

Thiago mergulha corajosamente e de forma extremamente sensível nas complexas águas das performances identitárias masculinas da sexualidade homoerótica, desvelando camadas das experiências individuais e coletivas e nos desafiando a questionar preconceitos arraigados, a desmantelar estereótipos e a reconhecer a riqueza intrínseca da diversidade das vivências homoeróticas e das masculinidades não conformistas.

A publicação deste livro ocorre no momento em que se tornam centrais ações de resistência às ameaças de retrocessos em que a intensificação do conservadorismo fortalece discursos de ódio e espalham pelas mídias sociais narrativas favoráveis à morte de sujeitos considerados divergentes na forma de expressar sexualidade e gênero.

Essa configuração, que vem gerando violência simbólica e física ao longo dos anos, tem-se intensificado nos tempos atuais, por um viés social voltado para o desprezo em relação a tudo que não se encaixa nos modos de vida construídos e estabelecidos como o modelo ancorado nos princípios hegemônicos pautados em binarismos, sem considerar os processos de sofrimento, rejeição e exclusão.

Como argumenta o próprio autor, é de importância vital trazer para fora dos armários sociais essa temática sobre corpos que, vistos como "desviados", dissidentes, como tendo práticas, vivências e experiências consideradas infames e abjetas, foram invisibilizados, vituperados e colocadas nos subterrâneos da história por discursos naturalizados.

Transcendendo os limites tradicionais da pesquisa acadêmica, somos guiados pelas mãos sensíveis do autor que nos conduz a desvelar as camadas mais profundas das experiências individuais e coletivas, engendrando reflexões que questionem preconceitos arraigados e apontando em direções outras, voltadas para a empatia, o cuidado, o afeto.

Outro importante feito do autor nesta obra foi explorar a fronteira de forma a não se limitar apenas aos espaços geográficos, mas buscando também seus significados simbólicos, culturais, históricos e políticos e, ainda, estendendo-se para além das fronteiras emocionais que, muitas vezes, aprisionam aqueles cujas identidades desafiam as normas estabelecidas. É nesse terreno movediço que o autor se aventura, vislumbrando as travessias e os atravessamentos em que o outro passa a fazer parte do eu, para compreender as nuances, as resistências e os anseios que permeiam a vida dos corpos que habitam e transitam por esse complexo espaço.

Fica, então, o convite para a leitura desta obra que certamente iluminará os questionamentos sobre nossos próprios pressupostos, nos permitindo uma jornada de autodescoberta.

Maria Elena Pires Santos
Professora da Universidade Estadual do Oeste do Paraná – Unioeste

APRESENTAÇÃO

Entre armários e fronteiras: linguagem, cultura, ciberespaço e performances das masculinidades é um livro sobre descobertas, revelações, amores, dores, decepções, alegrias e, sobretudo, é uma obra sobre libertação, sendo também libertadora! E tais epítetos só são possíveis porque eles advêm das travessias-encruzilhadas dos seus muitos e diversos personagens. É um livro sobre vidas que são performadas por meio de suas línguas-culturas transfronteiriças. Esta é uma obra em movimento e em contante transgressão! Uma obra que está se movendo o tempo todo, tal qual as subjetividades que a compõem. Identidades de gênero que habitam um entrelugar constante.

Um território físico externo, mas também um território psicológico interno, que ora se abre, ora se fecha. Um armário que ora é escudo/obstáculo, ora é mola propulsora que nos catapulta para translocais ideais de libertação, livres de quaisquer preconceitos... Uma fronteira que ora segrega, ora agrega, ora intimida, ora te convida para travessias fluidas e epifânicas. Assim como os rios que se encontram nessa Tríplice Fronteira diversa, Thiago Benitez traz, por meio deste texto confessional e libertador, narrativas de sujeitos, sujeitas e sujeites que indexicalizam um mundo real/virtual sigiloso repleto de máscaras secretas. Narrativas etnográficas que correm como um rio caudaloso em busca da realização de sua foz-desejo. O que lemos e aprendemos com essas personagens é que, muitas vezes, o gozo-regozijo não vem apenas por meio da satisfação biológica e sexual. O gozo também pode vir como um sintoma psicanalítico.

Um sintoma que advém das profundezas dos rios de recalque. Sim... Os rios e suas misteriosas profundezas também podem metaforizar desejos reprimidos, negados e denegados que vão, com muita frequência, vir para a superfície – virtual ou não – a partir da performance de uma masculinidade tóxica. Se é masculinidade já não seria tóxica? Isso também é gozo. Um gozo que fica à espreita, esperando uma sutil e inconsciente oportunidade para se manifestar em forma de preconceitos, de violências, de fobias várias, de crimes... Por isso, esta é uma obra sobre dores, mas também sobre alegrias!

Neste necessário trabalho e a partir dessa urgente temática, Thiago visibiliza seu caráter ético como pesquisador-escritor interculturalmente sensível e, sobretudo, inclusivo, trazendo para fora do armário as "solidariedades dos existires"! A Linguística Aplicada Transgressiva apresenta essa energia que transpõe padrões, amarras, tabus, regras e caixinhas positivistas e cartesianas, desuniversalizando discursos homogeneizadores, colonizadores, racistas, sexistas, LGBTQIAPN+fóbicos e hierarquizadores. Localizar os armários-colonialidades-situações-limite é muito necessário para problematizarmos, desnaturalizarmos e transpormos discursos opressores, construindo assim muitos inéditos-viáveis! Inéditos-viáveis vivos e diversos que, assim como as necessárias utopias, nos farão caminhar mirando um futuro ancestral que, certamente, atravessará muitos sertões! Mirem e vejam: os sertões contemplam muitas veredas e é isso que faz com que as infinitas e diversas travessias-encruzilhadas valham a pena! Certamente, Thiago nos faz atravessar sertões e veredas, dores e alegrias, por meio desta necessária e corajosa obra!

Uma transgressora e libertadora leitura-vivência a todes, todas e todos!

Henrique Rodrigues Leroy
Professor da Faculdade de Letras da UFMG

LISTA DE ABREVIATURAS E SIGLAS

Aids	Síndrome da Imunodeficiência Adquirida APP – Aplicativo
CID	Classificação Internacional de Doenças e Problemas Relacionados à Saúde
CIS	Cisgênero
CNS	Comissão do Conselho Nacional de Saúde
Conep	Comissão Nacional de Ética em Pesquisa
GP	Garoto(a) de Programa
GPS	Sistema de Posicionamento Global
HIV	Vírus da Imunodeficiência Humana HRH – Homens que se relacionam com homens
HSH	Homens que fazem sexo com homens
IBGE	Instituto Brasileiro de Geografia e Estatística IRC – Internet Relay Chat
LGBTQIAPN+	Lésbicas, Gays, Bissexuais, Transgêneros e Transexuais, *Queers*, Intersexuais, Assexuais, Pansexuais, Pessoas Não binárias e outras orientações sexuais e de gênero
OMS	Organização Mundial da Saúde
PrEP	Profilaxia Pré-Exposição
STF	Supremo Tribunal Federal
UFMG	Universidade Federal de Minas Gerias
UFRJ	Universidade Federal do Rio de Janeiro
Unioeste	Universidade Estadual do Oeste do Paraná

SUMÁRIO

PRÓLOGO...19

ATRAVESSANDO FRONTEIRAS, ABRINDO ARMÁRIOS..............21

1
O ATO DE ETNOGRAFAR: MUITO ALÉM DE UM MÉTODO 33
1.1 Estar *onlineOffline*: etnografia multissituada em tempos de aceleração.........45
1.2 Enquadramento metodológico: o perfil do pesquisador e o contexto da pesquisa53
1.3 O protagonismo da linguagem: performances narrativas e práticas discursivas .60
1.4 Ética na pesquisa: o cuidado com o outro 67

2
ARMÁRIOS VIRTUAIS: FAZENDO LOGIN NO GRINDR EM
CONTEXTO DE FRONTEIRA..73
2.1 O aplicativo Grindr: corpos sem cabeças e máscaras 77
2.2 Um armário particular: práticas sexuais secretas 84
2.3 Macho, discreto, sigiloso: as fronteiras entre o masculino e o feminino 89
2.4 Performances das masculinidades: ser gay sendo homem.....................96
2.5 A nova casa da direita: conservadorismo na fronteira 106

3
SE ESTAS FRONTEIRAS FALASSEM: TRAVESSIAS SIGILOSAS....... 115
3.1 Deslocamentos e sexílios: travessias pendulares no regime do armário 122
3.2 Cowboy da fronteira: a crise da masculinidade?........................... 130
3.3 Corpos *queer*: viver (n)a fronteira 134
3.4 Quando tamanho é documento: interseccionalidades penianas 147

4
NA CALADA DA FRONTEIRA: TRAVESSIAS INTERROMPIDAS 165
4.1 Travessias virtuais e sexo midiatizado na fronteira 172
4.2 Isolado, mas não sozinho: estratégias discursivas do Grindr em tempos de pandemia . 181
4.3 Fronteiras fiscalizadas, fronteiras transgredidas 185

ALGUMAS (IN)CONCLUSÕES 197

CARTA AO MEU EU CRIANÇA 203

REFERÊNCIAS 205

PRÓLOGO

Naquela madrugada, em solidão, o desejo de se deitar suado na cama com alguém pulsava em seu membro guardado na cueca úmida. Pegou o celular para escolher qual seria o corpo do dia, branco, preto, musculoso, urso, alto, baixo, macho, afeminado, parrudo ou qualquer um. O que ele queria mesmo era alguém que o fizesse sentir um prazer infinito, aqueles do tipo filme pornô, de pele a pele, pelo a pelo. Ele queria escutar e dar gemidos, colocar e ser colocado, em pé, deitado, sentado, uma, duas, quatro vezes, ir até o banheiro sentir o cheiro do pó branco na pia e voltar renovado para outras cinco, seis, nove. Ligar o chuveiro e ajoelhar no azulejo encardido olhando para cima com a garganta ardendo e os olhos em lágrimas, a mão apertando a carne em vai-e-vem. O chão cada vez mais branco, o travesseiro já esquecido no tapete com pelos, o lençol cada vez mais branco, a pele cada vez mais. Olhava para o celular para escolher o corpo da vez, esse não curte fumar, esse não faz sem capa, esse não curte afeminados, esse só curte grupal, esse está muito longe, do outro lado do rio, em outro país, esse não curte, esse não curte. Horas depois, achou aquele que parecia ser perfeito, forte, alto, peludo, tatuado, tamanho que serve. Trocaram fotos, mas só das partes, o rosto era um templo sagrado, a máscara não pode deixar-se cair assim tão facilmente. Enviaram nudes, dezoito em diante era o mínimo, aquele era vinte e um. Mandou logo o número de telefone e o endereço, precisava ocupar aquele quarto sedento. Foto? O outro perguntou. Não tinha nada a perder. Enviou. Visualizada. Passaram-se segundos, dois minutos, cinco, dez. Oi, não gostou? E nada. Pelo menos mande a sua. E nada. Não vai responder mesmo? E nada. Estava quase amanhecendo quando decidiu deixar o celular, mas o tesão ainda não havia saído do quarto, as fantasias não o deixavam apagar. Decidiu abrir um dos vídeos que sempre assistia antes de dormir, a mão direita quente movia-se verticalmente enquanto a esquerda gelada apoiava a tela já deitada do celular. Não era bem o que ele havia preparado para aquela noite, mas houve prazer, houve erotismo, houve imaginação, houve liberdade, e está tudo bem. Não tinha mais forças para tomar outro banho, mas o papel higiênico de segunda, na gaveta emperrada ao lado da cama, estava ali. Antes de dormir, decidiu ainda dar uma última visualizada nas conversas. Nada. Amanhã é sábado, com certeza será um dia melhor para caçar, a cidade está cheia de turistas que atravessam a fronteira finais de semana para ~~não precisar~~ sair do armário.

O autor

ATRAVESSANDO FRONTEIRAS, ABRINDO ARMÁRIOS

Eu sou da fronteira. Todos os meus anos vivi em Foz do Iguaçu, principalmente nasci em Foz do Iguaçu[1]. Desde muito pequeno, eu atravessava com minha mãe a Ponte da Amizade para ir ao Paraguai comprar roupas e a Ponte da Fraternidade para ir à Argentina comprar carnes. Atravessar essas fronteiras, para mim, sempre foi rotineiro, era um movimento de entrar e sair de países tão cotidiano que não parecia que eu estava, de fato, saindo de algum lugar para entrar em outro, me parecia que o Paraguai e a Argentina eram simplesmente extensões do meu bairro[2]. Estranho pensar que, hoje, eu nunca precisei de passaporte para entrar nesses países, apenas minha carteira de identidade, isso quando os guardas aduaneiros pediam.

"Sou de Foz do Iguaçu, lá da fronteira", eu respondia quando alguém me perguntava de onde eu era. Mas, para meu eu criança, a palavra *fronteira* estava sempre relacionada a cercas, arames, muros, muralhas e paredes: é aquilo que impede e proíbe a passagem. Uma ponte não haveria de ser uma fronteira, pelo contrário, seria uma ligação entre dois lugares, o símbolo perfeito para a união de dois povos. Na época, eu ainda não entendia que a travessia pela qual eu estava passando não era somente territorial, mas, sobretudo, simbólico-cultural. Eu deixava – paradoxalmente sem deixar de carregar – minha língua, naquele momento, para entrar em outras línguas. Minha cor de pele passava a interagir com outros tons. O dinheiro que eu carregava no bolso perdia ali seu valor caso eu não o cambiasse. A bandeira verde-amarela do meu país não era mais vista ali. As placas dos carros cujas letras, números e cores que eu estava acostumado a ver não apareciam mais. Minha mãe passava a assumir uma posição linguística que a fazia transitar entre línguas, já que ela havia nascido no Paraguai e, por isso, o espanhol e o guarani eram suas línguas maternas. Mas meu eu pequeno ainda não percebia que eu não estava atravessando apenas uma terra-chão, mas também uma cultura-espaço.

---

[1] Referência ao poema "Confidência do Itabirano", de Carlos Drummond de Andrade.

[2] Referência ao artigo "O Paraguai é um bairro de Foz: reflexões etnográficas sobre o território a partir de um fluxo universitário transfronteiriço", de Maria Aparecida Webber e Regina Coeli Machado e Silva (2019).

Mesmo sem perceber, muitas outras fronteiras foram sendo atravessadas por mim, também muitas outras me atravessaram. De fato, a vida é um constante ultrapassar fronteiras (Canclini, 2011) e, inegavelmente, nós nos transformamos nas fronteiras que atravessamos (Rushdie, 2007), já que elas são espaços móveis, híbridos, feitos de incessantes travessias (Anzaldúa, 1987). Foram fronteiras na escola, pela timidez; fronteiras de classe, pelas dificuldades financeiras; fronteiras familiares e afetivas, pela ausência da figura paterna; fronteiras religiosas, por muitos momentos de descrença; fronteiras corporais, pelas roupas e tatuagens; fronteiras de gênero, pela camisa de força da masculinidade hegemônica. Foram tantas também as fronteiras que deixei de atravessar – estas me intimidavam. Outras parei no meio do caminho e voltei – eu não estava preparado para encarar o outro lado. Mas a maior parte das *minhas* fronteias eu atravessei, e continuo atravessando, em um incansável ir-e-vir. Elas são linhas simbólicas que jamais se completarão, dada a arbitrariedade de suas constituições por meio de processos classificatórios instáveis (Silva, 2021). As fronteiras são intermináveis, e habitar a fronteira supõe assumir um verdadeiro e constante cruzar de caminhos, nem sempre agradáveis. A fronteira *"es una herida abierta"* (Anzaldúa, 1987, p. 25).

Porém, uma dessas fronteiras foi a mais difícil de atravessar, a travessia mais dura que tive que fazer, a qual eu sabia que, depois de ultrapassada, eu não poderia retornar ao ponto de partida: a fronteira da sexualidade. Passar por esse limite, cruzar essa linha, exigiria muito mais do que coragem e enfrentamento, era um ato de libertação, uma transgressão, a quebra do casulo; e eu já imaginava que, nesse processo, muitos ficariam ao meu lado dizendo "está tudo bem, vai dar tudo certo", enquanto outros se afastariam, não me acompanhariam nessa travessia sem volta, mudariam de caminho. Antes de passar por essa fronteira, eu sabia que, primeiramente, teria que abrir a porta. Mas eu não queria me tornar uma Alice, tendo que mudar de tamanho (ou meus ideais) para poder atravessar uma passagem que me foi imposta, mudar para caber, adaptar para encaixar, forjar para entrar – o que é irônico, já que o intuito era sair, e não o contrário. "Seria pior que a morte. Não quero a vida de outra pessoa. Quero a minha" (Rushdie, 2007, p. 236).

Em segundo lugar, eu teria que *enfrentar*. Posto à frente daqueles que eu não queria magoar ou decepcionar, eu sabia que o primeiro passo seria trêmulo, vacilante, inseguro. Eu poderia estar atravessando *minha* porta, saindo do *meu* armário, e acabar pisando em areia movediça; não havia garantia alguma que a pisada seria segura e o chão sólido. A qualquer momento eu poderia cambalear, perder o equilíbrio, cair e afundar.

Enfrentar exigiria muito mais do que coragem, já que o armário sempre foi muito aconchegante e cômodo para mim. Era um lugar onde eu sempre gostei de estar – ou me fizeram acreditar que era o melhor lugar para estar. Eu me sentia seguro ali. No meu armário particular não existiam medos, temor de sofrer preconceito pela família, *bullying* na escola, chacotas dos amigos da rua, censura da religião, exclusão no trabalho ou a vergonha da mãe. Sair do armário é um processo, muitas vezes, angustiante, e pode ser que não tenha fim. Mas eu percebia que alguma coisa estava prestes a mudar, pois há um momento, variável para cada corpo, em que é necessário abandonar as roupas usadas, "aquelas que já possuem a forma do nosso corpo, e esquecer os nossos caminhos, que nos levam sempre aos mesmos lugares. É o tempo da travessia; e, se não ousarmos fazê-la, teremos ficado, para sempre, à margem de nós mesmos" (Andrade, 1978).

Foi na adolescência, por volta dos 13 anos, que me vi dentro de um armário. Posso estar enganado, mas tenho a sensação de que todos os corpos dissidentes têm seu próprio armário particular. Alguns com portas mais abertas, ou destrancadas, outros com fechaduras invioláveis, armários que parecem não ter saída, claustrofóbicos e insalubres. Muitos desses corpos nunca chegarão a sair do seu esconderijo, talvez desistam na travessia ou, infelizmente, morrerão sufocados.

O escuro e a solidão, nesse esconderijo privado, dividem espaço com os desejos, os quais vão sendo aflorados, e ficam cada vez mais intensos com o tempo, quando temos a percepção de que estamos dentro de um armário. Vontades, tensões, tesões e atrações passam a conviver conosco, em segredo, a sete chaves. Porém, o sufocamento começa lentamente quando percebemos que o armário vai ficando pequeno demais para nossos desejos e a escuridão fria demais para um corpo em chamas.

Dar-se conta da sexualidade é deparar-se com uma nova fronteira; porém não há um momento exato e preciso, um *insight* por meio do qual tal fronteira, de repente, surge. Ela vai sendo edificada no tempo-espaço das subjetividades, nas construções das performances e nos processos de pertencimento. Às vezes, ela vai sendo quebrada lentamente da mesma maneira que foi levantada, no ambiente familiar ou escolar, mas nem sempre de forma explícita, publicamente, afinal, a própria palavra *sexualidade* carrega consigo uma carga semântica imbuída de dogmas e tabus (quase sempre religiosos), os quais também não veem com bons olhos a palavra *sexo*, relegada ao âmbito do privado e trancafiada no armário.

Lembro-me, inclusive, de que não foi em casa nem na escola que tive a primeira conversa sobre sexo com alguém; foi na internet. E uso aqui a palavra internet, propositalmente, com a preposição *na*, e não *pela*, para salientar que, para mim, ela sempre serviu, de fato, como um lugar, um refúgio. O ciberespaço me permitiu ser aquilo que no mundo físico, *offline*, eu não poderia ser, sejam por questões familiares, escolares ou religiosas. Talvez vergonha, talvez medo. Vergonha de mim mesmo e medo dos outros, ou, talvez, vergonha dos outros e medo de mim mesmo. Não sei ao certo. Esses sentimentos não são claros e nítidos quando estamos nos descobrindo sexualmente.

Foi em um chat, em uma sala de bate-papo[3], em que as pessoas usavam pseudônimos para não se identificarem, que eu pude, pela primeira vez, falar sobre sexo e desejo. Eu não sabia muito bem onde eu estava, se era um campo seguro ou perigoso, mas lembro-me de que eu era um adolescente, talvez 13 ou 14 anos, passando por vários conflitos internos como qualquer outro jovem, sobretudo conflitos relacionados à minha sexualidade, às minhas atrações e vontades. Foi na internet, também, em que, pela primeira vez, eu marquei meu primeiro encontro.

No meu armário secreto e sigiloso, chamado internet, foi onde eu via o que em lugares públicos eu não poderia ver. Era lá que eu podia visualizar fotos e vídeos de sexo e nudez sem ser julgado, mesmo com o medo de ser descoberto. Era um tipo de revista *G Magazine* com vídeos, mas que eu podia ver as imagens e depois deletar, sem vestígio algum; tudo voltava ao seu lugar. "É pecado", "é profano", "é luxúria", eu escutava na igreja. "É prazeroso", "é gostoso", "é bom", eu ouvia da carne.

Em outras palavras, a internet me mostrou as inúmeras formas de experimentar minha sexualidade e saciar meus prazeres (mas não ainda a saída do armário), ainda que uma sexualidade reprimida e proibida (por eu saber que, se alguém descobrisse o que eu estava procurando e sobre o que eu conversava, eu enfrentaria sérios problemas familiares e, provavelmente, sociais).

Mas, naquele espaço, eu me sentia seguro por saber que todas as outras pessoas que ali estavam também procuravam o mesmo que eu. Talvez não uma busca por práticas sexuais ou relações afetivas, talvez fosse apenas identificação, reconhecimento com o outro e conhecimento do outro. Entre buscas por relacionamentos sérios ou sexo casual, namoros ou pegações,

---

[3] O primeiro programa de chat foi o Internet Relay Chat, criado em agosto, de 1988, pelo programador finlandês Jarkko Oikarine. Ele foi criado com os propósitos primordiais de discutir sobre computadores e tecnologia. O IRC tornou-se uma febre entre os usuários, sendo utilizado, especialmente, para trocar arquivos e informações (Site Memória EBC). Acesso em: 11 fev. 2022.

casamentos ou orgias, aquele era um ambiente paradoxal para mim: era onde eu poderia falar sobre o que eu quisesse (desde declarações de amor romantizadas a fetiches sexuais libidinosos), mas, ao mesmo tempo, eu sabia que tudo o que acontecia nas salas de bate-papo ficava nas salas de bate-papo. Ou seja, eu poderia falar, escrever e até mesmo fazer tudo o que estivesse ao meu alcance, contanto que eu não rompesse com a fronteira do "aceitável socialmente", por mais relativa e incerta que ela fosse. A internet transformou-se, então, para mim, em um lugar no qual o "clandestino" e o "proibido" se personificavam de forma virtual, adquirindo vozes por meio dos discursos dos usuários das redes, e corpos por meio de imagens e vídeos trocados entre esses mesmos usuários.

Por isso que, assim como muitos homens que se relacionam com outros homens, minha primeira "escapada do armário" foi em direção à internet, nas salas de bate-papo, um ambiente em que pessoas tanto se conhecem, se relacionam, interagem, marcam encontros, se declaram e praticam sexo, como também discriminam, julgam, ofendem e cometem os mais diversos atos cruéis e ilegais. Os *chats* virtuais possibilitam o anonimato e o uso de criação de fantasiosos personagens, imaginação de outros possíveis *selfs,* o que modifica nossas noções de falar-de-si, fazendo-nos repetir, incalculáveis vezes, atos performativos de gênero por meio da linguagem (Butler, 2003).

Depois do grande êxito das salas de bate-papo, no final dos anos 90 e no início dos anos 2000, sobretudo os *chats* e fóruns *online* dos sites UOL e Terra, surgiu o MSN Messenger, um programa de mensagens instantâneas, criado pela empresa *Microsoft Corporation,* no qual um usuário podia se relacionar virtualmente, em tempo real, com outros usuários que tivessem o mesmo programa, criando e mantendo uma lista de "amigos virtuais", podendo acompanhá-los quando entravam e saíam da rede.

Contudo, foi com o surgimento das populares redes sociais que os modos de se comunicar e interagir tiveram sua maior transformação, meios que renovariam (e inovariam) as mais diversas formas de relacionamento entre as pessoas. O Orkut, criado em janeiro de 2004, tornou-se a mídia digital mais acessada do mundo, no começo deste século, possibilitando reunir o maior número de usuários possíveis para troca de mensagens, compartilhamentos de conteúdos (separando as pessoas em grupos, de acordo com suas afinidades), envio de convites, compra e venda de produtos etc.

E isso foi só o começo. Em fevereiro de 2004, surgiu a rede social mais acessada da história, ativa até hoje, com quase 3 bilhões de usuários logados:

o Facebook, o qual já chegou ao valor de mercado de 1 trilhão de dólares. A essa rede mundial, somaram-se o Instagram, YouTube, WhatsApp, LinkedIn, Pinterest, Twitter, TikTok e o Snapchat, além, é claro, das redes de relacionamentos amorosos, como o Grindr, Hornet, Scruff, Tinder e Manhunt, as quais funcionam sob a lógica de encontros quase que subterrâneos (Miskolci, 2017), sobretudo no atual cenário em que vivemos, em que ideologias homofóbicas e nazifascistas ocupam cada vez mais espaço e fazem "uso de ferramentas digitais para destruir ideais progressistas por meio de *fake-news*, memes absurdos e *trollagem*, inclusive sobre nossas performatividades" (Moita Lopes, 2020, p. 30).

Essas redes transformam o ciberespaço em um comércio mercadológico guiado sob a lógica liberal (Illouz, 2011), além de proporcionarem a ampliação das dimensões temporais e espaciais de criação de conteúdos, possibilitando que as práticas midiáticas ficassem imbricadas às práticas cotidianas dos sujeitos (Medeiros, 2021). A internet passou, desse modo, a integrar uma "sociedade em rede" (Castells, 2011), cujas relações, majoritariamente, passaram a ser vivenciadas por meio de tecnologias digitais/virtuais e cada vez menos face a face (Miskolci, 2017).

Junto a essas redes, as recorrentes transformações sociais, culturais e políticas, oriundas da liquidez e fluidez do atual momento histórico (Bauman, 2001), nos impulsionaram a refletir sobre os sujeitos historicamente ativos – formados por relativos processos de subjetivação marcados por relações de poder (Foucault, 1988) – que estão imersos nesse contexto.

Ademais, essa era de instantaneidade, vivenciada por sociedades complexas (Morin, 2005), possibilita-nos contestar e rejeitar a invenção universal das "identidades"[4] e da permanência, discutindo sobre corpos e vidas em devir cujos marcadores de gênero e sexualidade desestruturam paradigmas sólidos sobre ser-estar no mundo (Fabrício, 2022), além de permitir refletirmos sobre performances[5] construídas discursivamente

---

[4] Concordo com Camargo (2019) quando a autora afirma que é necessário problematizarmos a clássica noção de "identidade", pois deve-se focalizar "as potencialidades na diferença e na recriação de outros modos de vida. O conceito de 'identidade' envolve ainda a ideia de igualdade. O uso desta categoria é marcado por uma temporalidade de prefiguração alteritária" (p. 17). Por isso, a palavra "identidade" será mencionada entre aspas neste trabalho, para dar ênfase à problemática na normatização e essencialidade ligada a esse termo-conceito.

[5] Chamo aqui de performance todos os aparatos simbólico-culturais que utilizam o corpo, a partir da materialização do ser sujeito, por meio da linguagem, como um ponto determinante para as construções discursivas que se ligam ao sexo-gênero. Conforme Butler (2003), a performance é uma teatralização de experiências individuais e coletivas referentes a opressão de gênero, sexualidade, raça e classe, quer dizer, compreender tais categorias linguísticas como performativos não é meramente afirmar que elas são uma performance (num sentido especificamente teatral), mas sim que eles são produzidos na/pela/durante a performance sem uma essência que lhes serve de motivação, materializando-se no campo linguístico. O conceito de performance será aprofundado no Capítulo 2.

nesses espaços multi/pluriculturais. Seria impossível, obviamente, vermos e analisarmos os sujeitos que vivem (n)este mundo contemporâneo sem considerarmos os constantes fluxos e fricções culturais, os quais ficaram mais próximos uns dos outros com o profundo processo globalizatório do final do século XX.

Quebrar muros de fronteiras é muito difícil, e derrubar muros das fronteiras da heteronormatividade é muito mais difícil, pois significa ameaçar a hegemonia masculina, e também a feminina, em detrimento de uma liberdade sexual e cultural. Esse rompimento com o normativo, no entanto, não se dá de forma harmônica e tão fluida como parece, já que aquilo que não é parâmetro de medida em nossa sociedade é tomado como vergonhoso, estranho, desviante e até mesmo perigoso (Becker, 2008).

O universo homossexual foi, por décadas, construído por relações no silêncio (literalmente no escuro) e, ao mesmo tempo, composto por meio de práticas subterrâneas enclausuradas no âmago do privado, distante do olhar público, nos espaços marginais e subalternos das cidades e das casas (Perlongher, 2008). Muitas dessas relações ocorriam, por isso, à deriva, entre sujeitos desconhecidos que ansiavam por "pegação" rápida e ágil (Green, 1999), os quais marcavam encontros nos mais variados lugares escondidos: banheiros (de rodoviárias e shopping centers, por exemplo), saunas, becos e praças, quase sempre durante à noite (Perlongher, 2008). Os espaços físicos, embora ainda muito frequentados, ganharam outros concorrentes que facilitaram esses "encontros às escondidas": os aplicativos móveis de relacionamentos homoafetivos (mais comumente conhecidos como "aplicativos de pegação").

Nessa perspectiva, é na fusão (se é que um dia foram separados) do mundo *online* (espaço virtual) e o mundo *offline* (espaço físico) que se encontra a dimensão das práticas e experiências cotidianas que compõem a cena social do mundo moderno, imersas em trânsitos e movimentos permanentes entre os diversos aspectos do multiculturalismo.

É no ciberespaço que acontece a "materialização" de uma desterritorialização contínua do real-físico-concreto (Haesbaert, 2006), afetando a maneira como lidamos com o tempo-espaço. Em outras palavras, o mundo virtual, especificamente a internet, tornou-se "um prato cheio para os famintos" (Trevisan, 2018) por relações afetivo-erótico-sexuais, por causa da sua intensa difusão e infinitas potencialidades de encontrar parceiros sexuais virtuais que podem vir a se tornar físicos, adequados às fantasias individuais de cada indivíduo. Além disso, há a possibilidade de criação de vários papéis sociais, inclusive falsos, os conhecidos perfis *fakes*, bem como certa garantia de anonimato e segurança nessas interações (Silva, 2012).

Dito isso, o objetivo principal da pesquisa desenvolvida para minha tese de doutoramento, que resultou neste livro, situada na Tríplice Fronteira do Iguaçu, foi compreender como se estabelecem as performances narrativas das masculinidades a respeito das estratégias de mascaração da sexualidade homoerótica por meio de travessias de fronteiras (Brasil-Argentina/Brasil-Paraguai) de homens que se relacionam sexoafetivamente com outros homens (HRH), buscando entender a construção dos discursos voltados ao "entrar e sair do armário". Procuro, desse modo, apresentar, analisar e discutir relatos de experiências sexuais dissidentes (Bento, 2006), narrativas e histórias de vida, por meio de conversas *onlineOffline*[6] (Moita Lopes, 2020), tanto virtuais como face a face, com usuários do aplicativo virtual de relacionamento Grindr, focando em sujeitos que vivem em região transfronteiriça e seguem as trajetórias Brasil-Paraguai e Brasil-Argentina em busca de relacionamentos homoeróticos.

Como objetivos específicos, proponho: **a)** entender como funcionam as estratégias e mecanismos *onlineOffline* para encontros sexuais homoafetivos em contexto de fronteira, buscando compreender como a exposição dos corpos nas plataformas virtuais influenciam e definem as relações entre homens que se relacionam com homens; **b)** analisar os processos de subjetivação na construção das performances ligadas à heteronormatividade e à cisnormatividade no aplicativo de relacionamentos Grindr, a partir dos discursos dos perfis dos próprios usuários, tentando compreender as tensões e conflitos existentes entre o segredo/sigilo da sexualidade e a visibilidade/ênfase das masculinidades[7]; **c)** por fim, compreender como e por que são formuladas estratégias de mascaração e masculinização, ou seja, processos de negociação, manipulação e (in)visibilidade de certas performances ligadas à sexualidade (em detrimentos de outras), nas travessias sexuais transfronteiriças.

---

[6] Utilizo essa expressão para afirmar que as vidas *online* e *offline* dos sujeitos contemporâneos estão cada vez mais imbricadas; vida "real" e "virtual" se hibridizam simultaneamente, tornando-se, na maioria das vezes, impossível distinguir uma da outra ou dizer onde uma acaba e outra começa.

[7] Procuro utilizar aqui a palavra "masculinidades" no plural para enfatizar que tal ideia-conceito não é monossêmica, pelo contrário, ela abarca um leque de significados socioculturais que se referem à construção do "ser-homem" no mundo, isso porque "noções de essencialidade sobre masculinidades e feminilidades entendidas como 'verdades' ou 'permanentes' são efeitos de práticas discursivas, atos repetidos de uma corporificação contingente à temporalidade histórico-política. Tais atos envolvem um processo contínuo que tende a preparar o terreno para as suas condições de significação e ressignificação" (Camargo, 2019, p. 57).

Este livro, portanto, insere-se no amplo Estudo das Humanidades, seguindo as orientações no sentido de transgressão e rompimento com as fronteiras e limites disciplinares, em direção a uma perspectiva inter/trans/indisciplinar (Pires-Santos, 2012; Mignolo, 2008; Moita Lopes, 2006), sob a luz da etnografia multissituada e em movimento (Peirano, 2014; Marcus, 1995; Ramos, 1990), dos Estudos Antropológicos, da Sociologia, com ênfase nos estudos da Teoria *Queer,* e nos Estudos da Linguagem.

A justificativa desta pesquisa pauta-se na importância de discutir questões que se voltam às sexualidades dissidentes e periféricas, aquelas que foram postas à margem (Moita Lopes, 2002) por terem suas práticas, vivências e culturas tomadas como infames e abjetas (Pinheiro, 2018), o que, consequentemente, silenciou, negou, ocultou e jogou para o âmbito do privado os modos de viver dos sujeitos ditos "transgressores do binarismo sexo-gênero" (Preciado, 2008). Sujeitos que foram invisibilizados, ao longo dos anos, por todos os tipos de discursos: religioso, político-jurídico, biológico-científico, familiar patriarcal, escolar, midiático etc.

Devemos recordar que foi só em 1990, há pouco mais de 30 anos, que a Organização Mundial da Saúde (OMS) retirou a homossexualidade (antes denominada pejorativamente de "homossexualismo", para designar sentido científico de patologia) da Classificação Estatística Internacional de Doenças e Problemas Relacionados à Saúde (CID). Um importante passo para a comunidade gay, mas que ainda não representou efetivamente a cidadania e direitos plenos para essa minoria sexual. Além disso, segundo a Associação Internacional de Gays, Lésbicas, Bissexuais, Trans e Intersexuais (Ilga), a homossexualidade ainda é criminalizada em 70 países ao redor do mundo, com punições que variam de multas e detenção até prisão perpétua e pena de morte[8].

É necessário, por isso, "dar ouvidos para garantir voz" (Altenhofen, 2013, p. 10) àqueles que foram postos à subalternidade e no subterrâneo da história (Pollak, 1989), sujeitos desviados, não estabelecidos (Becker, 2008), tomados como sujeitos de "vidas infames" (Butler, 2019), subjetividades negadas e silenciadas por causa do preconceito, da intolerância, da abnegação e da rejeição, práticas que contribuem para a perpetuação e a manutenção do status quo inferiorizante da comunidade gay na sociedade. É preciso, também, buscar estratégias e caminhos para tornar essas vidas e subjetividades vivíveis, tentando evitar o "sofrimento humano", pois são, sim, "corpos que importam" (Butler, 2019).

---

8   Site Made For Minds. Disponível em: https://www.dw.com/pt-br/h%C3%A1-30-anos-oms-retirava-ho-mossexualidade-da-lista-de-doen%C3%A7as/a-53447329. Acesso em: 7 fev. 2023.

Não posso deixar de salientar que a produção de conhecimentos científicos voltados aos estudos de gênero e sexualidade cresceu, nos últimos anos, como nunca visto antes, sobretudo pelo elevado número de estudos que englobam as redes do ciberespaço – sites, *blogs*, redes sociais, fóruns, *chats*. Contudo, apesar do significativo crescimento de pesquisas que envolvam as sexualidades periféricas e as lutas de gêneros/raça, "os desejos e afetos entre pessoas do mesmo sexo foram alvo do peso de um regime autoritário com pretensão de sanear moralmente a sociedade e criar uma nova subjetividade" (Quinalha, 2017, p. 314), levando o Brasil, hoje, a ser a nação que mais mata travestis e transsexuais no mundo, ocupando também o topo de assassinatos de jovens negros gays, além de ser um dos países com maior índice de suicídio de homens homossexuais e jovens transgêneros. Não suficiente, é um dos países em que mais cresce o número de homossexuais, bissexuais e transsexuais infectados pelo HIV/Aids, além do crescente número de desemprego e prostituição entre esse grupo, seguramente por falta de políticas públicas direcionadas à comunidade LGBTQIAPN+[9].

É necessário afirmar, portanto, que, apesar de esta investigação problematizar, discutir, analisar e interpretar performances narrativas de corpos dissidentes, por serem histórias contadas por sujeitos marginalizados, muitas vezes esquecidos pelos discursos hegemônicos (Foucault, 2004), não podemos também perder de vista a importância de debater os temas levantados para a contribuição das lutas pelos direitos da comunidade gay, direito à saúde e à vida, direito de ir e vir, direitos jurídicos, direito de existir. Sendo a "identidade" coletiva uma forma de pertencimento social, e sabendo que a aceitação da própria homossexualidade e das modalidades alternativas de sexualidade é significativamente importante para a construção do sentimento de pertencimento, é fundamental que sejam desconstruídos os discursos homogeneizadores, tanto político-jurídico-sociais quanto biológico-científicos.

Devo frisar, também, que a justificativa desta pesquisa investigativa perpassou meu interesse pessoal em saber como as novas formas de relacionamentos e as construções das masculinidades se moldam em contexto de fronteiras, mas deu-se também por tais indagações: como eu, pesquisador homossexual em processo de travessia de sair do armário, com construções de performances masculinas cisnormativas, posso ajudar e dialogar com

---

[9] Site Antra (Associação Nacional de Travestis e Transexuais). Acesso em: 12 fev. 2022.

aqueles que se encontram em situação parecida à minha? Os preconceitos por mim vivenciados, e calados, dores internas guardadas por anos, sejam por medo ou por vergonha, as quais ficaram até então maquiadas por performances masculinas, poderiam me ajudar a questionar as sexualidades e masculinidades hegemônicas?

Para alcançar os objetivos propostos, decidi elaborar as seguintes perguntas de pesquisa:

a) Por meio de olhares para si e por meio dos olhares dos outros, como os sujeitos homens que se relacionam sexoafetivamente com outros homens (HRH), em região transfronteiriça, constroem suas corporalidades e performatizam narrativas ligadas às masculinidades hegemônicas?

b) Como os sujeitos homens autodeclarados homossexuais, ou bissexuais, e que mantêm relações com outros homens na fronteira, por meio de suas próprias narrativas, negociam, revogam, escondem, mascaram, silenciam ou manipulam suas performances de gênero?

c) Existiram vantagens ou desvantagens, e quais seriam elas, em viver em tal região, levando em consideração o fato de que seria possível atravessar as fronteiras em busca de relacionamentos sexuais e afetivos como estratégia de "entrar e sair do armário"?

Quanto à estrutura, este livro está dividido em quatro capítulos, conforme segue:

No Capítulo 1, *"O ato de etnografar: muito além de um método"*, apresentarei os conceitos epistêmicos e teórico-metodológicos que estão direcionando esta investigação e as reflexões éticas que envolvem a pesquisa etnográfica em movimento, adotada aqui de maneira multissituada e *onlineOffline*, bem como a focalização do cenário transfronteiriço estudado, o contexto de geração de registros, o processo de criação de um perfil virtual no aplicativo de relacionamentos Grindr para o início desta investigação e o protagonismo da linguagem como materialização das performances identitárias para ser-estar no mundo.

O Capítulo 2, *"Armários virtuais: fazendo login no Grindr em contexto de fronteira"*, tem a finalidade de discutir as novas formas de relacionamentos sexoafetivos sob o regime do sigilo e do armário, proporcionadas pelas mídias tecnológicas do ciberespaço, além de apresentar o funcionamento e as características do aplicativo Grindr e a utilização desse mecanismo como uma nova forma de busca por relacionamentos homoeróticos, contextualizando o uso desse aplicativo no contexto de fronteira. Ademais, discutirei a respeito dos processos de mascaração que envolvem as performances das masculinidades hegemônicas e das estratégias de discrição das sexualidades dissidentes no contexto do "novo conservadorismo" na fronteira.

No Capítulo 3, *Se estas fronteiras falassem: travessias sigilosas,* farei a discussão das performances narrativas dos sujeitos entrevistados, homens que se relacionam com homens, com base em seus discursos, além das análises de perfis virtuais do aplicativo Grindr e todos os seus "movimentos, relações, jogos de poder, enfrentamentos entre forças, lutas, jogos de verdade, enunciações, modos de objetivação, de subjetivação, de estetização de si mesmo, práticas de resistência e liberdade" (Prado Filho, 2013, p. 47). Também farei uma breve análise sobre as dissidências, exclusão e rejeição dos corpos *queer,* as masculinidades construídas ao redor do pênis e as performances masculinistas mais e menos valorizadas no aplicativo Grindr em região de fronteira.

No Capítulo 4, *"Na calada da fronteira: travessias interrompidas",* continuarei trazendo análises que envolvem performances narrativas das masculinidades hegemônicas, porém, agora, focando nas interrupções das travessias sexuais homoeróticas, por conta do fechamento das fronteiras, durante o período de isolamento na época da pandemia da Covid-19. Além disso, discorrerei, neste capítulo, sobre as adaptações que o aplicativo Grindr teve que fazer por conta da pandemia e as estratégias discursivas que a plataforma elaborou para se adequar às novas formas de relacionamentos, as quais possibilitaram outras maneiras de atravessar fronteiras sem sair de casa, usando apenas a *web* para manter contato e realizar práticas sexuais sob o regime do sigilo.

Finalmente, trarei algumas considerações importantes para os estudos da sexualidade e das fronteiras, buscando problematizar e refletir sobre a heteronormatividade e as masculinidades hegemônicas, a cisgeneridade, as estratégias de sigilo/mascaração e o regime do armário. Para isso, julgo ser de fundamental importância a comparação, o diálogo e o cruzamento entre teorias, ideias e conceitos.

1

O ATO DE ETNOGRAFAR: MUITO ALÉM DE UM MÉTODO

Eu, o pesquisador, ao realizar entrevistas e recolher histórias de vida, estou aumentando diretamente o meu conhecimento sobre a minha sociedade e o meio social em que estou mais diretamente inserido, ou seja, claramente envolvido em um processo de autoconhecimento.
(Gilberto Velho, *Um antropólogo na cidade*, 1980, p. 17)

Certa vez, a antropóloga brasileira Mariza Peirano estava fazendo seu recadastramento eleitoral biométrico em Brasília depois de ter enfrentado uma gigantesca fila. Ela teve que tirar uma foto para registro, confirmar dados pessoais e fazer uma assinatura idêntica a dos seus outros documentos, tudo para provar que *ela era ela mesma*. Ao sair do fórum eleitoral, a antropóloga ativou seu "etnografômetro" e pensou: quem sou eu sem meus documentos? Quais direitos legais eu perco caso não os tenha? Eu continuaria sendo um sujeito na sociedade se os perdesse? Como funciona o recadastramento eleitoral nos outros países? Estava apenas cumprindo uma obrigação legal ou eu poderia estar fazendo etnografia naquele momento ao refletir sobre essas questões? Provavelmente os dois, já que é impossível desassociar pesquisa de experiência.

Nesse momento, veio à sua cabeça fatos sócio-históricos que se relacionam com o que ela havia refletido, como a falta de obrigação do voto nos Estados Unidos e o cadastramento indiano, feito com o escaneamento de íris; as teorias de Béatrice Fraenkel sobre a história da assinatura; as discussões de Marcel Mauss sobre a noção de sujeito/pessoa; e reflexões de Claude Lévi-Strauss a respeito das classificações sociais. Sua percepção etnográfica foi ativada.

A história de Peirano (2014) me fez lembrar do dia em que minha mãe foi ao banco para fazer a sua prova de vida[10]. Ela voltou para casa e

---

[10] Esse procedimento comprova que o indivíduo ainda está vivo e pode continuar recebendo seu benefício previdenciário. Ele é importante para evitar fraudes e pagamentos indevidos e, normalmente, por isso, é realizado periodicamente.

disse: "todo ano tenho que ir fazer esse negócio de prova de vida. É o fim. Até porque se eu estivesse morta, com certeza eles [do banco] seriam os primeiros a saber". Minha mãe não entendia o motivo pelo qual ela só poderia receber seu benefício caso provasse estar viva, e não bastava apenas sua presença no banco, ela ainda teria que tirar uma foto e assinar documentos. Quer dizer, ela não seria "existente" sem os documentos legais e civis que comprovem sua existência.

As duas mulheres, a antropóloga e minha mãe, passaram por situações muito semelhantes, mas por que a primeira estaria fazendo pesquisa etnográfica, e a segunda não? E, afinal, quando e onde começa uma pesquisa? Na universidade? No momento em que se decide escrevê-la ou quando são selecionados métodos e teorias? Uma pesquisa possui um começo, um meio e um fim? Quando (e onde) uma análise interpretativa passa do lugar de senso comum ao status de ciência?

Para Clifford (2002, p. 34):

> A etnografia está do começo ao fim, imersa na escrita. Essa escrita inclui, no mínimo, uma tradução da experiência para a forma textual. O processo é complicado pela ação de múltiplas subjetividades e constrangimentos políticos que estão acima do controle do escritor. [...]. A observação etnográfica serve como uma fórmula para o contínuo vaivém entre o 'interior' e o 'exterior dos acontecimentos: de um lado, captando o sentido de ocorrências e gestos específicos, pela empatia; de outro, dá um passo atrás, para situar esses significados em contextos mais amplos. Acontecimentos singulares, assim, adquirem uma significação mais profunda ou mais geral, regras estruturais, e assim por diante.

A pesquisa começa, sem dúvidas, com o estranhamento, com o inusitado, com o imprevisível. Tudo que nos intriga, nos leva a refletir, a pensar sobre determinada situação que sem a experiência, talvez, não pensaríamos. Isso porque, muitas vezes, a vida repete a teoria, e a teoria cientificiza a vida. Mas o que minha mãe havia tido foi apenas uma *indignação* com um acontecimento cotidiano, enquanto a antropóloga havia tido uma *indagação* a respeito de um acontecimento banal.

Peirano (2014) fez conexões entre fatos e teorias, vida e pesquisa, experiência e ciência, relacionando sua capacidade de observar a sociedade com sua bagagem epistêmico-metodológica: "É nesse momento que o instinto etnográfico é acionado" (Peirano, 2014, p. 378). Depois de tantas reflexões, e ter associado o acontecimento do recadastramento com inúmeras teorias, conceitos e métodos, a própria antropóloga nos relata:

> O que eu estava fazendo no posto eleitoral? Simplesmente me recadastrando? Ou fazendo etnografia? Ou as duas coisas? Desse episódio fica claro que a pesquisa de campo não tem momento certo para começar e acabar. Esses momentos são arbitrários por definição e dependem, hoje que abandonamos as grandes travessias para ilhas isoladas e exóticas, da potencialidade de estranhamento, do insólito da experiência, da necessidade de examinar porque alguns eventos, vividos ou observados, nos surpreendem. E é assim que nos tornamos agentes na etnografia, não apenas como investigadores, mas nativos/etnógrafos (Peirano, 2014, p. 379).

Se a pesquisa científica, então, pode ser feita nos lugares e momentos mais inusitados e arbitrários (até sublimes e grotescos), a pesquisa etnográfica, segundo a autora, deve atender a três condições básicas para existir: i) considerar a comunicação, a linguagem, no e do contexto da situação; ii) transportar para a linguagem verbal (ou não verbal[11]), o que foi vivido intensamente na pesquisa de campo, transformando experiência em texto; e iii) detectar a eficácia social das ações de forma analítica (Peirano, 2014, p. 380). Ou seja, interpretar aquilo que foi experienciado e reconhecer que o olho do observador interfere no objeto observado, ou seja, seus princípios e bagagem cultural interferem naquilo que está sendo pesquisado (Bortoni-Ricardo, 2008). O campo, obviamente, não fornece dados prontos, eles não estão lá (como se fosse possível chegar e capturá-los), são nossos olhares e escolhas sobre as informações que temos que se transformam em registros no processo reflexivo (Uriarte, 2012).

Por último, a autora conclui sua discussão afirmando:

> O tema dos documentos me fez ciente de que estava deixando para trás em definitivo as divisões clássicas da nossa cosmologia ocidental: ciência, religião, política, família etc. Estava, na verdade, olhando a política nos interstícios, nas

---

[11] Destaco aqui, também, o texto não verbal, já que a etnografia não é necessariamente produzida apenas em texto verbal. O que acontece é que na academia, ainda, existe a crença de que o texto escrito é mais científico e objetivo do que os outros tipos de texto, como o imagético, colocando o primeiro em uma posição de superioridade às outras formas de escrita acadêmica. A fotoetnografia, por exemplo, é uma forma de utilizar a fotografia como narrativa não escrita capaz de preservar os dados e mostrar para os leitores uma informação cultural a respeito do grupo estudado, considerando as imagens fotográficas não como mero registro da realidade, já que registra aquilo que os indivíduos levam consigo, suas crenças, culturas e forma de organização social, tudo representado por meio da linguagem visual (Achutti, 1997).

> brechas entre o que concebemos como política designada no senso comum e na academia (as ideias de Estado-nação, cidadania, público e privado, partidos políticos) e o que são simples medidas administrativas concebidas para regular a vida cotidiana (Peirano, 2014, p. 388).

Em outras palavras, a pesquisa científica é indissociável à visão de mundo do pesquisador, sua maneira de observar e absorver o social, é um trabalho intenso de análise e interpretação: pesquisar é interpretar. Analisar determinadas condutas e refletir sobre determinada ação evidencia a tensão e conexão entre indivíduo e sociedade, estabelecendo, assim, vínculos entre conceitos/assuntos e a realidade social. Nesse sentido, ao invés de tomarmos a etnografia como um método com instrumentos bem definidos e delimitados de pesquisa, com tempo de início e prazo de término, deveríamos tomá-la como uma abordagem de investigação científica capaz de demonstrar como esta mesma abordagem de pesquisa traz algumas contribuições importantes para o campo das pesquisas qualitativas (Mattos, 2011).

A pesquisa etnográfica não pode existir, de fato, sem a visão qualitativa interpretativista que a compõe, isso porque dados e tabulações, frequentemente usadas nas pesquisas quantitativas, comparam grupos e situações, confrontam contextos e equiparam resultados, fazendo com que, muitas vezes, se perca o sentido das relações entre esses dados: "nós [etnógrafos qualitativos interpretativistas] podemos fazer isto sem estatística" (Mattos, 2011, p. 61), já que a linha etnográfica de pesquisa não procura pela natureza causal do fenômeno, senão que busca a natureza processual, as maneiras como as interações sociais são construídas socioculturalmente, desenvolvidas nos mais diversos âmbitos.

Para Denzin e Lincoln (2006), a pesquisa qualitativa revela uma longa, notável e atribulada história nos estudos das humanidades. Ela é um campo de investigação que atravessa disciplinas e temas. Em seu redor, encontra-se um arsenal complexo de termos, conceitos e epistemologias que se interligam, e qualquer definição da pesquisa qualitativa deve atuar dentro de um campo histórico que localiza o observador no mundo, na sociedade em que está inserido. Ela acaba sendo um conjunto de práticas materiais e interpretativas que dão visibilidade à sociedade, essas práticas transformam o mundo em uma série de imagens e noções, incluindo as notas de campo, as entrevistas, as conversas, as fotografias, as gravações e os lembretes (Denzin; Lincoln, 2006).

Em uma de minhas conversas virtuais com um dos participantes da pesquisa, perguntei se ele poderia me ajudar em minha investigação, mas me surpreendi com sua colocação. Transcrevo a seguir nosso breve diálogo:

Homem Procura: *Manda o formulário aí man!*

Thiago: *Opa, tudo bem? Não tenho formulário prévio. Gostaria de te fazer algumas perguntas, como uma entrevista mesmo. Será que você poderia me responder algumas coisas?*

Homem Procura: *Ué cara, como assim? Não é uma pesquisa de facul? Não tem nenhum formulário? Como vc vai saber se eu tô falando a verdade ou como eu vô sabê se vc tá falando? Deve tá me zoando né meu.*

Thiago: *Minha proposta de pesquisa é outra, não estou procurando dados numéricos, estatísticas, trabalho mais com narrativas, uma proposta mais qualitativa, sabe?*

Homem Procura: *Flw cara!*

Conversa encerrada.

A fala do entrevistado nos faz refletir, especificamente, sobre dois pontos interessantes: i) uma pesquisa só é válida se ela for tabulada e quantificada a partir de gráficos e formulários? ii) não podemos considerar uma pesquisa "cientificamente válida" caso ela não seja quantitativa?

De acordo com Mattos (2011), não precisamos somente quantificar para fazer ciência. Essa ideia decorre do falso pensamento de que a sociedade precisa ser analisada como uma realidade objetiva, pronta para ser captada pelos olhos do observador, e isso, teoricamente, só poderia ser realizado por meio de uma pesquisa objetiva, imparcial e neutra, sem o filtro dos olhos do pesquisador[12].

Acabamos, assim, por considerar científico só aquilo que é passível de ser quantificado, as análises, dessa forma, seriam substituídas por números, as discussões reflexivas por gráficos e tabelas e os diálogos teórico-epistemológicos por dados ditos concretos. Em outras palavras, para o participante

---

[12] A partir do século XIX, com a consolidação dos Estados Modernos, após o advento da Revolução Francesa, perceberam-se tentativas metodológicas-acadêmicas de *cientificizar* a sociedade e o mundo, na medida em que as respostas eram encontradas apenas dentro desta forma de conhecimento: o saber científico. Atribuiu-se a essa visão de paradigma o nome de positivismo (Hall, 2006). Essa perspectiva de olhar o mundo reduziu a pesquisa científica em critérios de questionamentos, hipóteses e resultados, o que acabou tendo como uma de suas características marcantes a neutralidade, isto é, os procedimentos científicos obtêm seus resultados independentemente da subjetividade do investigador, uma vez que a "verdade" está sempre no objeto, cabendo ao cientista tão somente descobri-lo.

da pesquisa, o fazer científico reside no fazer numérico, no estímulo causa e consequência, em resultados padronizados que não permitam variações, exceções ou reflexões subjetivas.

Contrapondo-se a esse tipo de paradigma, a pesquisa qualitativa objetiva elucidar a construção de sentidos das ações humanas, em seu contexto real de ocorrência, em que indivíduos, em ação conjunta com outros participantes do mundo social, constroem interações. A preocupação, então, está na caminhada, no processo, e não no produto, no final; está na tentativa de entender e (re)construir a perspectiva dos participantes em suas relações de convivência.

Por isso, a pesquisa qualitativa é interpretativa, o que faz com que as análises passem pelo filtro e olhar do pesquisador, ou seja, o mundo não é observado independentemente das práticas sociais e significados vigentes, pois a capacidade de compreensão do observador é performatizada em seus próprios discursos, metalinguisticamente, no momento da construção dos sentidos que ele elabora sobre o objeto observado, já que ele não é um relator passivo (Bortoni-Ricardo, 2008). Seria ilusório, portanto, pensarmos em uma observação neutra e objetiva por parte do pesquisador (Erickson, 2001).

Tudo isso não significa, no entanto, que não deva existir ponto de partida permeados por objetivos, organização, métodos, justificativa e, sobretudo, perguntas antecipatórias, pois a definição de um tema e a proposição das perguntas exploratórias são duas etapas iniciais muito importantes, já que, para se realizar uma pesquisa, deve-se ter clareza do que se quer investigar (Bortoni-Ricardo, 2008). A investigação precisa ser iniciada "com perguntas exploratórias sobre temas que podem constituir problemas de pesquisa" (Bortoni-Ricardo, 2008, p. 49) e, no decorrer do trabalho, é possível retomar qualquer parte dela, desde que surja uma necessidade e haja uma justificativa para tal, podendo, até mesmo, todo o processo sofrer alterações.

Por isso, para Erickson (2001), as indagações prévias à pesquisa são fundamentais, e as perguntas iniciais de investigação que o etnógrafo deve ter em mente são:

1. O que está acontecendo em termos da ação social nesse cenário específico?

2. O que essas ações significam para os atores no instante em que são realizadas?

3. Como isso tudo se organiza em padrões de organização social e de princípios culturais para se conduzir a vida cotidiana?

4. Como o que está acontecendo aqui se liga com o que se passa mais adiante em outros sistemas de ação?

5. Como a organização da vida cotidiana nesse cenário se compara com a organização em outros momentos ou lugares?

Somadas a essas interrogativas, a partir de minha inserção em campo, e de uma abordagem investigativa multissituada (Guimarães, 2014; Hine, 2000; Marcus, 1995) – por ser conduzida na justaposição de diferentes espaços interacionais, como um aplicativo virtual e um cenário transfronteiriço –, eu acrescentaria mais algumas perguntas que se relacionam ao ato de etnografar, sobretudo ligadas à pesquisa de investigação *onlineOffline*, em que as relações humanas passam a conciliar e aliar vida *online* e *offline* concomitantemente:

6. Como a vida social física, *offline*, se relaciona com a vida virtual, *online*, na contemporaneidade?

7. Quais as relações que foram transformadas pelas redes e ambientes digitais a partir do advento da internet?

8. Como os sujeitos constroem e reconstroem suas performances de gênero, raça e sexualidade em uma sociedade pautada pela superdiversidade e hipervisibilidade?

9. Como as telas podem ser, para algumas pessoas, objetos de materialização de desejos e afetos?

10. Quais são as possibilidades sexuais, afetivas, eróticas, sentimentais, entre outras, que a tecnologia abriu (ou fechou) e como as práticas sociais ocorrem dentro (e a partir) dessas possibilidades?

A partir dessas indagações, deve-se ter em mente que o trabalho de campo envolve a participação intensiva, e de longa data, do pesquisador no cenário por ele escolhido, registrando detalhadamente o que foi observado em notas de campo e elaboração de diferentes materiais e documentos, assim como a subsequente sistematização dos dados. É um constante diálogo entre indução e dedução, fazendo com que, muitas vezes, termos específicos da investigação sofram mudanças durante o trabalho de campo. No entanto, é de fundamental importância que não se perca de vista as perguntas guias da pesquisa, já que a exposição longa, muito duradoura, a cenários tão ricos pode gerar inúmeras possibilidades de pesquisa (Garcez; Schulz, 2015).

O etnógrafo, estando em campo, não imita nem se transforma em nativo, mas convive com ele buscando conhecer suas experiências e as vivências humanas (Geertz, 1978). Buscamos, com a etnografia, a compreensão dos saberes, das culturas e das possíveis maneiras de existir do outro, seu conjunto de símbolos ou de signos interpretáveis. Tais interpretações, entretanto, não são construções nativas, mas sim descrições dos antropólogos. Isso quer dizer: suas interpretações são análises já feitas em segunda mão, já que a voz, a audição, a visão e a escrita do etnógrafo são ferramentas do conhecimento do outro, este apenas busca interpretar e reconstituir a heterogeneidade das narrativas e as cenas dos acontecimentos cotidianos do campo (Geertz, 1978).

Entrar em campo significa levar conosco todas as nossas perspectivas históricas, filosóficas, sociais e culturais, sendo impossível nos despirmos de tudo isso para a realização da pesquisa. Ao *etnografar*, transitamos por espaços diversos da cidade, conhecemos realidades e pessoas muito diferentes daquelas com as quais estamos habituados a conviver, lidamos com crenças e ideologias muito diferentes das nossas, adentramos em escolas, igrejas, casas, praças, bairros, comunidades, mas também em lugares inusitados, como bares, festas, saunas, barcos e até motéis[13]. Sem percebermos, nós também construímos relações de sociabilidade e, como pesquisadores, nos transformamos em atores dos cenários dessas sociabilidades.

Seria impensável, hoje, fazermos apenas pesquisas como a de Bronislaw Malinowski, no começo do século XX, um jovem polonês doutorando em Antropologia que foi até as ilhas Trobriand, onde ficou mais de três anos, aprendeu a língua nativa, colocou sua tenda no meio da aldeia dos habitantes e lá ficou conhecendo, pesquisando e analisando suas vidas[14].

O exótico e o peculiar sempre foram adjetivos que interessaram os antropólogos, já que era comum, na visão científica cartesiana, utilizar as

---

[13] Destaco aqui a dissertação da autora Glaucia Lorenzi, intitulada "Prostituição feminina na tríplice fronteira: uma etnografia no Motel Belize" (Lorenzi, 2019), do Programa de Mestrado em Sociedade, Cultura e Fronteiras da Universidade Estadual do Oeste do Paraná. A pesquisa buscou realizar uma etnografia da prostituição de mulheres que ocorre em um motel na cidade de Foz do Iguaçu, Paraná.

[14] No final do século XIX, os antropólogos passaram a realizar expedições científicas para encontrar estilos de vida diferentes do ocidente, especificamente buscar por sociedades intituladas como "exóticas", diferentes da estrutura social eurocêntrica. Foi de uma dessas expedições, em 1914, que nasceu, em 1922, o livro *Argonautas do Pacífico Ocidental*, de Bronislaw Malinowski, e, com ele, a primeira formulação do, até então chamado, método etnográfico.

dicotomias "normal/anormal" e "comum/diferente" como base e referência para aquilo que era interessante (científico) estudar e aquilo que era óbvio (banal) demais para ser estudado. É exatamente o que nos coloca Peirano (2014), ao afirmar que existe uma emergência de novas pesquisas que nos levem a constantes recomposições da antropologia, formas de repensarmos quem somos e como entendemos o mundo: "Se essa lição da antropologia for mais partilhada, teremos menos certezas, mais dúvidas e, com sorte, mais liberdade" (Peirano, 2014, p. 389).

Quando Chartier (1988) se refere à emergência de novos objetos de estudos históricos para a humanidade, ele dialoga, de maneira intertextual, com Peirano, ao afirmar que há uma necessidade urgente de reflexões perante "a vida e a morte, as crenças e os comportamentos, os sistemas e as relações familiares, os rituais, as formas de sociabilidade, as modalidades de funcionamento escolar etc." (Chartier, 1988, p. 14), o cotidiano, em suma, passa do status de banalidade para o foco de interesse da etnografia, fazendo com que essas temáticas constituam novos territórios de análise e interpretação.

O ponto nevrálgico da questão é entender que a pesquisa etnográfica não deve ficar restrita às narrativas epistêmicas colonizadoras (tomadas como superiores pela visão cientificista acadêmica), ou seja, não focar única e exclusivamente em assuntos ditos "objetivos", em grupos tomados como "passíveis de serem analisados", pois suas culturas são mais interessantes comparadas àquelas tomadas como irrelevantes, triviais. Tomar algumas culturas e tradições como mais exóticas e encantadoras que outras é voltar às perspectivas guiadas por uma colonização acadêmica, submissa à produção científica "nortista" eurocentrada. Garcez e Schulz nos alertam:

> Entendendo as ações a partir da aproximação das perspectivas dos participantes e, assim, descentralizando nossa perspectiva do que está acontecendo naquele aqui-e-agora, nos mantemos atentos para evitar a adoção do *modelo de mundo do colonizador* em que especialistas acadêmicos salientam aspectos de uma grande narrativa epistêmica, composta por discursos que sustentam a sua falsa superioridade, segundo a qual, para progredir, desenvolver-se ou modernizar-se, a periferia deve receber conhecimento e técnicas difundidas do centro em vez de em razão de sua própria inventividade (Garcez; Schulz, 2015, p. 27).

Não que seja possível (e coerente) desfazer-se de todos os saberes culturais e etnográficos eurocêntricos adquiridos ao longo de décadas – até porque as primeiras expedições do antropólogo alemão Franz Boas, no final do século XIX, resultaram em técnicas e métodos até hoje muito importantes para a etnografia e a criação da Antropologia Cultural como campo epistêmico, inclusive no sul global. O que estou querendo defender, aqui, é que não se deve perder de vista que existem outras possibilidades (infinitas, inclusive) de se fazer etnografia, com um olhar mais voltado para a tentativa de "sulear"[15] os conhecimentos, escutar as vozes do sul, dar ouvido às margens, observar o periférico, ver o que antes não se era possível ver, etnografar junto àqueles que, durante grande parte da história, tiveram suas vozes caladas e postas no subterrâneo por um sistema que oprime e desumaniza.

Nessa perspectiva, Kleiman (2013) afirma que "sulear", orientar a pesquisa em direção ao Sul, não está necessariamente associado ao sul geográfico, territorial, mas a um Sul epistêmico, o qual corresponde às realidades e aos sujeitos social e historicamente marginalizados. Contudo, não se trata unicamente de focalizar e tentar "retratar" a realidade daqueles marginalizados, colocar a periferia no ponto central da pesquisa, pois não é "sobre" as margens, mas "a partir" das margens.

Visibilizar *outsiders* (Becker, 2008), periféricos, invisibilizados ou socialmente silenciados (Celani, 2005) – como sujeitos negros, gays, moradores de favelas, sem-teto, sem-terra, sem-escrita, entre outros –, é necessário para que haja um "giro", ou virada, epistemológico, para a periferia e a partir dela, já que, como sabemos, muitas vezes, os sistemas de saberes acadêmicos hegemônicos são *euro-eua-cêntricos*, deixando a periferia do sul subalternizada (Kleiman, 2013). Etnografar, então, a partir das vozes do sul, significa também problematizar os conceitos cristalizados, academicamente, sobre gênero, raça, etnia, sexo e sexualidade, classe, refletindo a respeito de aspectos que direcionam às visibilidades/invisibilidades e às suas relações de poder.

---

[15] O verbo "Sulear" foi criado por Marcio D'Olne Campos e utilizado por Paulo Freire (1992), o qual o definiu como uma "bússola" cuja direção aponta para outras perspectivas epistemológicas e metodológicas que levariam ao pensamento anti/decolonial, vinculando ao verbo neológico *esperançar*. Esse termo foi utilizado como uma tentativa para contrastar, por questões ideológicas, o termo "nortear", associando-se, especificamente, à epistemologia do saber com a defesa e valorização do contexto local e nacional no processo educativo de leitura do mundo. Nesse caso, a orientação científica do conhecimento começaria pelo Sul, pelo local de onde viemos e de onde somos, sinalizando que os saberes também podem partir do Sul para o Norte.

Etnografar "a partir" das margens, sob essa perspectiva, surge como uma possibilidade de contestar a colonialidade do poder-saber (Quijano, 2005), a qual deixou "feridas coloniais irreparáveis" (Pereira, 2015) ao reconhecer apenas a existência de uma matriz científica que naturaliza hierarquias raciais e de gênero, possibilitando a reprodução de dominações territoriais e epistêmicas que oblitera saberes, experiências, subjetividades e formas de vida. A ideia de colonialidade, desse modo, nos possibilita compreender as construções das hierarquizações, sugerindo que a diferença colonial é cúmplice do universalismo científico, do sexismo, do machismo, do racismo, da homofobia, entre outros.

Parafraseando Quijano (2005), Pereira (2015) afirma que

> Decolonizar é se depreender da lógica da colonialidade e de seus efeitos; é desapegar-se do aparato que confere prestígio e sentido à Europa. Noutras palavras, decolonização é uma operação que consiste em se despegar do eurocentrismo e, no mesmo movimento em que se desprende de sua lógica e de seu aparato, abrir-se a outras experiências, histórias e teorias, abrir-se aos Outros encobertos pela lógica da colonialidade – esses Outros tornados menores, abjetos, desqualificados (Pereira, 2015, p. 415).

Estou aqui, por isso, problematizando, também, minha própria conduta como sujeito-pesquisador e minha própria escrita acadêmica, produzindo uma autocrítica em relação aos discursos modernistas sobre a produção científica e paradigmas "norteadores" e "colonizadores", não sendo possível negar minha "submissão" a esse tipo de saber-poder institucionalizado, pelo qual, segundo Camargo (2019),

> [...] eu me torno um tipo de sujeito particular, isto é, um sujeito-pesquisador, para ganhar voz no ambiente acadêmico. No entanto, ao mesmo tempo em que sou capturada por essa relação de "submissão", ela também me autoriza a falar como pesquisadora (Camargo, 2019, p. 38).

Torna-se imprescindível, nesse sentido, contestar os paradigmas cientificistas objetivistas, "desenfeitiçando-se dele", como bem coloca Goldman (2003, p. 152). Para isso, é preciso construir um caminho que nos direcione pelas linhas da atividade sensível à transformação dos indivíduos que estão ligados ao ato de pesquisar: seguindo pistas e focalizando para as transformações ocorridas na vida dos sujeitos envolvidos na prática etnográfica.

É por isso, então, que defendo, juntamente a Goldman (2003) e Ramos (1990), uma perspectiva de etnografia em movimento, um tipo de pesquisa produzido por curtas viagens ao campo de estudo, mas que dispõe de um tempo contínuo de trabalho reflexivo. Esse tipo de pesquisa possibilita a construção de "um perfil gradual dos participantes da pesquisa porque as pessoas são transformadas ao longo do tempo" (Ramos, 1990, p. 13). Ou seja, esse estilo de pesquisa está "menos focado na permanência e mais no movimento":

> Como num tear, o movimento de ida e volta entre o micro e o macro tem a vantagem de abrir ou fechar a lente antropológica de modo a enfatizar ora a figura, ora o fundo na busca pela compreensão tanto do detalhe quanto da Gestalt do social. É para alcançar esta compreensão que me servem as teorias antropológicas, e não para transformar a riqueza etnográfica em mera matéria-prima que alimenta a máquina de fazer jogos teóricos muitas vezes mirabolantes ou simplificados receituários que resultam numa uniformização de análises que não condiz com a diversidade cultural vigente. Acessemos as teorias, mas deixemos que elas cumpram o seu papel de guias produtivos a serviço de uma antropologia esclarecida (Ramos, 1990, p. 44).

Pensar a etnografia como um método fechado, simétrico e paralelamente oposto (pesquisador *versus* pesquisador) é reafirmar paradigmas, conceitos, epistemes e teorias propostas lá atrás por Bronislaw Malinowski, ainda sob uma visão *euronortecêntrica*, criando-se, assim, fronteiras que são alargadas na aplicação de certas ferramentas teórico-metodológicas no campo da pesquisa, como são comumente vistas nas observações participantes que distanciam os sujeitos envolvidos, indicando quem pesquisa e quem é pesquisado (Camargo, 2019).

Partindo do pressuposto, portanto, de que a etnografia não é meramente um método científico, mas sobretudo um espaço de interação, entendimento e cumplicidade entre os sujeitos envolvidos, capaz de estabelecer relações, (re)narrar histórias de vida e mapear tempos-espaços construídos histórica e coletivamente.

O ato de etnografar, então, não é mera observação, mas, acima de tudo, trabalho de interpretação. Segundo Hopkinson e Hogg (2006), "o interpretativista se preocupa em entender a realidade pela perspectiva dos sujeitos estudados num contexto específico, e explorar os significados com os quais eles constroem o mundo onde vivem" (Hopkinson; Hogg, 2006, p. 157). O paradigma qualitativo interpretativo no qual a etnografia se aloca não está interessado em descobrir leis universais por meio de generalizações numéricas quantitativas, senão analisar situações específicas e todos os desdobramentos de suas construções (Bortoni-Ricardo, 2008).

Dessa maneira, o etnógrafo passa a ser um sujeito capaz de olhar para a sociedade presente levantando questões de experiências passadas e perspectivas futuras, o que faz com que isso interfira na maneira como ele apresenta o conhecimento do mundo que investiga (Santos, 1993). O que ele tem, como qualquer outra pessoa, é uma forma (ora sublime, ora peculiar) de observar o mundo, de conhecer e interpretar os fenômenos sociais como produção de subjetividade e inteligibilidade, construindo olhares para o mundo e no mundo.

1.1 Estar *onlineOffline*: etnografia multissituada em tempos de aceleração

É fato que a pesquisa etnográfica não se resume a analisar e descrever o comportamento (ato físico), mas, sobretudo, a ação humana (ato físico sedimentado e informado pelos significados compartilhados pelos atores sociais envolvidos na interação) (Erickson, 2001). Na perspectiva da etnografia, devemos estar cientes de que não existem momentos estanques na pesquisa: tudo acontece simultaneamente, ou seja, é um trabalho constante de ir e vir, de revisitar os registros sempre que necessário.

Por isso, adoto aqui a perspectiva da etnografia multissituada (Guimarães, 2014; Marcus, 1995; Hine, 2004), sendo ela um modo de investigar a realidade social por meio do deslocamento do pesquisador de seu contexto cultural originário a outros contextos desconhecidos, sendo ela conduzida pela justaposição de diferentes espaços interacionais – como um aplicativo virtual e um contexto de fronteiras geográficas, nesse caso específico. Além disso, essa perspectiva defende que a subjetividade do pesquisador está altamente implicada no processo de investigação, pois é o contato desta com outras subjetividades o que contribui para a produção do conhecimento num movimento de aproximação e afastamento, familiaridade e estranhamento (Oliveira, 2017).

A etnografia *multissituada* busca, nesse panorama, privilegiar uma proximidade crítica e reflexiva, considerando as vozes e vivências daqueles que vivem as práticas, não buscando neutralidade e objetividade científica. Assim, as análises e discussões discursivas que produzo aqui estão abertas a outras reflexões e são passíveis de novos questionamentos e contribuições epistemológicas (Guimarães, 2014).

Dito isso, a pesquisa aqui citada teve seu início no ciberespaço, no final de 2019, e a internet foi o ponto de apoio central para eu começar a pensar nos temas sobre sexualidade dentro desse ambiente virtual. Pesquisei sites de relacionamentos, entrei em aplicativos de busca por sexo, conversei em *chats* de bate-papo com pessoas que buscavam performatizar masculinidades heteronormativas, ou preferiam não falar pessoalmente sobre suas práticas sexuais. Em um primeiro momento, optei por usar o termo etnografia virtual, ou *netnografia*[16], o que parecia fazer mais sentido, já que eu estava imerso em um ambiente *online*, em que o real parece não existir, de fato, no seu sentido concreto.

Então como fazer pesquisa em um território no qual tudo parece existir e não existir ao mesmo tempo? Ou seja, tudo parece estar ali à minha frente, mas, concomitantemente, não é possível tocar em nada como no "mundo real" – mesmo sabendo que conceito de realidade não é o ponto nevrálgico para a etnografia, mas sim as interações e representações construídas a partir do ponto de vista dos envolvidos[17]. Ou seja, como afirma Peirano (2014), as etnografias não devem ser construídas sob a ótica de retrato fiel e verossímil da realidade, pois elas são ficções, narrativas não objetivas, ou seja, construídas por e em múltiplos e polifônicos discursos.

Dessa forma, continuamos a analisar e observar os sistemas e sujeitos não como documentos históricos, mas por suas histórias de vida e contribuição teórico-etnográfica. Para a autora, então, a pesquisa etnógrafa deve ter em seu bojo objetivos capazes de: i) contestar os sistemas de equilíbrio então influentes na antropologia; ii) eliminar a ideia de sistemas fechados (tribo, aldeia etc.); iii) propor que podem ser considerados rituais todos os aspectos comunicativos das relações sociais; iv) indicar que sistemas políticos podem oscilar em uma só região; e, finalmente, v) chamar a atenção para o fato de que os limites/fronteiras da sociedade não são coincidentes com os

---

[16] Em seu texto "Etnografia virtual, netnografia ou apenas etnografia? Implicações dos conceitos" (2013), a autora Beatriz Polivanov, a respeito da pesquisa etnográfica na internet, afirma que, por mais que existam, no ambiente digital, peculiaridades e diferenças quanto a métodos, linguagem e formas de mediação entre os envolvidos da pesquisa, os ambientes virtuais não podem mais ser tratados como "não lugares" e menos ainda de forma dicotômica, opondo-se o virtual ao real.

[17] Para uma discussão a respeito de pesquisa etnográfica física, face a face, e virtual/digital, ver Hine (2004).

da cultura, lição que ainda, para a etnógrafa, vai contra o senso comum e é, portanto, fundamental para que compreendamos a sociedade de hoje, em que movimentos e fluxos se reafirmam e se despedaçam, paradoxalmente, ao mesmo tempo.

O crescimento de pesquisas voltadas à virtualidade também levou os etnógrafos a refletirem a respeito dos métodos utilizados pela etnografia tradicional para enxergar os processos não digitais/virtuais, e se estes continuavam sendo aplicáveis às discussões e às técnicas voltadas ao ciberespaço. Foi nesse cenário que as discussões sobre a viabilidade de adotar ou não novos termos surgiram, não só para indicar uma distinção linguística, mas também uma especificidade metodológica. Netnografia, etnografia virtual, ciberantropologia, antropologia digital, entre outros, foram categorias criadas academicamente para tentar abarcar e abranger todos os leques de possibilidades que os estudos nas mídias e redes digitais proporcionaram. Tais estudos se configuram

> [...] na aplicação de técnicas etnográficas de coleta [sic] de dados para estudar problemáticas que têm lugar no ciberespaço, podendo ser este entendido como mais um entorno de socialização com linguagens próprias e no qual tensões e conflitos podem aparecer com os mesmos graus de intensidade e legitimidade que nos espaços offline. Porém, para além do reconhecimento que progressivamente tem ganhado a aplicação desses métodos em ambientes online, os "netnógrafos" expõem-se ainda a muitos desafios relacionados principalmente à ideia do ciberespaço como um ambiente incapaz de preencher por si só as demandas empíricas de uma pesquisa desse tipo (Polivanov, 2014, p. 95).

Para Pelúcio (2016), a pesquisa em mídias digitais tornou mais acessível, e compreensível, a vida íntima, tanto afetiva quanto sexual, ampliando os limites investigativos antes restringidos pelas dificuldades impostas pela exposição face a face, isso porque, nesse último tipo de investigação, as barreiras morais delimitam mais radicalmente o que se pode falar ou mostrar. Assim, o contato mediado expandiu a pesquisa em rede, aumentando tanto o número de possibilidades de encontrar pessoas quanto o "espaço" a ser explorado, exigindo dos pesquisadores outras formas de fazer etnografia.

Durante os primeiros meses de pesquisa, eu vivia tão imerso nesse mundo digital que, às vezes, parecia que, mesmo não estando mais com meu celular na mão ou computador à minha frente, eu ainda estava dentro desse universo, era como se eu não tivesse mais um botão de liga/desliga para quando eu fosse entrar ou sair da internet, não havia um momento, uma hora específica, para eu decidir entrar e sair do ambiente virtual. Vida *online* e vida *offline* estavam imbricadas, ou melhor, era apenas *vida*.

É inegável que estamos vivendo, hoje, práticas nas quais o ambiente virtual e as telas são constitutivas de quem estamos nos tornando, sujeitos em constante construção: "No híbrido telas-vida, investimos intensamente na produção e consumo de textos, envolvidos que estamos nas mudanças socio-discursivas possibilitadas pelas tecnologias contemporâneas de informação" (Fabrício, 2022, p. 11).

Por isso, faço das palavras de Moita Lopes (2020) as minhas:

> Hoje é impossível imaginar nossas vidas sociais sem pensá-las onlineOffline ao mesmo tempo, em grande parte do planeta. Mesmo a maioria das práticas sociais offline não existem independentemente daquelas online. Para muitas pessoas, a vida tem lugar em conjunto com a tela de um celular, pelo menos. Quem pensaria, em tempos relativamente recentes, que poderíamos encontrar parceiros/as sexuais por meio de aplicativos de encontros afetivo-sexuais; viver vidas multis-situadas na escola, nas lanhouses, e no Facebook, nos quais sensualidade e raça se interseccionam; ou ter relações sexuais por meio de telas de máquinas computacionais acopladas a sensores, em um mundo pós-humano? (Moita Lopes, 2020, p. 3).

Toda essa imersão *onlineOffline* parecia possibilitar novas vivências e performances, tanto para mim quanto para os sujeitos que ali estavam inseridos. As subjetividades parecem estar mais à flor da pele na internet, pois a impressão é de que todos podem ser quem quiserem sem medo, tanto dos julgamentos preconceituosos quanto das apresentações de suas identidades.

A tela parece manter, assim, um distanciamento muito longínquo entre os agentes da comunicação, ela se torna um escudo contra a superex-posição, a hipervisibilidade (Miskolci, 2015), uma máscara para esconder aquilo que não quer ser (ou não deve ser) mostrado. Esse veículo parece possibilitar experiências novas de desejos sublimados e vontades subterrâ-neas, ou seja, aquilo que na vida *offline*, por questões culturais e políticas, não seria permitido ser dito e/ou vivido.

O virtual é, então, aquilo que existe em condição de potência, e não como ato em si, isto é, existe enquanto um conjunto de códigos digitais, sendo, portanto, um espaço de conexão aberta pela interconexão universal de computadores, encorajando relações independentes dos territórios geográficos e da coincidência dos tempos (Nogueira, 2020). A rapidez com que a internet democratizou as informações promoveu mudanças substanciais no modo de vida das pessoas, fazendo com que as interações se realizassem de maneiras distintas – em relações contínuas entre "virtual" e "real", em que um domínio não se desliga do outro. O uso da internet pode ser apenas um iniciador de algo que vai desencadear no cotidiano dos sujeitos[18].

Se pararmos para pensar, desde o começo do processo globalizatório dos anos 80 até a pandemia de Coronavírus com seu pico em 2020, a rede mundial virtual teve um aumento considerável e rápido de usuários. São mais de 4,6 bilhões de pessoas conectadas à internet atualmente pelo mundo todo, número representado pela proporção de 6 em cada 10 pessoas que acessam as redes por meio de um computador, *tablet* ou celular. Mesmo o "norte" global liderando esses números, o "sul" do globo tem suas conexões virtuais crescendo de maneira exorbitante, fazendo com que os espaços *web* e as redes sociais se tornem os meios mais utilizados para a construção e a disseminação de conteúdos artísticos e culturais hoje. Os estilos de vida digital tornaram (e continuam tornando) os indivíduos consumidores de cultura de forma que, até pouco tempo atrás, era dificilmente concebível, senão mesmo impensável (Castells, 2011).

A revolução tecnológica fez emergir um novo paradigma social, descrito por Castells (2011) como "sociedade em rede", baseado no poder da informação, o qual possibilita conectar todos os indivíduos à escala mundial, além de construir novos significados aos conceitos de tempo e de espaço, transformando a forma de comunicar e de perceber a realidade. É inegável que nossos celulares se tornaram a extensão de nossas mãos, quase que "um membro removível no corpo humano" (Preciado, 2008):

> Seu celular está sempre tocando (ou assim você espera). Uma mensagem brilha na tela em busca de outra. Seus dedos estão

---

[18] Aqui cabe ressaltar que, obviamente, nem todos os sujeitos têm as mesmas possibilidades de acesso a essas redes virtuais universais. Apesar de hoje 60% da população mundial ter acesso à internet, ainda existe uma grande parcela de pessoas que é "invisível na rede". É ilusório pensar que existe todo um mundo interconectado de computadores e uma sociedade que se desenvolve em torno dessa rede. Pode até ser que, para uma visão apenas local ou amplamente global, isso aconteça na teoria, mas na prática, em uma ótica glocalizante (Canclini, 1995) (discutida logo adiante), ainda o acesso às redes não é tão democrático como parece ser.

> sempre ocupados: você pressiona as teclas, digitando novos números para responder às chamadas ou compondo suas próprias mensagens. Você permanece conectado – mesmo estando em constante movimento, e ainda que os remetentes ou destinatários invisíveis das mensagens recebidas e enviadas também estejam em movimento, cada qual seguindo suas próprias trajetórias. Os celulares são para pessoas em movimento (Bauman, 2004, p. 78).

O ciberespaço, dessa maneira, acaba sendo um ambiente fragmentado em diferentes espaços simbólicos, constituídos e operacionalizados pelas práticas e interações que ocorrem em seu interior, modificando, assim, a maneira como os sujeitos se constituem e constituem suas relações, construindo novas e outras possibilidades de subjetividades (Nogueira, 2020). As tecnologias virtuais, desse modo, incrementam, à nossa noção temporal, a simultaneidade, a ideia de estar em muitos lugares ao mesmo tempo, e em muitos tempos em um só lugar (Castells, 2011).

Na contemporaneidade, segundo Bauman (2001), presenciamos a transição de uma condição de solidez para uma estrutura social mais líquida, ou seja, as ideias, as certezas, os padrões, a noção de tempo e espaço, entre outros, mudam muito rapidamente, e constantemente. Tal condição se configura como uma instabilidade diante das instituições e relações humanas. As características desses novos tempos, mais volúveis e fugazes, se configuram por uma condição na qual a mutabilidade é a única regra permanente, sendo marcas desses tempos a "propensão a mudanças, mobilidade e inconsistências, da superficialidade dos vínculos, o desengajamento, o desvencilhar-se, o esfriamento das relações humanas em todas as esferas da vida social" (Amaral, 2014, p. 140).

Rosa (2019), seguindo essa linha de raciocínio, discorre sobre o paradoxal conceito de "estabilidade dinâmica", o qual defende que "uma sociedade é moderna somente quando consegue se estabilizar dinamicamente" (p. XI). É a própria capacidade de tornar estável e contínua a aceleração de processos sociais que definiria a modernidade. Contraditoriamente, portanto, as sociedades modernas somente se estabilizam por meio da dinamização, isto é, encontra-se a firmeza somente na inconstância[19].

As sociedades da aceleração precisam se desenvolver, constantemente, por meio de concorrência e de acumulação de capital. Se há um impeditivo a tal crescimento, somos levados a profundas crises econômicas e, em decorrência disso, a abalos político-ideológicos (Rosa, 2019). A

---

[19] Referência ao poema barroco "Inconstância das Coisas do Mundo", de Gregório de Matos.

> [...] obrigação de ampliação, rapidez e transformação é o que
> provê a estabilidade dinâmica, provocando a velocidade e
> aumento do consumo material, do uso dos computadores
> e da propagação de notícias: uma lógica que deve ser con-
> tinuamente repetida na direção de sempre gerar expansão
> (Moita Lopes, 2020, p. 5).

O ciberespaço tornou-se, assim, um espaço de sociabilidade no qual os desejos e afetos se conectam mais rapidamente com as fantasias dos sujeitos, produzindo novas formas de intersubjetividade. Nesse território, os sujeitos experienciam um jogo transitório entre estar no global e, ao mesmo tempo, no local, nem sempre sendo obrigados a escolherem por apenas uma opção dentre as infinitas possibilidades disponíveis na internet. É o que Canclini (1995) classifica como *glocalização*[20] do tempo/espaço, quando há a amplia-ção dos espaços de manifestação da política para além do institucional e na direção da politização da vida,

> [...] um claro processo de produção local do global e projeção
> global do local, no qual incidem disputas simbólicas e políticas
> pela correta representação dessas grandezas e dimensões,
> mas também pelo alcance de reivindicações por autonomia
> e justiça (Canclini, 1995, p. 98).

O universo digital integra um complexo campo no qual a dinâmica da vida contemporânea, marcada pela aceleração do tempo, entrelaça esfera pública e privada, desejos físicos e virtuais, estímulos corporais e tecnológicos. O uso intensificado desse universo nos coloca frente a uma das mais radicais transformações sociais do presente, incidindo sobre as formas como temos nos relacionado e refletindo fortemente nas nossas maneiras de sentir e controlar emoções, além disso, tudo isso nos exige todo um aprendizado para lidar com as novas formas de nos comunicarmos, estabelecidas pelas tecnologias (Giddens, 1992; Maffesoli, 1996; Bauman, 2004; Illouz, 2011; Castells, 2011).

A dicotomia real/virtual, físico/digital, *offline/online* se dissipa nos contextos contemporâneos de aceleração contínua. Em vez de tomar essa cisão como dada, a realização de estudos etnográficos deve permitir observar

---

[20] A *glocalização* (Canclini, 1995) envolve a integralidade entre localidades por meios que não respeitam os protocolos de fronteiras geográficas, legais ou simbólicas. Contudo, nas práticas *glocais* as localidades estabele-cem formas de interligação que não são logicamente exigidas, previstas ou inteiramente regidas pela dinâmica institucional existente; elas vão além da dicotomia local/global, porque uma pode interferir e complementar a outra, ao passo que também podem se excluir.

o forte aspecto contingencial das práticas sociais relacionadas à internet, em seus diversos modos de articulação com o contexto não virtual:

> Vale ressaltar que a própria história das práticas na internet deve ser observada como um dos elementos que contribuíram para a constituição dessa dicotomia entre o online e o offline. Em um primeiro momento, o imaginário da internet estava bastante voltado para a possibilidade de se criar um "novo eu" virtual desvinculado do "verdadeiro" *self* cotidiano, percepção que foi perdendo força, relativamente, com a expansão das redes sociais e a ênfase na exposição de si (Barros; Campanella, 2016, p. 7).

Isso significa dizer que deve existir, obviamente, a necessidade de se manter as características do conhecimento antropológico no estudo das novas mídias digitais, conceber a etnografia como uma possibilidade de imersão profunda em contextos culturais específicos, já que, na perspectiva etnográfica, o fato social não é percebido como isolado, mas sim vinculado a outras esferas da vida que se interligam e ganham sentido dentro de um todo que as precede: "As novas mídias, portanto, entram na vida de sujeitos específicos, que se orientam a partir de códigos culturais particulares que criam práticas diversas a serem analisadas" (Barros; Campanella, 2016, p. 8).

Para Hine (2004), a internet oferece novos caminhos para formas de estudos de mídia que exploram as atividades humanas, isso porque o ciberespaço passou a ser encarado como um componente do cotidiano dos sujeitos, tanto que são raras as vezes que falamos em ficar *online* ou ficar *offline* – como se a internet e suas inúmeras redes sociais fossem um lugar para onde viajamos e depois voltamos. Pelo contrário, na contemporaneidade, acabamos por usar o ciberespaço de maneira despercebida para fazermos nossas atividades, já que o território digital contribuiu, e continua contribuindo, para a construção e a ressignificação dos sentidos culturais.

A autora ainda complementa afirmando que o estudo das redes se torna significativo para as compreensões das performances da vida social, pois qualquer fragmento individual dos dados derivados da internet é passível de ser interpretado de diversas maneiras, dependendo dos contextos em que se incorpora e adquire significado.

As pesquisas *onlineOffline*, por fim, contribuem amplamente para o estabelecimento da internet como fonte de estudos culturais, ou seja, o território das redes é um construto espacial da ação humana, e o ciberespaço acabou por transformar-se em um lugar plausível para a realização de reflexões e análises dos comportamentos sociais.

Independentemente do ambiente em que eu estava inserido, com o passar do tempo, e no decorrer das minhas conversas, tanto *online* como não virtuais, tive que *aprender a lidar com*: aprender a lidar com aproximações (tendo que saber quando chamar meus entrevistados para conversar ou quando não estavam afim de dar entrevista); aprender a lidar com tatos e contatos (já que eu sabia que estava lidando com pessoas de carne e osso, mas também de tela e foto, o que fez me tomar ainda mais cuidado com questões éticas e de alteridade); aprender a lidar com desejos e afetos (sabendo que muitos ali me dariam entrevistas para fins científicos, mas também haveria aqueles que o fariam com segundas intenções[21]); aprender a lidar com sigilo e intimidade (levando em consideração que muitos de meus entrevistados não aceitariam mostrar o rosto e muito menos se encontrar fisicamente comigo, pois suas práticas e orientações sexuais, possivelmente, não são conhecidas e/ou aceitas por seus familiares e amigos); por fim, aprender a lidar comigo mesmo (saber que sou pesquisador, mas/e também um sujeito dotado de emoções, curiosidades, subjetividades, ideologias, desejos, medos e afetos; saber quando parar e quando continuar; aprender a ouvir e aprender a falar, saber quando perguntar e saber quando silenciar; aprender a olhar, a ceder, a abrir mão, a mudar, a perder preconceitos, a ganhar amigos). Nisso consiste o fazer etnográfico: *aprender a lidar com*.

1.2 Enquadramento metodológico: o perfil do pesquisador e o contexto da pesquisa

Para a geração de registros[22] e a análise dos dados, utilizei, como afirmado, as estratégias de interação *onlineOffline* e discussões da etnografia multissituada, abordagem teórica sociointerpretativista e análises da pesquisa

---

[21] Muitos usuários do aplicativo me perguntavam se, de fato, eu estava fazendo pesquisa ou se era apenas uma desculpa para conhecer gente nova e saber sobre a vida das pessoas. Também foram inúmeras as propostas sexuais que recebi durante a pesquisa, inclusive quando um garoto de programa disse que só aceitaria conversar comigo caso eu pagasse por isso (já que sua hora valia dinheiro) e depois tivesse relações sexuais com ele. Raramente eu deixava essas conversas e propostas se estenderem, respondendo sutil e polidamente que meu objetivo ali era científico, como descrito em meu perfil.

[22] Utilizo o termo *geração de registros* ao invés de *coleta de dados*, pois, ao contrário de abordagens que se utilizam de *corpus* ou *objeto de análise*, que simulam situações, o interesse dessa investigação é o estudo de situações da "vida real" ou do contexto social "natural" (Pires-Santos, 2011). Além disso, lidamos a todo o momento com indivíduos de múltiplas culturas e performances, as quais estão a todo o momento se transformando, ou seja, o sujeito investigado não é um objeto estático na natureza sem mudança de consciência, como um objeto parado apenas esperando para ser analisado.

qualitativa. Optei, para a investigação desta pesquisa, por conhecer meus participantes/colaboradores pela internet, por meio do aplicativo virtual de relacionamentos sexoafetivos[23] mais utilizado por HRH na contemporaneidade: o Grindr.

Após conhecê-los, e autorizadas as entrevistas, minha primeira pergunta aos participantes seria se eles gostariam de me contar suas histórias de vida pela internet (via WhatsApp, de forma escrita, gravada em áudio, chamada simultânea ou videochamada). Caso eles aceitassem responder às minhas perguntas de forma virtual, eu passaria meu número de celular para que me chamassem assim que pudessem. Se preferissem fazer as entrevistas de modo presencial, face a face, minha proposta seria marcar um encontro informal e individual com aqueles que aceitassem participar da pesquisa para, logo em seguida, escutar suas histórias de vida e interpretar suas performances narrativas a respeito de suas orientações e práticas sexuais, masculinidades, heteronormatividade e relacionamentos afetivos.

Por mais que as formas de comunicação sejam múltiplas e multimodais – e o diálogo uma forma de interação comunicativa no mundo pautado por meio das mais diversas linguagens –, além das performances também serem construídas e analisadas de maneira virtual (*online*), eu gostaria de realizar algumas entrevistas de forma física (*offline*) para poder experienciar a vivência de estar face a face com esses usuários do app. Olhar para seus rostos e analisar suas performances também era muito importante para mim: como se comportariam em minha presença, de que maneira estariam vestidos, como me olhariam, como se daria nossa interação. Isso porque, talvez, eu pudesse perceber construções de masculinidades performatizadas em seus corpos, e que apenas na *web* eu não conseguiria observar. Quem sabe seus gestos, roupas, adereços e olhares falariam e conversariam comigo. Concordo com Butler (2003) quando a autora afirma que o gênero

> [...] se produz pela estilização do corpo e deve ser entendido, consequentemente, como a forma corriqueira pela qual os gestos, movimentos e estilos corporais de vários tipos constituem a ilusão de um eu permanentemente marcado pelo gênero. Essa formulação tira a concepção do gênero do solo de um modelo substancial da identidade, deslocando-a para

---

[23] Os aplicativos virtuais de relacionamentos (inseridos no gigantesco universo da internet) funcionam em dispositivos móveis, como *tablets*, *smartphones* e celulares, com tecnologia de sistema de posicionamento global (GPS). De modo geral, a funcionalidade central desses apps é a produção de redes sociais digitais georreferenciadas, as quais possibilitam contato e interação entre seus usuários, mostrando exatamente a distância e o posicionamento geográfico de cada um deles. São também popularmente conhecidos como "aplicativos de pegação".

> um outro que requer concebê-lo com uma *temporalidade social* constituída. Significativamente, se o gênero instituído mediante atos internamente descontínuos, então a *aparência de substância* é precisamente isso, uma identidade construída, uma realização *performativa* em que a plateia social mundana, incluindo os próprios atores, passa a acreditar, exercendo-a sob a forma de uma crença (Butler, 2003, p. 200, grifos da autora).

Ou seja, ainda que a anatomia seja um elemento a ser analisado, deve-se levar em consideração que gênero é uma estilização do corpo. Não a anatomia, mas as ações, os atos, as teatralizações, as performances que se realizam em torno desta. Para Pinto (2007),

> [...] o termo "estilizações" permite suspender o problema das "coisas" que estão representadas nas expressões linguísticas, e passar aos atos que são realizados pelo corpo que fala no estabelecimento, criação, recriação e eventual subversão das relações de poder (p. 4).

Eram esses atos performativos, as práticas, os gestos, os movimentos, as estilizações – as construções das corporalidades em si – que eu gostaria de observar, narrar e analisar, poder presenciar essas ações cotidianas performatizadas na entonação e tom de voz, estilo, acessórios, barba (ou falta dela), cores, texturas, cabelo, trejeitos etc.

Decidi, então, no final de 2019, especificamente em dezembro, começar a "procurar"[24] meus sujeitos da pesquisa e programar a realização das minhas entrevistas, fazendo um perfil no aplicativo Grindr. Contudo, em fevereiro de 2020, tudo mudou.

O mundo recebia a notícia de que um novo vírus (chamado de *Coronavírus* por todos os meios de comunicação), supostamente surgido na China, poderia provocar um isolamento social global, uma pandemia. Parecia sensacionalismo, ou pelo menos fato isolado. Mas, infelizmente, não era. Em menos de um mês, aeroportos e rodoviárias, escolas e universidades, bares e festas, fábricas e comércios haviam fechado. Com isso, todas as fronteiras internacionais do país também foram fechadas, inclusive as duas fronteiras que seriam os "caminhos" para a minha pesquisa: a Ponte Internacional da Amizade (a qual liga o Brasil ao Paraguai sob o Rio Paraná) e a Ponte

---

[24] Zago (2013) utiliza o termo "caçar" ao se referir à busca de sexo entre sujeitos dentro dos aplicativos de relacionamentos, dado que, para o autor, constrói-se, nessas plataformas, mecanismos para encontrar aquilo que se procura por parte de quem caça e, ao mesmo tempo, haverá alguém a ser (ou se sentir) "caçado". Preferi utilizar, nesse contexto, o termo "procurar", pois minhas intenções dentro do aplicativo não tinham fins sexuais.

Internacional Tancredo Neves, a Ponte da Fraternidade (a qual liga o Brasil à Argentina sobre o Rio Iguaçu)[25], fronteiras que compõem a conhecida Tríplice Fronteira do Iguaçu. Já que não havia nenhuma estimativa de reabertura das aduanas internacionais, parecia que minha pesquisa havia acabado ali naquele momento.

Mas como minha ideia inicial era mesmo começar com entrevistas *online*, para só depois iniciar as conversas *offline*, decidi começar com a pesquisa na internet, pensando que a pandemia não duraria mais que algumas semanas. Para isso, precisei readaptar meu planejamento, rever minhas etapas de pesquisa e aprofundar minhas leituras em temas voltados para a investigação virtual. Imergi nas entrevistas virtuais apenas pela *web* até a situação pandêmica diminuir, o isolamento total acabar e eu conseguir, futuramente, realizar as entrevistas pessoalmente, face a face, o que acabou acontecendo somente no final de 2020, um ano após o início da pesquisa.

Logo no começo do isolamento social (o que acabou provocando um *lockdown* total por meses), quando o vírus já estava sendo chamado de Covid-19, em março de 2020, criei um perfil padrão no aplicativo de relacionamentos Grindr, já que ele é o aplicativo mais usado, atualmente, entre homens que mantêm relações com outros homens (HRH)[26]. Com a identificação de *Pesquisador* (ao lado do nome sempre aparece a idade do usuário, no meu caso 31), escrevi a seguinte mensagem inicial de abertura de tela nos meus três perfis virtuais:

> Oi, tudo bem? Caso queira me ajudar e participar da pesquisa acadêmica sobre sexualidade e fronteiras, me mande, por favor, uma mensagem para iniciarmos uma entrevista. Sua

---

[25] A Ponte da Integração, iniciada em 2019, 2.ª ponte que une Foz do Iguaçu de Ciudad del Este, ainda estava em construção e não havia sido inaugurada na época da pesquisa.

[26] Optei por essa sigla (HRH) porque, assim como defende Medeiros (2018), a sigla HSH (homens que fazem sexo com homens), comumente usada nas ciências da saúde no período em que o HIV apareceu, foi associada somente aos homossexuais. A sigla HSH, por anos, acabou por se manter como caracterizadora de grupos de risco, o que acaba por gerar representações estereotípicas e preconceituosas, já que o que existe, de fato, são comportamentos e práticas mais arriscadas do que outras. Portanto, a escolha de HRH pretende ser um leque para as relações eróticas e sexoafetivas que se estabelecem entre homens, sem lançar sobre esse grupo um olhar medicalizador e moralista.

identidade será mantida em sigilo e você contribuirá com a comunidade LGBTQIAN+[27]. Obrigado.

Estive conectado *online* intensamente no aplicativo de relacionamentos Grindr cerca de seis meses (de março a agosto de 2020) e entrava, em média, 1 ou 2 horas por dia. Mantive diálogos *online* com aproximadamente 200 usuários desse "app-pegação" (como muitas vezes esses tipos de aplicativos de busca por relacionamentos são chamados).

Em novembro de 2020 a dezembro de 2021 foi o período em que marquei encontros físicos, face a face, com 8 homens HRH, os quais conheci no próprio Grindr e aceitaram conversar comigo *offline*. Contudo, devo frisar aqui que, todos os sujeitos com os quais eu me encontrei "fora das telas" eu também mantive contato pelo WhatsApp e/ou chamadas telefônicas, tanto para entrevistas como para marcar locais e horários de encontros etnográficos.

As perguntas iniciais que "sulearam" minha pesquisa *onlineOffline* e fizeram com que eu pudesse ir lendo e escutando as histórias de cada um deles foram estas:

- Você normalmente atravessava alguma das pontes da Tríplice Fronteira, antes da pandemia, em busca de sexo ou relacionamento amoroso/afetivo?

- Como pretende proceder agora como o fechamento das fronteiras? Está respeitando as orientações de isolamento social?

- Quais vantagens e desvantagens você percebe que existem em região de fronteira em relação à busca de sexo e relacionamentos afetivos?

- Por que você usa os aplicativos móveis de relacionamentos para procurar um(a) parceiro(a)?

- O que você pensa sobre as práticas sexuais que não são seguras e como são suas experiências sobre as negociações dessas práticas?

---

[27] Sigla que designa grupo de pessoas lésbicas, gays, bissexuais, travestis, transexuais, *queer*, intersexuais, assexuais, sujeitos não binários e mais (+) outras performances de gêneros e sexualidades. Contudo, vale ressaltar que as inúmeras possibilidades de experiências sexuais e de gênero fazem com que nomenclaturas teóricas surjam para visibilizar grupos que já foram silenciados, não para criar "identidades" essencializadas sobre eles. De acordo com Colling (2020), a criação de performances identitárias LGBTQIAPN+ não pode ocorrer a partir da convicção de que existem "identidades" imutáveis, já que devem ser levadas em consideração as particularidades de cada sujeito e suas subjetividades.

- Sua família e amigos sabem a respeito de sua sexualidade e suas práticas sexuais? Se sim, como eles lidam com isso?

- Você já sentiu medo, em algum momento, em atravessar a fronteira em busca de relacionamentos sexoafetivos e se frustrar por não "rolar" ou ser descoberto por seus conhecidos?

- Existem dificuldades maiores, na sua opinião, nos relacionamentos homoafetivos? Quais são essas dificuldades?

- Você gostaria de me contar sua história de vida em relação à sua saída do armário, se é que isso aconteceu? Caso não, você gostaria de fazer isso um dia? Por quê?

Por meio dessas perguntas iniciais, os diálogos com cada usuário foram se desenvolvendo de maneira singular e específica, acentuando certos aspectos dos impactos da pandemia nas novas formas de se relacionar na fronteira. Quase todas as entrevistas foram printadas (copiadas digitalmente) com autorização dos participantes e, logo após, transcritas/digitalizadas em meu computador. Além disso, anotei muitas falas em diários de campo, manuscrito e digital, para marcar aquelas que mais me chamaram a atenção para responder aos objetivos propostos.

A partir dessa minha inserção no Grindr e das perguntas iniciais, procurei, enquanto pesquisador, alinhar-me a certas dinâmicas de uso do aplicativo, ficando *online* em dias e horários incertos, manter diálogos tanto com pessoas novas (já que os usuários que ali estão fazem acesso de forma imprevisível e aleatória) quanto com aquelas mais "fiéis" e constantes. Também tive que mudar algumas vezes minha localização geográfica no GPS para que o app buscasse perfis de usuários de outras localidades das quais eu estava, para que, assim, fosse possível ampliar meu campo *web* de visão.

Os perfis observados oscilavam entre 500 metros e 5 quilômetros de distância da minha localidade fixa, minha casa, sendo muitos deles escritos em espanhol, por pertencerem a usuários argentinos e paraguaios, em função da pesquisa ter sido feita na região da Tríplice Fronteira do Iguaçu (Argentina-Brasil-Paraguai). Em quase todos as conversas, mantive um diálogo em português, o que não quer dizer que os usuários em questão, necessariamente, sejam brasileiros ou estejam no Brasil. Sabe-se que existem muitos brasileiros vivendo em Ciudad del Este, no Paraguai, majoritariamente estudantes de medicina, pela facilidade de ingressar nesse curso acadêmico, já que no país vizinho não há um processo seletivo tão concorrido quanto no Brasil (Webber, 2018); bem como há muitos argentinos e paraguaios que utilizam o português para criarem seus perfis.

Com relação às entrevistas, optei pelas não estruturadas, ou abertas, por serem bastante úteis para se ter acesso às atitudes e aos valores dos sujeitos, não exigindo habilidades específicas, pois se aproximam muito de uma interação rotineira, embora seja necessário que o pesquisador entenda que as entrevistas não são apenas conversas e, por isso, deve haver algum nível de controle (Pires-Santos, 2012).

Acontece que a minha imersão na *web* e as primeiras impressões que tive do aplicativo em questão levaram meus olhos a uma outra direção extremamente importante, que me fizeram analisar os perfis dos usuários e fazer as seguintes indagações:

- O que está escrito, de maneira explícita e implícita, nos perfis dos usuários do app?

- Por que eles criam esses textos de autodescrição e como eles se autodefinem?

- Quais as escolhas verbais e não verbais utilizadas pelos usuários em seus perfis e o que essas escolhas significam?

- Como essas mídias digitais podem reforçar determinadas normas de masculinidades e (re)configurar formas de relacionar-se no contexto em questão?

Para dar conta de refletir sobre e responder às perguntas supra propostas, primeiramente devo apresentar, aqui, os conceitos basilares a respeito de narrativas e discurso para as análises sequentes, visto que as histórias se (re)produzem performativamente na interação entre os sujeitos, no momento em que os enunciados posicionam narradores e ouvintes no discurso (Camargo, 2019). Isso porque "os sujeitos se constroem de maneiras distintas por meio de modalidades de enunciação cambiantes e configuram-se fragmentadamente" (Camargo, 2019, p. 52). São nas interações comunicativas que os efeitos de sentido se constroem, e os sujeitos da enunciação são construídos nas e por essas interações linguísticas (Moita Lopes, 2006). Por isso, então, a necessidade de haver uma contextualização sobre a construção dos sentidos nos discursos, por meio da linguagem, na pesquisa etnográfica.

1.3 O protagonismo da linguagem: performances narrativas e práticas discursivas

Por muito tempo, no campo linguístico, paradigmas que tomam a linguagem como um "mecanismo de comunicação" estático, internalista, objetivo e "determinador das regras da língua" respaldaram as pesquisas de análises discursivas. Não que tais teorizações sobre a linguagem não existam mais, no entanto, como afirma Moita Lopes (2022), a compreensão da linguagem através das lentes do imobilismo é insuficiente para explicar os novos sistemas e formas de comunicação, visto que ela é "definida pelo modo como é localizada e relocalizada pelas pessoas em suas performances cotidianas, [...], um ponto de vista externalista, explicado por um fazer performativo dos sentidos" (Moita Lopes, 2022, p. 32). Fato é que

> Estamos diante de uma teorização sobre linguagem que vai ao encontro das teorizações queer e de sua preocupação crucial com a desessencialização ou descristalização de quem somos como homens, mulheres, homossexuais, heterossexuais, negros, brancos, brasileiros, nordestinos, sudestinos, pobres, remediados etc. Essa preocupação traduz uma visão política sobre a linguagem em mobilidade, por chamar a atenção para sua relocalização e emergência aqui e ali, e pode ser ilustrada por uma série de construtos teórico-analíticos que têm sido úteis nas pesquisas que focalizam justamente quem podemos "ser" ou nossas performatividades (Moita Lopes, 2022, p. 33).

A linguagem se movimenta juntamente aos sujeitos pelo tempo-espaço, transformando-se, também, em uma ferramenta para a própria mobilidade. Discursos viajam incessantemente por meio da linguagem carregando suas características históricas, agregando novos sentidos e promovendo a socialização de indivíduos por meio de recursos semióticos. É preciso, por isso, adotar uma visão de linguagem em movimento, indo muito além de um evento comunicativo em si, mas extrapolando a fronteira da fala em interação (Blommaert, 2010).

É a prática discursiva, segundo Fairclough (1995), que faz a mediação entre o texto e a ação sociocultural. São as interrelações simbólico-socias entre enunciador-enunciado-interpretante, por meio das práticas discursivas, que dá conta da construção dos significados envolvidos. Desse modo, o interpretante utiliza os indícios semióticos encontrados no texto e o repertório de significados disponíveis na prática social em relação à performance narrativa construída (Moita Lopes, 2020).

Os sujeitos, a todo momento, praticam ações que constroem suas histórias no mundo, mobilizando signos que indexicalizam discursos, ou seja, mobilizam signos no enunciado que apontam para discursos na construção do significado. Silverstein (2009) pensa no conceito de *indexicalidade* para ajudar a compreender contextos, pessoas, ambientes, temas, instituições e aspectos macropolíticos da vida social. Segundo Moita Lopes e Fabrício (2020), o estudo da indexicalidade é um arcabouço reflexivo que coloca ênfase no significado conotacional ao ressaltar as escolhas sígnicas que as pessoas fazem quando refletem sobre os significados que estão performatizando. Essa perspectiva extrapola o sentido referencial ao focalizar o "como" nós nos apoiamos em amplos repertórios semânticos em nossas performances (Moita Lopes; Fabrício, 2020).

A indexicalidade, nesse sentido, é o princípio de contextualização dos signos, os quais funcionam como "pistas linguísticas" (Collins, 2011), as quais apontam para a produção de sentidos interacionais e sua contextualização espaço-temporal, enfatizando, assim, o sentido conotativo ao selecionar escolhas linguísticas que as pessoas fazem quando refletem sobre os significados de suas performances (Silverstein, 2009; Blommaert, 2010). Segundo Moita Lopes (2022),

> Essa perspectiva vai além do significado denotacional, típico de uma linguística de usos tácitos ou de uma linguística do sistema e apenas referencialista [...]. O estudo da indexicalidade chama a atenção para como nos apoiamos em vastos repertórios semânticos em nossas performances e possibilita compreender como o discurso (enunciado em textos compreendidos como combinações de signos) emergente no aqui e agora da interação indexa macrodiscursos (Moita Lopes, 2022, p. 37).

Isso significa dizer, então, que as categorizações são flexíveis, dada a natureza indexical de suas relações, visto que a propriedade indexical aponta para os significados construídos em relação a discursos em circulação que são repetidos, reapropriados, reproduzidos e contestados no momento da enunciação (Camargo, 2019). As relações envolvem negociações de sentidos múltiplos na interação comunicacional e as pistas indexicais apontam para processos de situações cotidianas, indicando como os valores e ideologias compartilhados ou disputados nas interações são indexicalizados no discurso para criar inteligibilidade sobre as coisas (Blommaert, 2010).

Desse modo, as indexicalidades possibilitam entender os discursos como significados no contexto aqui-agora e de que maneira esses processos se transformam pelas incessantes reentextualizações discursivas. Elas são constitutivas de relações sociais em um movimento de variação constante, ou seja, correspondem a linhas de fuga em relação aos discursos e aos modelos normativos, apontam para as normas, mas também para seus vazamentos (Camargo, 2019; Moita Lopes, 2022).

Essas reentextualizações só se materializam por meio do processo de *entextualização*, o que torna o discurso passível de extração do contexto de sua produção para a produção de outro texto, em outro contexto. Quando analisamos os discursos como práticas e performances, por meio da entextualização, é possível examinar aspectos do contexto de produção da interação e a relação que os textos mantêm uns com os outros. Esses deslocamentos discursivos carregam elementos da história do seu próprio movimento, elementos esses "incorporados" nas performances narrativas em formas de pistas que apontam para essa produção (Bauman; Briggs, 1990).

Por isso, entextualização-descontextualização-reentextualização são processos semióticos que dão conta de como o que dizemos, continuamente, reentextualiza enunciados anteriores. Podemos pensar, assim, "o uso da linguagem como resultante de um contínuo processo de entextualizar, descontextualizar e reentextualizar vozes, discursos e performances – textos – que precederam nosso enunciado" (Moita Lopes, 2022, p. 34). Além disso, devemos tomar esse processo fundamental nas pesquisas no campo aplicado da linguagem por ressignificarem, a todo momento, os movimentos de transformação de um texto em seu contexto social, fazendo com que os textos transportem e ressignifiquem ideologias e discursos (Bauman; Briggs, 1990).

Para Bauman e Briggs (1990), a viagem dos textos produz outros contextos e direcionam, por isso, a construção de inúmeras performances, ou seja, os discursos viajam cortando o tempo-espaço, carregando consigo elementos discursivos (essencialismos e/ou transgressões) e são passíveis de serem extraídos de um contexto e transformados em uma unidade outra, ou um texto, fruto de descontextualização (Camargo, 2019). Concordo, dessa maneira, com Camargo (2019), sobretudo pelo fato de esse trabalho também ser etnográfico, quando a autora afirma:

> A anotação no diário de campo é uma entextualização. A transcrição do diário para as páginas desta tese é um segundo movimento. Assim como a gravação em áudio é uma entextualização, a transcrição dos dados é uma segunda entextualização e a anotação das pistas linguísticas é um terceiro momento de entextualização. Nesse itinerário, acontecem

transformações: há seleção de trechos por motivos de espaço etc. e há também um comentário metapragmático sobre o sentido desses textos, ou seja, um movimento de "recontextualização" (Camargo, 2019, p. 60).

As pistas linguísticas trazidas pela autora ajudam-nos a compreender as formas de mobilidade textual em contínuas recontextualizações, como, por exemplo, os enunciados linguísticos, as narrativas de performance de gênero e sexualidades na contemporaneidade, o que levou ao que se convencionou chamar de virada discursiva/narrativa (Sena, 2020). Tal mudança provocou efeitos diretos na produção de conhecimento científico, sobretudo nos estudos do discurso, já que tais mudanças deslocaram as certezas objetivas sobre língua e linguagem que dominavam os estudos semióticos no início no século passado (Moita Lopes, 2022) para a compreensão de que nossas práticas sociais são efeitos discursivos (Austin, 1976; Butler, 2003; Foucault, 1988).

Essa virada discursiva/narrativa colocou no centro desta reflexão o conceito de *performatividade*, o qual é uma ferramenta teórica fundamental para a compreensão a respeito de um *estudo linguístico indisciplinar* (Moita Lopes, 2006), oriundo de transformações transdisciplinares do campo da Linguística Aplicada, voltando-se às relações entre linguagem e sociedade. Isso fez com que tal campo de estudos fosse muito além de sua base disciplinar dedicada unicamente ao ensino-aprendizagem de línguas e passasse a dar atenção às demandas das práticas sociais dos sujeitos envolvidos em processos linguísticos, socioculturais e políticos.

Nesse sentido, é necessário ressaltar que o estudo discursivo indisciplinar privilegia o olhar para o que emerge das experiências sociais, focalizando a criação de conexões significativas entre os eventos ou experiências, as quais se tornam inteligíveis nas práticas discursivas. Para Fairclough (1995), a linguagem é tomada como ação e o discurso como prática social, uma maneira que os indivíduos têm para agirem sobre a sociedade, sobre os outros indivíduos com os quais convivem. A linguagem, e consequentemente sua materialização discursiva, está ligada aos processos de performances e identificação social dos grupos humanos. As narrativas, nesse viés, possuem crucial importância na sociedade, já que os sujeitos experimentam suas vidas segundo suas histórias de vida e as histórias de vida dos outros, os seus próprios discursos e, também, os discursos alheios (Vega, 2011).

As narrativas têm sido abordadas como performances no sentido de que contadores, no momento de narrar suas histórias de vida, estão não só relatando os eventos de uma narrativa (os eventos narrados), mas também acabam por ficar envolvidos na performance de quem são na experiência de contar a narrativa, ou seja, as narrativas, nesse sentido, tornam-se práticas discursivo-interacional social e situada (Moita Lopes, 2006), pois possuem caráter performativo, "uma vez que o ato de narrar é ação, é performance, e é nesse ato que construímos os significados sobre quem somos, sobre quem são os outros e sobre o mundo" (Moita Lopes, 2020, p. 135).

Portanto, para dar sentido às nossas experiências, estamos sempre construindo significados interacionalmente no aqui e no agora (no tempo--espaço), contando histórias, ato que privilegia o olhar para o que emerge da experiência social, focalizando a criação de conexões significativas entre os eventos ou experiências (Camargo, 2019). Narrar a vida é se reapropriar da própria história dela, ou seja, é um trabalho metalinguístico no qual, ao mesmo tempo que se narra a história, se constrói a própria história, refazendo os caminhos percorridos, o que é mais do que "revivê-los". "A história narrada não é feita para ser arquivada ou guardada numa gaveta como coisa, mas existe para transformar a cidade onde ela floresceu" (Bosi, 1987, p. 69).

Os sujeitos narram suas vidas subjetivamente para edificar suas próprias histórias, envolvendo fatores sócio-histórico-econômicos que compareçem nas narrativas nas formas de pistas linguísticas. Por isso, é importante que as narrativas e histórias sejam consideradas práticas discursivas, conforme propõem Moita Lopes (2002) e Flick (2009), isso porque as narrativas têm a capacidade de criar e recriar sentidos, fornecendo-nos meios de performatizarmos nossas histórias. Estamos nos reconstruindo, assim, por meio das narrativas de raça, etnia, gênero, sexualidade, nacionalidade, classe, entre outras que ouvimos ou contamos.

Essa multiplicidade de sentidos nas construções das narrativas performativas foi chamada de *interseccionalidade*[28] (Crenshaw, 1994), a qual opera politicamente com base nas várias interações de "categorias identitárias" como as citadas anteriormente, produzindo posicionamentos sociais e ideológicos. Essas classificações, articuladas entre si, interseccionam situações e

---

[28] Não é possível falarmos em *interseccionalidade* sem citarmos o feminismo negro estadunidense, o qual surgiu em uma perspectiva de resistência e luta quando teóricas e militantes afrodescendentes chamaram atenção para o fato de que o tradicional feminismo do século XX não conseguia mais contemplar as reivindicações e os direitos das mulheres negras, já que este reduzia a mulher a uma categoria homogênea. Surge, assim, uma perspectiva que aborda o cruzamento de categorias e sistemas de opressão, tal qual se encaixariam o gênero, classe, raça, etnia, sexualidade etc. Tal concepção abriu portas para lutas que viriam a surgir com essa perspectiva, viabilizando uma análise centrada nas relações de classe, sem deixar de fora o modo como o gênero e o racismo se imbricam nessas relações. Do mesmo modo, uma análise das relações de gênero que não problematize a maneira como as desigualdades de classe e de raça conformam o gênero, posicionando diferentemente as mulheres nas relações de poder e estabelecendo hierarquias entre elas, pode suspender a validade de experiências e interesses de muitas mulheres (Crenshaw, 1994).

significados de mundo, podendo agir negando, essencializando, subalternizando ou indicando "identidades" que resistem às opressões patriarcais e aos apagamentos sociais (Crenshaw, 1994; Camargo, 2019).

As narrativas são, por isso, estratégias de organização do discurso, devido à importância que elas têm no desenrolar do drama social, mostrando os personagens agindo em práticas discursivas. Nesse sentido, elas são meios de interações do/no cotidiano, formas de interagir e agir sobre a sociedade e suas diversas instituições.

> O tempo-movimento de recolhimento da história de vida, em sua condição de atividade e de experiência, possibilita a abertura de um intervalo temporal e afetivo entre o eu e o outro, conexão que fornecerá as condições para que o narrador possa aproveitar desse momento e, a partir dele, produzir novas elaborações sobre o vivido, enquanto o pesquisador, por sua vez, também poderá elaborar suas questões teóricas e pessoais a partir daquela escuta. Essa conexão se sustenta na história social e no universo simbólico, desse modo o processo de narrativa das histórias se localiza numa esfera que privilegia os aspectos simbólicos e subjetivos, em sua conexão indissociável ao material. Afinal, é preciso reconhecer que a vivência/experiência narrada se corporifica em fatos diversos, mas sua tessitura simbólica é fundamental. Nela, no mundo simbólico, é que tais fatos sociais efetivamente se inscrevem (Nogueira, 2017, p. 76).

Os relatos narrados, no entanto, não expressam fielmente os acontecimentos, exatamente como os fatos ocorreram, isso porque até mesmo a linguagem tem seus limites e os discursos não apenas expressam as experiências, mas as constituem, pois é por meio deles que os sujeitos constroem e dão significado à própria vida (Penna, 1998).

Também não é o intuito principal do pesquisador conhecer as histórias de vida dos sujeitos pesquisados e buscar saber se elas são verdadeiras ou não, isso porque é no processo dinâmico das reentextualizações que os elementos textuais se tornam "verdades" ou "mentiras", e, ainda, podem ter como parâmetro analítico outros aspectos partícipes do processo comunicativo, como o corpo, a voz, o silêncio etc. (Camargo, 2019), pistas indexicais. É a maneira *como* narramos os eventos à nossa volta, e, portanto, *como* historicizamos a vida social (e não a autenticidade em si), que medeia a construção de sentido de nós mesmos e dos outros: "organizamos nossas memórias, intenções, histórias de vida, e ideais sobre 'nós mesmos' em padrões de narrativa" (Moita Lopes, 2002, p. 143), por performances linguísticas.

De acordo com Moita Lopes (2008),

> [...] ver a linguagem como performativa possibilita entender que estar no mundo social é um ato de operar com as línguas, discursos e culturas disponíveis no aqui e no agora para construí-lo, não somente com base em significados já dados, mas também com base naqueles que nós mesmos podemos gerar, à luz de quem somos ou podemos ser em nossas histórias locais, portanto, em nossas performances. Ou seja, uma visão performativa de linguagem como parte de uma teorização nas margens constitui uma alternativa para lidar com os designs globais em termos de quem somos em nossas históricas locais, não no sentido de manter uma essência identitária, mas de re-inventar a vida social de modo a imaginar e construir o que poderíamos ser (Moita Lopes, 2008, p. 326).

Adoto aqui, por isso, uma visão performativa da linguagem, proposta por Austin (1976), revisitada por Butler (2003), para compreender o processo de produção de subjetividades humanas. As práticas linguísticas, segundo Austin (1976), executam ações, pois possuem uma dimensão de transformação social no momento em que são enunciadas. A nomeação, então, é sempre performativa, e essa designação dos sujeitos vai sendo tecida a partir das partes selecionadas de suas subjetividades e corporalidades (gênero, sexualidade, classe, raça etc.); em outras palavras, o ato de nomear tem o poder de efetuação e afirmação sobre o que está sendo nomeado (Delory, 2012).

A natureza performativa das narrativas caracteriza a forma do sujeito de ser-estar no mundo, ou seja, é constitutiva da prática social e implica o uso repetido de repertórios linguísticos e de recursos semióticos. Noções de imutabilidade e essencialidade sobre gênero, sexualidade e raça, por exemplo, entendidas como "verdades absolutas e permanentes", são efeitos de práticas discursivas, atos repetidos de uma corporificação contingente à temporalidade histórico-política, os quais envolvem um processo contínuo de "incorporar certas possibilidades culturais e históricas" (Butler, 2003, p. 200), e que tendem a preparar o terreno para as suas condições de significação e ressignificação (Camargo, 2019).

As narrativas, por isso, são construídas, destruídas e reconstruídas; entextualizadas, descontextualizadas e reentextualizadas em um processo contínuo. Elas são os espaços subjetivos em que navegam as histórias de vida narradas, são imprecisas e inventivas, já que muito da plasticidade da existência cabe a elas (Nogueira, 2017). Por isso, como diria Derrida (2001), as memórias narrativas também são feitas de esquecimentos, de silêncios e não ditos, de fantasmas, de um sem-número de espectros, de fragmentos de sujeitos que atravessam nossa existência e que vão construindo arquivos, às vezes organizados, às vezes desorganizados, que se misturam, se combinam, se confundem.

As histórias de vida dos outros também são nossas histórias, "porque com elas nos identificamos, a tal ponto que elas nos capturam, nos invadem e nos emocionam: histórias do outro que são minhas; histórias minhas que são do outro" (Coracini, 2011, p. 27). Isso nos permite afirmar, dialogando com Bakhtin (2003), que as narrativas, os discursos históricos, se constroem a partir do encontro de várias vozes, desencadeando o próprio processo de lembrança, o qual acaba por ser um ato de identificação social e, por isso, nunca solitário, já que os significados dos discursos individuais são edificados a partir dos discursos coletivos.

O ato de narrar a vida, então, é sempre performativo, e esse todo narrado vai sendo tecido a partir das partes selecionadas, isto é, a narrativa não é apenas o produto de um ato de contar, ela tem também um poder de efetuação sobre o que está sendo narrado (Delory, 2012). Assim, a narrativa constitui-se na ação performativa de contar e de revelar o modo pelo qual os sujeitos concebem e vivenciam o mundo.

Dito isso, a ação de etnografar também é uma forma de narrar a vida, mas uma narrativa criada a partir dos olhos e experiências do pesquisador. Instaura-se, então, uma nova performance narrativa, já que a etnografia é também um ato performativo de organização textual do vivido, do visto, do visível, do sensível, do simbólico, do cultural, sendo tudo isso possível porque as narrativas são materializadas no discurso, no âmbito da língua(-gem) (Moita Lopes, 2002). Para construirmos nossas próprias histórias, nesse sentido, recorremos à linguagem, aos discursos, às narrativas, e estas, inevitavelmente, são sempre performatizadas na interação eu-outro.

1.4 Ética na pesquisa: o cuidado com o outro

Devemos lembrar que, no decorrer do século XX, tentativas legais e jurídicas têm sido feitas para definir e regulamentar condutas éticas em pesquisas envolvendo seres humanos. Documentos nacionais e internacionais, há anos, buscam catalogar e oficializar condutas científicas, quase sempre burocráticas, a fim de proteger os participantes da pesquisa, e todos os sujeitos envolvidos, de qualquer prática científica que pudesse colocar sua integridade física e moral em risco: Código de Nuremberg, de 1947; a Declaração Universal dos Direitos Humanos, de 1948; o Relatório Belmont, de 1978; A Comissão Nacional de Ética em Pesquisa (Conep) e a Comissão do Conselho Nacional de Saúde (CNS), entre outras.

No entanto, falar de sujeitos, de seres humanos, não requer apenas falar de indivíduos construídos no e pelo discurso jurídico e científico; trata-se, também, de discutir assuntos que envolvam a ética do pesquisador, que vai muito além dos comitês institucionais fiscalizadores dessa ética. Vale destacar, aqui, que todos os participantes da pesquisa foram informados acerca da utilização de suas imagens e conversas, gravação dos registros e da exposição de suas narrativas. Mesmo tendo a autorização deles, decidi não expor imagens explícitas de rosto ou identidades para evitar problemas jurídicos, já que muitos HRH do aplicativo Grindr mantêm suas relações homoeróticas sigilosamente.

Por uma questão de ética, que está diretamente ligada à atitude do pesquisador, pedi permissão a todos os entrevistados (tanto os do ambiente virtual como aqueles que me encontrei pessoalmente) para que eu pudesse utilizar para pesquisa acadêmica suas narrativas e análise de seus perfis virtuais (não expondo seus verdadeiros nomes). Os participantes da pesquisa precisam estar "seguros quanto a garantias de preservação da sua dignidade (e não apenas integridade)" (Celani, 2005, p. 107) e, caso queiram, do anonimato de suas identidades.

Obviamente, não foram todos os sujeitos com os quais mantive contato que aceitaram participar da pesquisa. Alguns aceitaram que eu utilizasse seus perfis do aplicativo Grindr e as nossas entrevistas para análise, outros me permitiram usar apenas as conversas, sem a utilização de fotos ou descrição do perfil. Dos mais de 200 perfis do Grindr analisados, menos de 50 usuários tinham seus rostos expostos em seus perfis pessoais, sendo que a maioria das imagens tinha a face cortada ou apenas uma parte do corpo à mostra, como abdômen, olhos ou boca. Os outros perfis simplesmente estavam sem foto alguma.

Provavelmente, esses ocultamentos de rostos acontecem pelo fato de que muitos usuários do aplicativo não têm seus relacionamentos, sexualidade e práticas sexuais assumidas para familiares e amigos. Assim, minha preocupação sempre foi preservar a imagem desses sujeitos, mesmo eu sabendo que se eles estivessem com seus rostos à mostra na internet, seguramente não veriam problema algum na utilização de suas imagens na pesquisa. Acontece que muitos desses usuários colocam suas fotos de rosto no Grindr mesmo não tendo suas relações homoeróticas assumidas para os familiares, acreditando que o aplicativo é um "lugar de sigiloso", isto é, acreditam que não serão "descobertos" pela família estando ali nesse "armário virtual".

Mesmo antes do contato com os usuários do aplicativo aqui selecionado, uma das minhas primeiras preocupações foi pensar a questão da ética sob um olhar humanizante, voltado para a solidariedade universal e pela subjetividade de cada ser humano, independentemente de gênero, raça, religião, sexualidade etc. Para todos os participantes, assim, foi garantido o uso das nossas entrevistas e de seus perfis virtuais apenas para fins acadêmicos de pesquisa. Todos esses cuidados, e outros que se fizeram necessários durante a pesquisa, foram, sobretudo, para a proteção ético-moral dos participantes, sobretudo para a proteção de sua integridade. A todo momento busquei pensar nessas perguntas:

> Por que e como nós escolhemos pesquisar os sujeitos que escolhemos? Que perguntas nós lhe fazemos? Que tipos de interações nós temos com nossos participantes enquanto coletamos [sic] os dados? Como nós fazemos parte da coleta [sic] de dados? Como nós organizamos, analisamos e disseminamos nossos achados? (Zago, 2013, p. 60).

Para um aprofundamento das reflexões dessas indagações, coaduno com Moita Lopes (2022) quando o autor afirma que devemos estar apoiados em perspectivas não essencialistas que reconheçam, de fato, a natureza performativa de sujeitos sociais em devir, pois os efeitos de sentido performatizados produzem desigualdades, sofrimentos e vulnerabilidades diferentes.

A mudança indisciplinar e transgressiva na pesquisa (Moita Lopes, 2006; Pennycook, 2006) somente será possível existir por meio de práticas linguísticas libertadoras e transformadoras, sobretudo que envolvam ética e política, práticas que visibilizem afetos, desejos, corpos, gêneros, masculinidades, sexualidades etc. A partir dessa visibilidade, todos os sujeitos desta pesquisa, inclusive eu como sujeito-pesquisador, estaremos aptos a ocupar nossos lugares políticos e ideológicos em uma sociedade cada vez mais acostumada com o preconceito institucionalizado (Silvério, 1999) a partir da segregação e da *necropolítica*[29] (Mbembe, 2018).

---

[29] O termo *necropolítica* foi cunhado pelo filósofo negro camaronês Achille Mbembe para se referir à "capacidade de definir quem importa e quem não importa, quem é 'descartável' e quem não é para o Estado e a sociedade como um todo" (Mbembe, 2018, p. 50). Podemos afirmar que seria uma tentativa de ampliar as discussões foucaultianas sobre governamentalidade, biopoder e controle dos corpos. Dessa forma, as mortes vão sendo sistematicamente justificadas e os sujeitos indesejáveis vão sendo eliminados; uma política mortífera, literalmente um "projeto de morte". Deve-se ressaltar, no entanto, que o autor critica o uso inadequado desse termo por pesquisadores brancos descomprometidos com a questão racial e com a valorização de pesquisadores negros.

Concordo, também, com Freire (1992), quando o autor aponta que a ética deve ser a marca da natureza humana, atributo social indispensável à convivência dos indivíduos; por isso, ela deve reger toda e qualquer relação entre os sujeitos, já que sua "aplicação consciente" é a base fundamental para a moralidade, o respeito, a integridade e a equidade nas relações socioculturais. Acredito que a conduta ética deve ir muito além do cumprimento de princípios éticos formais, entendidos como sendo de cunho científico-burocrático (Pires Santos, 2012; Leroy, 2018).

Para Kemmer (2019), a ética burocrática caracteriza-se por normas utilitaristas e resoluções vigentes, dentre as quais destacam-se o anonimato dos participantes e a obtenção de documentos legais que mantenham a integridade física e moral dos indivíduos. Obviamente, essa ética é de extrema importância, porém não o suficiente para a pesquisa social. O *cuidado com o outro* (Noddings, 2003), a empatia, a solidariedade, a valorização, o respeito com as diferenças, a alteridade e a cautela são, também, preocupações basilares para o pesquisador: "A consideração com o outro é aquela que relativiza minhas certezas, meus alcances, que me faz repensar pontos de partidas e modos de me colocar no inacabado movimento de busca" (Reis, 2014, p. 150).

A relação ética pesquisador-pesquisado possibilita a construção de um saber dialogado, proporcionando a presença de múltiplas vozes no fazer científico, além de enfatizar o aspecto subjetivo das trajetórias dos sujeitos (Bento, 2006). Essa ética vai além de uma ética burocrática-acadêmica, é uma "ética da vida", uma "ética aplicada à vida" ou uma ação humana em relação às vidas, podendo referir-se não só à vida na sua expressão universal, mas também à sua especificação ao nível humano. Encontro, nessa perspectiva de "ética-além-da-academia", um movimento para descentralizar a ética em pesquisa que se esgote na adequação às formas e às normas "comitecêntricas" (Oliveira, 2017) de regulamentação e desague na possibilidade de um maior cuidado com o outro.

A ética social, para Christians (2006), está intrinsecamente ligada a uma visão complexa dos julgamentos morais, que integram um conjunto orgânico, experiências do cotidiano, crenças sobre o bem e sentimentos de aprovação e de vergonha, considerando as relações humanas e sociais. Assim, é de fundamental importância que o pesquisador trate com seriedade as múltiplas interpretações dos sujeitos da pesquisa, pois cada um deles possui suas próprias histórias de vida, particulares e polifônicas.

Além disso, o pesquisador deve tomar cuidado para não ter uma postura etnocêntrica, quer dizer, ele deve olhar para os valores e símbolos culturais dos sujeitos respeitando e relativizando os significados particulares de suas culturas, compreendendo os seres humanos como seres sociais em conexão, isto é, é a partir do encontro dialógico entre eles que a vida é recriada e a obrigação moral para com ela é reciprocamente alimentada (Christians, 2006).

Para o autor, o direito à liberdade e à autodeterminação que os participantes de uma pesquisa possuem está pautado no *princípio do consentimento informado*, o qual deve ser respeitado por meio de explicações fidedignas e claras em relação aos procedimentos, métodos e objetivos da pesquisa, além dos possíveis riscos e benefícios com seus resultados. Ademais, é preciso que o pesquisador se coloque à disposição dos sujeitos investigados para esclarecer a respeito de qualquer questão que os participantes queiram levantar, assegurando-lhes o direito de retirarem seu consentimento a qualquer momento, sem qualquer dano à sua integridade: "a ideia é que a pesquisa tenha planejamento colaborativo e uma execução participativa" (Christians, 2006, p. 142), fazendo com que os participantes tenham poder de decisão. Eles até podem, caso queiram, interferir no processo de pesquisa, com sugestões de temáticas de investigação ou procedimentos, até então, não pensados pelo pesquisador.

Contudo, o princípio de consentimento informado não é suficiente também para que haja uma ética emancipatória (Kemmer, 2019) – pesquisa *sobre*, *para* e *com* os participantes, e não uma pesquisa apenas *sobre* e *dos* sujeitos –, é necessário, além disso, a *proteção da privacidade* dos envolvidos, visando salvaguardar as "identidades das pessoas e dos locais de pesquisa, [...], pois ninguém merece ser prejudicado ou constrangido como resultado de práticas de pesquisa insensíveis" (Christians, 2006, p. 147). A confidencialidade, nesse caso, é essencial contra a exposição indesejada e para a garantia do anonimato. A proteção da privacidade, todavia, não deve servir apenas para a proteção do pesquisar, ou da instituição à qual ele pertence; o foco aqui são os sujeitos investigados, a proteção de suas subjetividades, caso contrário, segundo Christians (2006), a ética cumprirá apenas um papel utilitário, servindo somente para a preservação jurídica das instituições, não dos indivíduos envolvidos, ou seja, ela será baseada nos interesses do utilitarismo científico iluminista, construído sobre o discurso positivista da imparcialidade e neutralidade científica.

Por último, mas não se esgota apenas nisso, o autor nos apresenta *a ausência de fraude* como um dos fundamentos de uma ética emancipadora, que é o que assegurará na pesquisa a precisão dos dados e a confiabilidade nos registros, por isso, "mentiras, materiais fraudulentos, omissões e maquinações são atitudes não-científicas e antiéticas" (Christians, 2006, p. 147). Isso significa dizer que a confiança ética na pesquisa, por parte dos indivíduos envolvidos, deve ser mais importante do que a confiabilidade burocrática.

Defendo, desse modo, um pensamento ético de compromisso e envolvimento social,

> [...] uma ideia de ciência engajada, não somente com a produção acadêmica, mas com a vida pública na qual habitamos nós e os sujeitos e coletividades com os quais nos relacionamos. Nesse sentido, trata-se de uma ciência-arte que põe em marcha processos experienciais tão importantes quanto os que julgamos apenas estudar. Uma ciência de conduta que não depura o gesto metodológico de escolhas político-éticas. Não é toa que venhamos falando tanto sobre reflexividade nas teorias sociais contemporâneas, pois o que investigamos e o modo como investigamos também criam mundos (Oliveira, 2017, p. 72).

Portanto, o discernimento moral, provindo das relações com os valores humanos, o que nos levam a refletir e repensar sobre nossa existência no mundo, sobre quem somos e o que fazemos para o outro, deve guiar o pesquisador a uma postura de cuidado, afeto, sutileza, empatia, alteridade, equidade e libertação.

Dadas as apresentações sobre meu campo de pesquisa, as discussões basilares que aqui adoto sobre as noções de etnografia, narrativas, discurso, linguagem, ética e as teorias que me guiarão nessas travessias de fronteiras, parto, no próximo capítulo, para a análise do aplicativo de relacionamentos Grindr, como mecanismo de interação social, e seus perfis virtuais, no intuito de apresentar e discutir as performances das masculinidades e os processos de mascaração construídos nesse espaço digital.

2

ARMÁRIOS VIRTUAIS: FAZENDO LOGIN NO GRINDR EM CONTEXTO DE FRONTEIRA

A placa de censura no meu rosto diz:
Não recomendado à sociedade
A tarja de conforto no meu corpo diz:
Não recomendado à sociedade
Pervertido, mal-amado, menino malvado, muito cuidado!
Má influência, péssima aparência, menino indecente, viado!
Não olhe nos seus olhos
Não creia no seu coração
Não beba do seu copo
Não tenha compaixão
Diga não à aberração!
(Caio Prado, *Não Recomendado*, 2017)

Em março de 2020, praticamente todas as fronteiras interestaduais e internacionais do Brasil foram fechadas por conta da pandemia da Covid-19; medidas de segurança, em níveis global e nacional, foram tomadas para que o vírus não se espalhasse provocando uma calamidade mundial. Uma dessas medidas (e talvez a principal delas) foi o isolamento social, ação que transformou radicalmente a rotina das pessoas e mostrou, concomitantemente, que o processo de globalização permitiu uma profusão sem precedentes dos fluxos e trânsitos sociais, o que fez com que conexões fossem mantidas de forma local e global ao mesmo tempo (Canclini, 2011), construindo-se uma verdadeira "sociedade em rede" (Castells, 2011).

Foi essa sociedade em rede que possibilitou o surgimento dos aplicativos móveis de relacionamentos frente a uma das mais revolucionárias transformações sociais de interações humanas. Essas plataformas virtuais surgiram como um *território em rede*, ao mesmo tempo que serviram e servem para a realização da interação entre dois espaços aparentemente distantes e incomunicáveis. O espaço digital tornou-se um movimentado cenário de vivências amorosas, em que é possível procurar e realizar novas formas de relações, tendo em vista suas infinitas possibilidades de encontrar parceiros sexuais virtuais que podem vir a se tornar parceiros físicos.

Além disso, nesse território, é possível criar vários papéis sociais para o anonimato e segurança nas interações (Silva, 2012), o que justifica o fato de a maioria dos usuários dessas novas plataformas serem homens que se relacionam com homens (sobretudo o aplicativo Grindr), já que as práticas homoeróticas, há alguns anos, ocorriam, em sua grande parte, à deriva (Green, 1999), obrigando esses sujeitos a manterem relações em lugares escondidos para fugir da vigilância do poder que normatiza as ações e práticas sociais (Foucault, 2004).

Inegavelmente, as mídias digitais têm modificado as formas de comunicação, sociabilidade e relacionamentos. Na contemporaneidade, fragmentações identitárias (Moita Lopes, 2002), liquidez afetiva (Bauman, 2001), relações movediças (Illouz, 2011) e negociações de prazer oriundas do crescimento de "mercados de corpos" (Miskolci, 2015) são alguns resultados trazidos pela chamada sociedade da conectividade global (Castells, 2011).

As novas possibilidades de interação humana, mediadas pelas atuais tecnologias de relacionamento virtual, permitem constantes reconfigurações de nossos comportamentos individuais e sociais. Miskolci (2012) destaca três importantes aspectos da utilização dessas mídias na atual era tecnológica: o protagonismo individual; a articulação das diferenças pessoais como elementos para efetivação de contatos e socialização; e a utilização de critérios particulares de seletividade em relação a essa efetivação. A conectividade perpétua (Castells, 2011) via aparelhos eletrônicos, incorporados aos corpos e à intensa publicação de fotos e à autoexposição, constitui as peculiaridades da era contemporânea digital.

Com o crescimento das mídias digitais interativas, novos caminhos para as práticas sexuais surgiram, inclusive para as práticas tomadas como "desviantes" e "dissidentes" (Sena, 2020), já que esse novo mundo *webespacial* possibilita relações mais sigilosas e maior controle no nível de exposição, visto que, nesse território, pode-se apresentar apenas a imagem que se quer mostrar, trazendo "uma sensação de controle sobre a vida sexual e amorosa, agora reconhecida pela capacidade de escolha em um horizonte visualizável de parceiros em potencial, longe dos olhos públicos, na privacidade do seu dispositivo móvel" (Monica; Costa, 2020, p. 110). Os homens que buscam discrição, então, aumentam suas chances de encontrar parceiros que se enquadrem nesse contexto, dadas as particularidades desse novo espaço virtual.

O sigilo requerido por esses usuários pode ser observado por meio da perspectiva que Sedgwick (2007) classificou como "epistemologia do armário", a qual indica a discrição como um dos aspectos para manter as sexualidades e as práticas sexuais dissidentes invisíveis, não perceptíveis. Além de manter tais práticas no esconderijo, é preciso, também, enquadrar-se na construção de masculinidades impostas e esperadas socialmente pela cis-heteronormatividade. A autora nos propõe que a permanência no armário é um ato performativo de silêncio em relação aos significados e aos discursos que o constroem. O silenciamento frente à matriz heteronormativa não deixa de ser uma maneira de reiterá-la, fazendo-a penetrar no próprio armário.

A performance metaforizada de "sair do armário" tornou-se, concomitantemente, "um rito de passagem e um ato político" (Sedgwick, 2007, p. 54). O termo armário, do inglês "closed", vem do latim "clausum", particípio presente do verbo "claudere", cujo significado é "fechar". Possui, ainda, outros significados: um lugar privado e discreto em que ocorriam acordos secretos ou um local para guardar objetos de valor (Pereira, 2012). A origem da palavra armário, portanto, "representa o particular em oposição ao coletivo; o escondido em oposição ao que está descoberto; o pessoal em oposição ao social" (Santos, 2008, p. 41). De acordo com Pereira (2012), a expressão idiomática em português "sair do armário" resulta do inglês "to come of the closet", expressão essa derivada da linguagem popular na língua inglesa "a skeleton in the closet", registrada na Inglaterra por volta do século XVIII, cuja tradução literal se assemelharia a "um esqueleto no guarda-roupas". Tal frase é usada em referência a alguém que esconde um segredo e que, se descoberto, pode causar humilhação e vergonha.

Segundo Sedgwick (2007), o armário homossexual serve como regime de controle e fiscalização da sexualidade, que mantém, desde o final do século XIX, o dualismo heteronormatividade *versus* homossexualidade. Para a autora, o armário se caracteriza por um conjunto de regras nem sempre objetivas e definidas por alguém, mas são rigidamente instituídas por meio de poderes implícitos, os quais transformam o espaço público como sinônimo de heterossexualidade e as relações homossexuais como "proibidas", devendo ser mantidas em segredo, enterradas, como diria Pollak (1989).

Esses armários podem ser e estar metaforizados de diversas maneiras, sejam por discursos de negação homossexual ou sejam por performances que invocam atitudes tomadas socialmente como heteronormativas por meio das instâncias reguladoras do poder, o que Butler (2003) chamou de "heterossexualidade compulsória". Mas os "armários gays" (Miskolci, 2015) também podem se metaforizar, e concomitantemente se materializar, em "lugares" em que HRH podem ser e fazer aquilo que "em público" os mecanismos de controle social talvez não lhes permitiriam. E alguns desses lugares são, na contemporaneidade, os aplicativos móveis de relacionamentos amorosos/sexuais, os quais integram um complexo campo, no qual a dinâmica e a fluidez do mundo interagem com os intensos fluxos de contatos entre as pessoas.

Tais aplicativos redimensionam as personalidades, hábitos, desejos e performances de seus usuários para o território virtual, assim como suas sociabilidades, fato que faz com que não apenas as construções de sexualidade, prazeres e desejos sejam representadas nesses ambientes, mas também suas percepções de masculinidade, corporalidade e gênero, criando-se, concomitantemente, um "catálogo de corpos", sem cabeças e máscaras, disponíveis para interações com finalidades afetivas, sexuais e eróticas (Monica; Costa, 2020).

Ao observar os perfis desses aplicativos, os quais não deixam de ser cibercomunidades de relacionamentos, percebemos a digitalização dos corpos e dos desejos reconfigurados no meio virtual para a busca de relações sexoafetivas, e tudo isso sob o regime do sigilo. Por isso, é muito comum encontrarmos faces ocultas (escondidas por gravuras na frente), cortadas (apenas com uma parte do corpo à mostra, para que não se mostre o rosto como um todo) ou até mesmo perfis com fotografias *fakes*[30]. O grande sucesso desses aplicativos, então, está na sua possibilidade de garantir o anonimato.

> Nas duas últimas décadas presenciamos o aprimoramento constante das novas ferramentas de comunicação humana, em especial os smartphones, que disponibilizam uma gama de

---

[30]   É muito comum encontrarmos perfis *fakes* nos aplicativos de relacionamentos virtuais, ou seja, fotos, descrições, estatura, peso, raça, nacionalidade etc. que não condizem com a identidade, de fato, do usuário. Além disso, esse mesmo usuário pode estar se passando por outros usuários, utilizando imagens e nomes falsos. Como a internet é praticamente uma "terra de ninguém" e um "território de todo mundo" (Castells, 2011), ao mesmo tempo, é muito difícil identificarmos quem está ou não mentindo, qual perfil é ou não *fake*.

> aplicativos de relacionamentos com o propósito de auxiliar na busca por pares amorosos, sexuais ou afetivos. Os homens que buscam relações sexuais e afetivas com outros homens foram os primeiros a se beneficiarem do uso desses aplicativos, principalmente em decorrência da marginalização social da homossexualidade e necessidade de sigilo e discrição em suas atividades sexuais. Os aplicativos, enquanto instrumentos despersonalizados e propícios para encontros discretos e sigilosos foram amplamente popularizados nesse grupo de pessoas. Os espaços tradicionais de encontros, como guetos, bares e locais específicos para encontros entre pessoas do mesmo sexo, entraram paulatinamente em concorrência com esses novos aplicativos de encontros virtuais. Mais seguros, menos visíveis, tornaram-se o instrumento perfeito para aqueles que precisavam realizar seus desejos homossexuais, mas dentro de padrões [práticas] de sigilo e privacidade (Monica; Costa, 2020, p. 104).

As conexões digitais, nesse sentido, inserem os corpos na tela dos celulares, ampliando as corporalidades dos usuários por meio da busca digital e os padrões de gênero e estética, o que faz com que esses corpos sejam transpassados do meio físico para o ambiente virtual. Supera-se, assim, como já afirmado, uma ideia de uma oposição entre real e virtual, pois o espaço digital torna-se, também, uma esfera de desejos, subjetividades e performances, transformando a vida em experiências *onlineOffline* (Moita Lopes, 2020).

2.1 O aplicativo Grindr: corpos sem cabeças e máscaras

Para minha imersão no aplicativo de relacionamentos Grindr, decidi escolher a etnografia *onlineOffline* multissituada e em movimento para analisar e refletir sobre as performances narrativas das masculinidades de homens que se relacionam com homens e atravessam fronteias geográficas em busca de práticas homoeróticas sob o regime do sigilo, isso porque considero a etnografia como uma fonte capaz de construir descrições iluminadoras da realidade social e uma ponte capaz de ligar as histórias dos sujeitos com as histórias dos outros (e com suas próprias histórias), permitindo-nos ver com novos olhos os fenômenos cotidianos, apresentando, assim, o estudo de casos particulares como um microcosmo social. Compreendo o estudo etnográfico como uma possibilidade de análise discursiva das performances narrativas de maneira indisciplinar (Moita Lopes, 2022), em que predomina a triangulação, isto é, permitindo que os registros sejam observados por diferentes perspectivas e sujeitos de diferentes locais ou pontos de vista, bem como possibilita o diálogo com várias áreas do conhecimento (Denzin; Lincoln, 2006).

Não seria impossível, por isso, como afirma Peirano (2014), tratar a etnografia meramente como um método de estudo, considerando que os etnógrafos são ávidos em conhecer a sociedade, não aceitando predefinições já estabelecidas, além de estarem sempre dispostos a se expor ao imprevisível, a questionar certezas e verdades estabelecidas, contribuindo, dessa forma, para desvendar novos caminhos que nos ajudem a entender o mundo em que vivemos. Para autora, a etnografia consiste

> [...] em ultrapassar o senso comum quanto aos usos da linguagem. Se o trabalho de campo se faz pelo diálogo vivido que, depois, é revelado por meio da escrita, é necessário ultrapassar o senso comum ocidental que acredita que a linguagem é basicamente referencial. Que ela apenas "diz" e "descreve", com base na relação entre uma palavra e uma coisa. Ao contrário, palavras fazem coisas, trazem consequências, realizam tarefas, comunicam e produzem resultados. E palavras não são o único meio de comunicação: silêncios comunicam. Da mesma maneira, os outros sentidos (olfato, visão, espaço, tato) têm implicações que é necessário avaliar e analisar (Peirano, 2014, p. 386).

Esses "silêncios que comunicam", a que a autora se refere, são o que nos interessa aqui neste primeiro momento, pois os perfis virtuais que analisarei, em sua maioria, apontam para discursos de se manter no armário, isto é, as práticas sexuais propostas nesse ambiente normalmente devem manter-se sigilosas e invisíveis aos olhares públicos, fato que aponta, indexicalmente, para signos associados ao ato de esconder-se: armário, esconderijo, máscara, silenciamento etc. E, no Grindr, esse esforço de manter-se "mascarado" acaba sendo possível pela lógica virtual e suas inúmeras estratégias de ocultamento (Illouz, 2011).

Escolhi o aplicativo de relacionamentos Grindr porque esse app é considerado a rede social mais popular entre a comunidade LGBTQIAPN+ atualmente – são mais de 5 milhões de usuários em 195 países (Medeiros, 2021).

O Grindr, aplicativo de relacionamentos amorosos, foi criado em 2009, nos Estados Unidos, restrito a aparelhos móveis e compatível apenas com tecnologias *iOS* e *Android*. Seu direcionamento majoritário é para homens que se relacionam sexoafetivamente com outros homens. Esses 5 milhões de usuários permanecem, em média, 54 minutos diários conectados. Entre os países com maior número de acesso no Grindr está o Brasil, o qual permanece na primeira colocação na América Latina (Medeiros, 2021).

Tal aplicativo é gratuito, por isso está sujeito a anúncios, mas possui uma versão *premium* (chamado de *Xtra*) que é paga, na qual os usuários podem obter (caso queiram pagar uma média de 40 reais por mês) mais recursos e vantagens: ver seis vezes mais usuários em sua interface do que a versão gratuita (já que esta só permite visualizar até 100 perfis próximos), editar fotos salvas, filtrar buscas para que se consiga observar apenas perfis compatíveis com o seu, não visualizar anúncios, ver apenas pessoas com fotos nos perfis, bloquear usuários ilimitadamente, enviar várias fotos instantâneas (quando a imagem aparece para outro usuário apenas por alguns segundos e depois não é mais permitida sua visualização), dentre outros recursos.

O sucesso do aplicativo deu-se, principalmente, pela facilidade em que HRH, sobretudo homossexuais e bissexuais, encontraram para conhecerem outros homens, para diferentes propósitos, seja para amizade, namoro, encontros casuais, "pegação" ou apenas "relação sexual sem compromisso", mantendo a interação entre parte da comunidade LGBTQIAPN+. Frente aos seus concorrentes virtuais (como Hornet, Scruff ou Tinder), o Grindr se diferencia por estar no mercado há mais tempo e, por isso, possuir mais perfis cadastrados e ativos. É uma rede social para *smartphones* e *tablets* baseada em georreferenciamento ou geolocalização, ou seja, mostra a distância praticamente exata, em metros e quilômetros, dos outros usuários próximos que também possuem o aplicativo.

Figura 1 – Logomarca do Grindr

Fonte: *print screen* do aplicativo no sistema operacional Android

O logotipo do Grindr é o símbolo de uma máscara amarela com o nome do aplicativo logo abaixo, tendo a legra G uma pequena inclinação para a esquerda. A palavra *Grindr* significa, em inglês, "moedor" ou "afiador", ou seja, nas palavras do próprio criador, o israelense Joel Simkhai, Grindr tem sentido metafórico de moedor porque

> [...] estamos misturando as pessoas juntas, um pouco de 'ensopado social'. Nosso design, logotipo e cor são algo mais robusto, duro. Também é muito masculino, pois a palavra é masculina, tem um som masculino. Queríamos algo que não fosse necessariamente sobre ser gay (Simkhai *apud* Paranhos, 2019, p. 43).

Tanto é que a primeira logo criada para simbolizar semioticamente a marca, utilizada até 2016, era uma máscara preta com dentes à mostra e a letra R do nome parecia ter sido cortada por uma faca "afiada".

A máscara significa, para os idealizadores, que seus usuários pertencem a uma comunidade fechada, secreta e velada. Simbolicamente, a representação da máscara – assim também como a dos armários, já mencionada supra – pode trazer um ar de sigilo e mascaração (o que, realmente, a maioria dos sujeitos que ali estão busca), mas também de um esconderijo no qual o usuário pode se esconder quando não se sente à vontade para externalizar certas performances, aquelas que devem ficar no âmago de sua intimidade, sobretudo suas práticas sexuais, eróticas e afetivas, um tipo, conotativamente, de "esconderijo atrás das telas".

O signo da máscara aponta indexicalmente para um repertório de sentidos constituído socioculturalmente sobre o regime do sigilo, do segredo, do que é privado, isto é, o que não pode ser mostrado em público, nesse caso o rosto. Mas a máscara, nesse sentido, não tem apenas o objetivo de "esconder" aquilo que não se quer mostrar, já que o indivíduo que se mascara não quer somente ocultar seu rosto, há também um processo de dissimulação: porque se, de um lado, o sujeito mascarado encontrou refúgio e segurança num semblante que se fecha e oculta seu rosto, de outro, esse mesmo sujeito tem a convicção de que aquele que o observa pode estar desconfiado e, por isso, tentando desvendar a sua "identidade secreta" (Bachelard, 1986), daí a necessidade de simular e dissimular aquilo que não se é, ou performatizar subjetividades que silenciem outras. Em outras palavras, a máscara não busca apenas esconder o(s) eu(s) que não se quer mostrar, mas também tenta criar outras performances de eus que são narrados pelos outros.

Para Deleuze e Guattari (1996), as faces não são apenas símbolos exteriores, muito menos individuais, "eles definem zonas de frequência ou de probabilidade, delimitam um campo que neutraliza antecipadamente as expressões e conexões rebeldes às significações conformes" (Deleuze; Guattari, 1996, p. 31). A mascaração dos rostos nos aplicativos demonstra que os perfis ativos funcionam sob novas políticas de exposição, o que acaba por fazer com que o regime do armário não permita a saída do campo de visão das técnicas de vigilância que atuam supervisionando a sexualidade e oferece uma morada para os "corpos-sem-cabeça": o "armário de vidro" (Zago, 2013), um armário virtual.

Quando o aplicativo foi criado, em 2009, segundo o próprio criador, dirigia-se, inicialmente, apenas a homens homossexuais. No entanto, em 2013, com a intenção de ampliar seu público, houve uma reformulação da plataforma, e os desenvolvedores do app viram a necessidade de um *feedback* de seus usuários, criando-se estratégias para a inclusão de outros sujeitos, sobretudo àqueles pertencentes à comunidade LGBTQIAPN+ (Paranhos, 2019).

A partir daí, diferentes recursos para englobar qualquer tipo de pessoa foram colocados no app: aquelas que se relacionam com pessoas do mesmo sexo ou aquelas que se relacionam com alguém do sexo oposto, até mesmo aquelas que se relacionam com qualquer pessoa, independentemente do gênero ou orientação sexual. Também ampliaram os objetivos de busca: poderia ser para sexo casual ou relacionamento duradouro, mas também apenas para amizade ou companhia momentânea. Tornou-se uma plataforma para todos os gostos (Medeiros, 2018).

Ao criar uma conta e acessar a página inicial do app, o usuário é convidado a criar seu perfil pessoal depois de fazer seu *login*. Nesse perfil, ele coloca uma foto, se quiser, e um texto de descrição na seção "Sobre Mim". Nesse espaço, o usuário tem direito de se autodefinir em 255 caracteres, além disso, o app disponibiliza também espaços para que ele coloque informações como idade, altura, peso, etnia (asiático, branco, latino, mestiço, negro, sul asiático, árabe, índio), porte físico (comum, grande, magro, musculoso, parrudo, torneado), posição e preferência sexual (ativo[31], versátil ativo[32], versátil[33], versátil passivo[34]); tribos (*barbie*[35], discreto[36], elegante, garotos,

---

[31] Homens que ocupam a posição de penetrador nas práticas sexuais homossexuais.

[32] Homens que ocupam a posição de penetrador, mas ocasionalmente também ocupam a posição de penetrado nas práticas sexuais homossexuais.

[33] Homens que ocupam a posição de penetrador e de penetrado nas práticas sexuais homossexuais.

[34] Homens que ocupam a posição de penetrado, mas ocasionalmente também ocupam a posição de penetrador nas práticas sexuais homossexuais.

[35] O termo *barbie*, na comunidade gay, refere-se a homens que se relacionam com outros homens e são frequentadores assíduos de academia, possuem corpos musculosos e costumam ir a festas de música eletrônica, o que, ultimamente, também ficou conhecido como *gay hétero top*.

[36] Homens que se relacionam com homens e que performatizam masculinidades hegemônicas heteronormativas e práticas sexuais gays com um estilo de vida dentro dos moldes cisnormativos, de maneira que suas relações com homens são pouco ou nada sabidas.

malhadinho, *nerd*, papai[37], soropositivo, trans[38], urso[39]); relacionamento atual (casado, com parceiro fixo, comprometido, exclusivo, noivo, relacionamento aberto, solteiro); em busca de (agora[40], amigos, contatos, encontros, relacionamento); status HIV (negativo; negativo, usando PrEP[41]; positivo; positivo não detectável[42]); data do último teste (mês e ano).

Sempre que o usuário ligar seu GPS, automaticamente ele já está conectado e, com seu perfil ativo, é possível, instantaneamente, ter acesso a um painel dos outros usuários, dispostos em ordem de proximidade graças à tecnologia de geolocalização. Existem ferramentas, por meio do chat, que permitem, além do envio de mensagens de texto, a troca de fotos e localizações.

Quando aparece um pequeno círculo verde do lado esquerdo da foto de algum usuário, junto ao seu nome fictício[43], significa que ele está *online* naquele exato momento, prática popularmente conhecida como caça, ou seja, dizemos que o usuário está caçando[44]. Caso o círculo esteja vazio, transparente, quer dizer que ele não está ativo naquele instante, mas, provavelmente, estava há alguns minutos, isso porque quanto mais o usuário acessa o app, mais acima da tela dos celulares dos outros usuários ele aparece.

---

[37] Homens maduros, mais velhos, que se relacionam com homens mais jovens para, aparentemente, parecerem pai e filho.

[38] Pessoa cuja identificação de gênero é diferente daquela imposta ao nascimento, a partir da expectativa normativa de gênero-sexualidade, de seu sexo biológico, como, por exemplo, a pessoa que nasce com sistema reprodutor considerado feminino e não se reconhece como mulher. *Trans* é a abreviatura de transgênero.

[39] Homens que se autodeclaram obesos e que gostam de estar acima do peso para se parecerem com ursos, por isso também o excesso de pelos no corpo.

[40] Usuários que são adeptos de encontros rápidos e fugazes com outros usuários, sobretudo encontros sexuais.

[41] PrEP é a abreviação do termo Profilaxia Pré-Exposição, medicamento usado para o tratamento do HIV como prevenção à infecção, sobretudo seu avance para a Aids, utilizado antes de relações sexuais que não envolvem proteção com camisinha.

[42] Pessoas diagnosticadas como *HIV+* que, por meio de tratamento antirretroviral, têm o vírus suprimido de seu organismo.

[43] Os nomes que aparecem no perfil inicial de casa usuário podem ser criados utilizando tanto texto verbal (nomes verdadeiros, apelidos fictícios ou simplesmente o objetivo de busca, como "HprocuraH" ou "MachoQuer-Macho") como texto não verbal, os *emojis*, por exemplo, que são pequenos símbolos visuais que transmitem a ideia de uma palavra, frase ou sentimento.

[44] O termo "caça" metaforiza simbolicamente os modos com que as relações entre os usuários se criam por meio dos e nos aplicativos. Caçar, nesse sentido, pode ser entendido como um jogo de relações de poder, a "caça" e o "caçador", existindo táticas, estratégias e técnicas de encontrar aquilo que se procura por parte de quem caça (procura, busca). Mas a caça pode esgueirar-se (quando um usuário não se interessa por outro), despistar (não responder no chat, fingindo não ter lido ou ter se esquecido de fazê-lo) ou fugir (bloquear e excluir os usuários que não lhe interessam) (Zago, 2013).

Figura 2 – Tela inicial dos perfis do aplicativo do Grindr

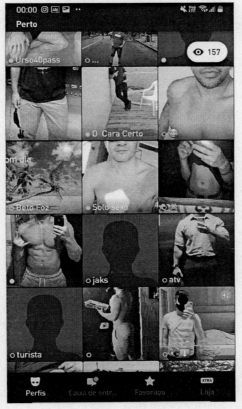

Fonte: *print screen* do aplicativo no sistema operacional Android

Ao abrirmos o Grindr, um novo mundo nos é revelado. Surgem pistas indexicais que nos são apresentadas para a construção de um repertório de sentidos constituído socioculturalmente sobre o que é "ser homem". São barrigas saradas, peitorais musculosos, cenários de academia de musculação, sorrisos de capa de revista, cabelos e barba de ator de novela, um verdadeiro "culto ao corpo", um endeusamento dos músculos, resultado de mecanismos midiáticos que pregam a supervalorização do corpo e sua fortificação (Le Breton, 2006). Há uma correspondente interação entre o sujeito, a linguagem e o corpo, tomados aqui como inseparáveis (Blommaert, 2010), ou seja, uma relação sujeito-linguagem-corpo também se configura nesse processo da construção das masculinidades.

Todavia, são poucos os usuários que optam por mostrar o rosto, possivelmente para manter o anonimato (mascarar-se), já que "a face é a visualidade que apresenta os traços pessoais, por meio da qual é possível identificar uma pessoa. A questão é que ainda poucos usuários desejam ser reconhecidos como homens que têm práticas homossexuais" (Medeiros, 2018, p. 57). Por outro lado, segundo Alencar (2017), em um contexto de buscas e caças de parceiros para encontros, a aparência facial parece não importar tanto; o corpo (torso, abdômen, braços), contudo, parece ser o alvo principal dessa caçada.

2.2 Um armário particular: práticas sexuais secretas

No documentário "Secreto e Proibido"[45], de 2020, Terry Donahue e Pat Henschel são duas senhoras de quase 90 anos que, já no começo da história, tratam-se como primas. Duas mulheres simpáticas e sorridentes, que parecem ser amigas inseparáveis há longos anos. De fato, percebemos no decorrer da narrativa que elas se conhecem há décadas, no entanto um segredo nos é revelado logo em seguida: elas são muito mais do que amigas: há quase 70 anos, na verdade, são um casal de mulheres lésbicas no meio dos Estados Unidos.

Na década de 1940, quando se conheceram, falar em relacionamento homoafetivo não seria uma boa opção para elas, já que tal prática ainda era crime no estado em que moravam, como na maior parte do globo. A proibição de sua homossexualidade vinha de todos os lados: no discurso jurídico, ao afirmar que era ilegal; no discurso médico, ao afirmar que era doença; e no discurso religioso, ao afirmar que era pecado; no discurso cultural, ao afirmar que era anormal (Foucault, 1975). Por isso, quando as duas se conheceram e se encontraram, começaram a viver esse romance às escondidas, clandestinamente. No caso delas, as práticas sexuais, eróticas e afetivas tiveram que ficar mantidas no subterrâneo (Pollak, 1989) e, apesar de todo o sigilo, segredos e proibições, conseguiram ficar juntas até morrerem, em 2019.

Infelizmente, nem todas as histórias de relacionamentos terminam com um "final feliz" como as de Terry e Pat, mesmo que tenha sido uma história de dissimulação, mascaração e proibições. Digo final feliz por não ter acabado como muitas das histórias de LGBTcídio provocadas, sobre-

---

[45] Disponível na plataforma de streaming Netflix. Acesso em: 25 fev. 2022.

tudo, pela LGTBfobia[46]. O próprio aplicativo Grindr já esteve envolvido em muitas situações de escândalos midiáticos, como vazamento de informações íntimas de seus usuários, crimes de vendas de dados pessoais e até casos que envolveram crimes de furtos, assaltos e homicídio, quando, por exemplo, usuários foram estuprados e mortos após marcarem encontro às escuras com criminosos se passando por homossexuais em busca de sexo.

No início de maio de 2021, repercutiu nacionalmente o caso de José Tiago Correia Soroka, o qual assassinou três homossexuais na cidade de Curitiba utilizando o Grindr para marcar encontro com suas vítimas, depois violentá-las, roubá-las e assassiná-las[47]. Segundo a Divisão de Homicídios e Proteção à Pessoa (DHPP), o sujeito assumia diferentes nomes no aplicativo, mostrando diversas imagens do corpo e de suas partes íntimas, de acordo com as preferências sexuais do usuário com quem conversava. Quando entrava nas casas de suas vítimas, pedia para que elas se virassem e baixassem as calças, o que dava a entender que aconteceria um ato sexual de penetração ali mesmo.

Nesse momento, então, quando a vítima estava de costas e com as calças abaixadas, o que facilitava a ação do criminoso, ele segurava seus braços e a imobilizava, apertando seu pescoço até a morte[48]. Além disso, a polícia descobriu, meses depois, que Soroka também já havia frequentado saunas gays em Curitiba entre 2014 e 2018, e outras localidades da cidade que, comumente, são tachadas como *points* LGBT, também com o intuito de "caçar" homossexuais e assassiná-los. O delegado Thiago Nóbrega afirmou no final de maio de 2021, quando Soroka foi preso, que:

> *Ele não marcava data. As terças-feiras eram coincidência, mas se programou para fazer um homicídio por semana para se manter financeiramente com o que pegava de pertences. Disse que estava gastando muito com drogas. Como durava apenas uma semana, precisava matar para roubar. [...]. "Acreditamos que escolhia homens gays por algum trauma não resolvido. Nas palavras de*

---

[46] A LGBTfobia é a hostilidade, marginalização, ato ou manifestação de ódio ou a rejeição a homossexuais, lésbicas, bissexuais, transexuais e outros indivíduos que não pertencem à heteronormatividade (termo usado para descrever situações nas quais orientações sexuais não heterossexuais são marginalizadas, ignoradas ou perseguidas por práticas sociais, crenças ou políticas) e à cisgeneridade (condição cuja identidade de gênero corresponde ao gênero que lhe foi atribuído no nascimento). O termo é genérico, pois acolhe todas as identidades de gênero e orientações sexuais, sem individualizá-las (Site Jusbrasil). Acesso em: 27 fev. 2022.

[47] Disponível em: https://hugogloss.uol.com.br/brasil/serial-killer-acusado-de-assassinar-homens-gays-e--preso-em-curitiba-e-confessa-crimes-assista. Acesso em: 3 mar. 2022.

[48] Disponível em: https://www1.folha.uol.com.br/ilustrada/2021/06/na-mente-de-um-serial-killer-entenda--como-agiu-o-homem-que-matava-gays-em-curitiba.shtml. Acesso em: 3 mar. 2022.

> *um psicólogo que acompanhava o depoimento, 'ele matava fora o que o matava por dentro'. Escolhia as vítimas homossexuais para matá-las mesmo e se aproveitava das mortes para roubá-las. Em nenhum momento optou por mulheres, homens heterossexuais ou idosos. Deu a impressão de que gostava de matar homens gays"[49].*

Não são raros os crimes e atrocidades contra LGBTs envolvendo mortes e prisões utilizando o Grindr e outro aplicativos de relacionamentos pelo mundo. Em alguns países onde a homossexualidade é criminalizada, como Arábia Saudita, Egito, Iêmen, Irã, Nigéria, Somália e Sudão, lugares em que as práticas homossexuais são punidas com pena de morte, o Grindr já serviu para a "caça" de homens gays[50].

Em 2017, dezenas de homens gays foram presos no Egito após marcarem encontros pelo aplicativo, mas serem surpreendidos ao descobrirem que seus possíveis parceiros sexuais eram policiais. Ao serem detidas, as vítimas foram obrigadas a passar por "teste anal" e, logo após, condenados à pena de morte por "incitarem a libertinagem" e "cometerem atos imorais em público"[51]. Um dos homossexuais que foi preso pela polícia egípcia, mas conseguiu fugir, prestou relato ao jornal estadunidense *The Virge* e afirmou: *"Me espancaram e me insultaram com os piores nomes que você pode imaginar. Eu tentei resistir que me amarrassem, mas vi um homem saindo de uma perua da polícia com o cassetete na mão e com medo de ser atingido no rosto, eu cedi"[52].*

Em outros países, civis se disfarçam e marcam encontros em espaços públicos para detenção de homossexuais. A busca por infratores se respalda em leis que versam sobre devassidão, prostituição e outros contextos que se pautam em leis de "normalizações/normatizações" e "anormalidade" e/ou deturpação dos "bons costumes" (quase sempre cristãos, familiares e patriarcais). Esse sistema da polícia, de usar os aplicativos de relacionamentos para encontrar LGBTs, já havia sido denunciado pela mídia internacional por ferir a ética e os direitos humanos básicos de liberdade, contudo nada foi feito até então e tal esquema continua penalizando, torturando e matando centenas de homossexuais pelo mundo todo.

---

[49] Disponível em: https://www1.folha.uol.com.br/ilustrada/2021/06/na-mente-de-um-serial-killer-entenda--como-agiu-o-homem-que-matava-gays-em-curitiba.shtml. Acesso em: 3 mar. 2022.

[50] Disponível em: https://super.abril.com.br/mundo-estranho/os-10-paises-mais-perigosos-para-ser-gay. Acesso em: 23 fev. 2022.

[51] Disponível em: https://dentrodomeio.com.br/mundo/policia-usa-apps-de-encontro-para-prender-gays. Acesso em: 23 fev. 2022.

[52] Por medo de represálias e risco de vida, o informante preferiu manter-se no anonimato.

Além dos diversos atos de preconceito, homicídio e latrocínio que já envolveram o Grindr, o aplicativo também já foi utilizado como uma arma para "desmascarar" homossexuais, HRH e bissexuais não assumidos publicamente, como aconteceu nos Jogos Olímpicos do Rio de Janeiro de 2016. Jornalistas faziam perfis *fakes* para encontrar atletas que tinham perfis no Grindr com localização ativa na Vila Olímpica para, depois de descobri-los, "tirá-los do armário" forçadamente.

Foi o caso do jornalista e repórter norte-americano Nico Hines, do site de notícias *The Daily Beast*. Em sua matéria, intitulada "Consegui três encontros no Grindr em uma hora na Vila Olímpica", o jornalista mapeou atletas participantes dos Jogos Olímpicos, HRH, que usavam o aplicativo Grindr para suas práticas sexuais, atitude que foi extremamente criticada por jornalistas do mundo todo por ferir a ética profissional e criar "manchete a qualquer custo", colocando, até mesmo, a vida de muitos homossexuais em risco, já que existem atletas que são proibidos de assumirem suas práticas sexuais, mantendo-as como práticas subterrâneas, secretas, pois suas sexualidades não podem ser manifestadas em seus países de origem.

São comuns os casos de discriminação verbal e violência física que presenciamos todos os dias divulgados na mídia, quase sempre relacionando contextos hiper-homofóbicos com situação de performances feminilizadas ou não heteronormativas, como no futebol e no militarismo (Miskolci, 2009), por exemplo, daí então o baixíssimo número de jogadores e militares não heterossexuais que saem do armário.

Performances não masculinizadas, nesse sentido, devem manter-se às margens, no periférico (Becker, 2008), o que, para Pollak (1989), faz também com que se mantenham no silêncio, nas memórias esquecidas da humanidade, quer dizer, a repressão sexual "funciona como condenação ao desaparecimento, mas também como injunção ao silêncio, afirmação de inexistência e, consequentemente, constatação de que, em tudo isso, não há nada para dizer, nem para ver, nem para saber" (Foucault, 1972, p. 10). Homossexuais e HRH, dessa forma, sofrem repressões, em todos os âmbitos (religião, família, escola, trabalho, mídia etc.), inclusive passíveis de punições jurídicas, tendo eles que se contentarem com suas sexualidades postas em "armários", seus desejos colocados em "gavetas" e suas práticas sexuais alocadas no "subterrâneo".

Acontece que nunca houve, de fato, uma democracia preocupada e efetivamente comprometida com a diversidade sexual e de gênero, ou mesmo com os direitos humanos fundamentais. E, sob o argumento de defender "a moral e os bons costumes", os micropoderes instaurados acusam os sujeitos de corpos e desejos dissidentes de "imorais" e "subversivos", pois "mancham", segundo eles, os valores conservadores cristãos da família patriarcal (Quinalha, 2017).

A perseguição à comunidade gay, às suas práticas individuais/sociais e a seus modos de viver, é contínua, diária e incessante. Concordo com Miskolci (2009) quando ele afirma que "ser homossexual é sempre estar lado a lado com o perigo", viver sendo homossexual é viver sendo perseguido. Para o autor, escolher permanecer no armário não é uma escolha individual, e a decisão de sair dele tampouco depende da coragem ou capacidade do próprio sujeito:

> O armário é um regime de controle da sexualidade que rege e mantém a divisão binária hetero-homo da sociedade ocidental. Ele se caracteriza por um conjunto de normas nem sempre explícitas, mas rigidamente instituídas que faz do espaço público sinônimo de heterossexualidade, relegando ao privado as relações entre pessoas do mesmo sexo. [...]. Em contextos heterossexistas, "assumir-se" pode significar a expulsão de casa, a perda do emprego ou, em casos extremos, até a morte. Por isso, historicamente, a maioria de homens e mulheres que se interessavam por pessoas do mesmo sexo viveu em segredo, o que lhes legava uma sensação de serem únicos e viver o fardo de um desejo secreto sem ter com quem compartilhar temores e sofrimentos (Miskolci, 2009, p. 171).

Apesar de inúmeros avanços em relação aos direitos de igualdade de gênero e à liberdade sexual terem sido conquistados na América Latina nos últimos anos, dando mais segurança e proteção aos sujeitos sexualmente dissidentes (Bento, 2006), o armário ainda acaba sendo um lugar de refúgio e confinamento, uma fortaleza para a proteção e garantia de suas vidas. Entrar nele é um mecanismo de autodefesa para as vidas LGBTQIAPN+ que, no fundo, acabam sendo solitárias e, ao mesmo tempo, o armário é onde suas práticas, sonhos e desejos não são julgados ou perseguidos. Apesar de não ser o lugar mais agradável a se estar, o armário ainda é o lugar mais seguro para um corpo dissidente viver.

2.3 Macho, discreto, sigiloso: as fronteiras entre o masculino e o feminino

O rapaz de codinome "Sigilo" não é esculpido como um deus grego, mas está quase lá. Sem a divisão em quadrantes, seu abdômen ainda é um só, mas os oblíquos já se separaram. Sigilo está longe de se parecer com Tony Ramos, mas sua pele, branca, é demarcada pelo contraste dos pelos. Virado de lado para a câmera, com os braços em evidência – estes, sim, esculpidos e com as veias saltadas –, Sigilo dispensa uma camiseta. Não mostra o rosto, mas faz questão de informar que mede 1,88 cm, que pesa 98 quilos e, duas vezes, que é versátil ativo – isto é, prefere penetrar a ser penetrado.

(Pedro Martins, *Jornal Folha de São Paulo*, 2022)

Adjetivos como "sigiloso" e "discreto" são os signos linguísticos mais utilizados pelos usuários do Grindr em suas autodescrições. Outras pistas indexicais, que também se vinculam ao campo semântico destes, podemos encontrar facilmente: reservado, fora do meio, hetero sigiloso, gay macho, com discrição, macho discreto, na maciota (sentido utilizado para práticas escondidas), super sigiloso, a fim rápido, nas escondidas, *brotheragem*[53], entre outros que demostram que, para alguns desses sujeitos, as práticas sexuais devem manter-se na clandestinidade, isto é, em lugares escondidos que fogem ao olhar controlador público da vigilância (Foucault, 2004).

---

[53] O termo "brotheragem", adaptação da palavra *brother*, amigo no inglês, representa uma amizade sexual, informando que não se busca uma relação amorosa ou afetiva, apenas uma brotheragem, isto é, uma parceria masculina para relações sexuais, sem comprometer sua masculinidade e heterossexualidade.

Figura 3 – *Interface* do Grindr (Perfil Discreto e Alex)

Fonte: *print screen* do aplicativo no sistema operacional Android

Nos perfis supra, percebemos a utilização das palavras "sigilo" e "sigiloso", intensificadas pela pista linguística "discreto" na descrição de Discreto HxH e "reservado", no perfil de Alex 39. Ao optarem pela discrição, subterraneamente, observamos, em ambos os discursos, uma entextualização que mobiliza sentidos a certa afiliação a performances heteronormativas, já que esta, em nossa sociedade, carrega em seu bojo, sobretudo, a preferência pelas expressões de gênero classicamente masculinas (Butler, 2003), relegando qualquer prática não heterossexual ao armário. Isso ocorre porque, caso contrário, a masculinidade dos homens seria colocada em xeque, além de que ser um "homem de verdade" possui grande relação com a ideia de onipotência e superioridade, por isso a utilização de indexicalidades que posicionem as relações homossexuais e as relações não monogâmicas ao âmbito do privado, distante do olhar público (Foucault, 1988).

Por meio de implantações de regimes de verdade e olhares controladores sobre o sujeito, a sexualidade, então, torna-se um dispositivo de controle – de corpos, de saberes e de modos de existência. Segundo Foucault (1988, p. 244),

> [...] um conjunto decididamente heterogêneo que engloba discursos, instituições, organizações arquitetônicas, decisões regulamentares, leis, medidas administrativas, enunciados científicos, proposições filosóficas, morais, filantrópicas. Em suma, o dito e o não dito são os elementos do dispositivo. O dispositivo é a rede que se pode estabelecer entre esses elementos.

Para o autor, "dispositivos da sexualidade" seriam estratégias de técnicas não apenas de repressão e proibição, mas de gerenciamento e controle da produção dos corpos, subjetividades e populações. O poder, nesse sentido, avança cada vez mais fundo sobre os modos de existência, produzindo formas de experimentação e vivência da sexualidade como legítimas/ilegítimas, não para acabar com aquelas desviantes, mas sim para a manutenção das relações de poder. Além disso, o poder, para Foucault, se dá nas e por meio das relações, em toda parte, não sendo detido por um único agente ou implantado sobre um único sujeito.

Desse modo, entre a discrição e o sigilo, a subalternidade e a clandestinidade, vemos, em alguns perfis analisados, discursos que performatizam narrativas de posicionamentos hierárquicos da sexualidade, os quais buscam mobilizar sentidos que negligenciam a performance do "homem homossexual gay-afeminado" (tomado como inferior) para exaltar a performance do "homem homossexual heteronormativo" (tomado como superior), mesmo este último não sendo heterossexual. Ocorre, nesse caso, uma espécie de mascaração das performances ligadas ao feminino por meio de outras performances narrativas de masculinização, pois o que é possível perceber, nesses discursos, não é apenas a procura por homens "não-afeminados", mas também a necessidade de autoafirmação da masculinidade hegemônica mediante indexicalidades, como as pistas linguísticas "macho", "discreto", "sigiloso", "reservado" e "fora do meio". Em outras palavras,

> [...] a sociedade pode até aceitar que um indivíduo seja gay, desde que ele seja discreto, ou seja, desde que não se rompam as barreiras entre como deve ser um comportamento masculino e o como deve ser um comportamento feminino, que não se ultrapassem as fronteiras (Alencar, 2017, p. 37).

Além de atos performativos que se aproximam da heteronormatividade e narrativas performatizadas de invisibilidade homossexual, materializadas discursivamente pelos usuários do app, encontramos, também, a ocultação do rosto nesses perfis, como tentativa de se manterem em um armário virtual, em que suas práticas sexuais também estariam na "clandestinidade desviante" (Becker, 2008), "um armário para dois", como diria Miskolci (2015), isto é, quando dois homens – ou mais – declaradamente gays querem estar juntos, mas em um relacionamento sigiloso. Essas práticas estão, então, localizadas no campo do proibido, do profano, ações sodomita, e, por conseguinte, na subalternidade e no subterrâneo, já que fogem ao "enquadramento social" (Pollak, 1989).

Tais performances ligadas à produção discursiva da cis-heteronormatividade são construídas por mecanismos de controle e interdição nas relações amorosas, um controle sexual culturalmente criado e historicamente incorporado a partir do aprendizado social, do poder, da regulamentação e da hegemonia masculina (Foucault, 1988). Nesse viés, representa-se socialmente a homossexualidade como anormal: "o que não é regulado para a geração ou por ela transfigurado não possui nem eira nem beira, nem lei. Nem verbo também. É ao mesmo tempo expulso, negado e reduzido ao silêncio" (Miskolci, 2015, p. 316).

A discrição e o sigilo não significam apenas tentar distanciar-se de uma performance homoerótica, homoafetiva e homossexual, mas também aproximar-se de uma "performance heterocêntrica" (Cavalcanti, 2007) e machocêntrica, a do "macho-alfa", na qual a virilidade máscula, a brutalidade, a força física e a dominação seriam o ideal de Homem (com H maiúsculo). Essa orientação sexual dominante, a qual possui o poder de controlar e vigiar as outras sexualidades tomadas como infames (Foucault, 1988), acaba sendo, para alguns sujeitos, o desejo de conquista daqueles que não tiveram "a sorte de nascer homem heterossexual" (Miskolci, 2015, p. 314).

Já que não seria possível ser esse sujeito, deve-se, então, pelo menos parecer-se como ele, custe o que custar. É fácil entender, dessa forma, o afã de alguns homens homossexuais e bissexuais, ou HRH, pela supervalorização do corpo e sua fortificação (Le Breton, 2006), por músculos hipertrofiados, peitorais e braços avantajados e abdomes delineados. Como afirma Medeiros (2018, p. 68):

> Em procedimento de vigilância de si e dos outros, muitos homossexuais, por temerem e/ou abominarem o afeminamento, agem para serem os mais masculinos possíveis: deixam os cabelos curtos, torneiam seus corpos, usam barba, gesticulam pouco, tornam suas vozes mais graves, características que os diferenciam das tradicionais ideias do que é ser mulher ou travesti. Isso tem como uma causa a grande

> estereotipação pela qual os homens homossexuais passaram, historicamente associados à "bicha louca", imaginário que foi redefinido por militantes *gays* na segunda parte do século XX com a criação da "identidade *gay*", em que se valorizou certo afastamento do "homem mulherzinha".

Percebe-se, nesse sentido, que performances discursivas de depreciação do sujeito afeminado (pejorativamente chamado de "bicha", "viado" e "mulherzinha") reentextualizam enunciados que colocam esses sujeitos em posições abjetas, de desvio e aviltamento. Essas inúmeras maneiras linguísticas de escolhermos certas performances em detrimentos de outras, em um incessante movimento de construção, desconstrução e reconstrução (ou de contextualizar, descontextualizados e recontextualizar), são estratégias que nos permitem aderir, rejeitar ou relativizar discursos que escolhemos ou que nos são "impostos" (Blommaert, 2010).

O perfil e a conversa a seguir referem-se a um usuário do Grindr com quem mantive contato por algumas semanas. O usuário autointitulado Casado afirma preferir homens acima de 30 anos e aqueles que não são afeminados, mais uma vez mobilizando discursos em direção a uma inferiorização da figura feminina.

Acontece que, além disso, o usuário performatiza uma narrativa que tenta colocá-lo mais diretamente na posição de homem heterossexual, por meio da indexicalidade do enunciado "casado com mulher", no qual a própria pista linguística "casado" já sinaliza sua afiliação ao campo semântico da monogamia heteronormativa cristã, colocando o ritual do casamento como um símbolo de virilidade e cis-heteronormatividade (Sedgwick, 2007).

Figura 4 – *Interface* do Grindr (Perfil Casado)

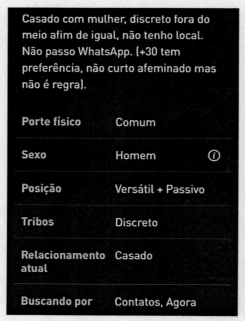

Fonte: *print screen* do aplicativo no sistema operacional Android

Thiago: No seu perfil está que você "não curte afeminado mas não é regra". O que isso quer dizer? Isso depende do quê?

Casado: Ué, quer dizer que eu sou afim de homens nas horas vagas, ñ importa que jeito.

Thiago: Mas por que você não curte afeminados?

Casado: Pq prefiro homem macho, jeitão de homem. Mas quando tem uma poczinha[54] com uma bundinha top que dá pra meter legal, aí é massa. Mas é só uma meteção[55] mesmo e já era.

Thiago: Você então se considera heterossexual? Ou bissexual?

Casado: Sou hetero cara!!! Só curto comer caras as vezes pra sair da rotina.

---

[54] Termo pejorativo utilizado para se referir a homens que possuem trejeitos femininos, traços que se associam culturalmente à mulher, como voz e roupas. Segundo Medeiros (2018), o termo foi criado nos anos 70, no Estados Unidos, para se referir às travestis que usavam saltos muito altos e que faziam o som onomatopeico "poc poc". Com o passar dos anos, começou-se a usar apenas a palavra "poc" para se referir, também, aos homens afeminados. Quando o termo chegou ao Brasil, implementou-se o diminutivo "zinha", popularizando o neologismo "poczinha" na comunidade LGBTQIAPN+.

[55] Termo muito utilizado nos aplicativos de relacionamentos como sinônimo de práticas sexuais.

> **Thiago:** *Então transar com outros caras não te tornaria homo ou bissexual?*
>
> **Casado:** *Claro que não, sou comedor! Kkkk.*

Mantive contato com o usuário Casado logo no início da pandemia de Covid-19, de forma *online* pelo aplicativo Grindr, já que estávamos isolados por conta do *lockdown* obrigatório na cidade. O que me chamou a atenção na conversa com ele foi o fato de ele tentar se distanciar de performances identitárias não heteronormativas, isto é, para ele, sendo homem, é até aceitável transar com outros homens, contanto que ele não "dê a bunda"[56], que não seja o passivo da relação, o penetrado. Além disso, é importante que essa relação seja no sigilo, secreta, e que o parceiro seja masculino, macho. Ao gay afeminado cabe apenas o lugar de última opção, tendo ainda que se contentar apenas com uma "meteção", nada além de um sexo casual.

Além disso, percebemos uma tentativa de negociar e manipular certas performances por parte do entrevistado, já que vemos em seu perfil (apesar do uso do enunciado "não curto afeminado, mas não é regra") narrativas que performatizam masculinidades hegemônicas ("casado com mulher", "discreto fora do meio", "sou hetero cara", "só curto comer caras às vezes", "sou comedor") e que rejeitam as performances identitárias homossexuais. Isso é indexicalizados quando o usuário rechaça e despreza todas as performances ligadas ao feminino ("não curto afeminado", "prefiro homem macho", "poczinha", "é só meteção").

Ao afirmar "prefiro homem macho, jeitão de homem", ele entextualiza uma ideia estereotípica muito comum em relação à divisão cultural das performances de gênero e, concomitantemente, das performances sexuais: a de que existem fronteiras bem delimitadas socialmente entre os papéis de gênero do homem e os papéis de gênero da mulher. E, de fato, essas narrativas corporais só podem existir de maneira interdependente, isso porque a construção de papéis e performances de gênero e sexualidade são manifestadas nos e por meio dos discursos (Butler, 2003).

Ainda há outro elemento significativo a ser analisado por meio das pistas linguísticas "afeminado" e "poczinha": uma misoginia explícita, uma vez que os gays efeminados não são apenas vistos como corpos dissidentes por não corresponderem ao ideal de masculinidade viril, eles o são, também, por estarem em posições inferiores, subalternas, como mulheres o seriam. Tra-

---

[56] Decidi manter o termo "dar a bunda" porque ele é muito utilizado nos *chats* de aplicativos gays, já fazendo parte do arcabouço linguístico da comunidade LGBTQIAPN+.

ta-se, então, de uma "heteronormatividade misógina", a qual é utilizada como estratégia de controle e fiscalização dos comportamentos másculos esperados e se afastar de comportamentos convencionalmente femininos, práticas que separam os "sujeitos de sucesso" dos "sujeitos do fracasso" (Halberstam, 2020).

> A heteronormatividade visa regular e normatizar modos de ser e de viver os desejos corporais e a sexualidade de acordo com o que está socialmente estabelecido para as pessoas, numa perspectiva biologicista e determinista, há duas - e apenas duas - possibilidades de locação das pessoas quanto à anatomia sexual humana, ou seja, feminino/fêmea ou masculino/macho (Petry; Meyer, 2011, p. 193).

Nas performances narrativas da cis-heteronormatividade, tudo o que se refere ao masculino é reificado na mesma proporção em que acontece um aviltamento de tudo o que se refere ao feminino de maneira estereotipada. Apresentar, dessa forma, qualquer tipo de característica que associe o homem, homossexual ou não, a uma mulher, automaticamente o desqualifica porque ele se aproxima do feminino, fato que o coloca em posição de desprezo. Homens heterossexuais, portanto, reservam para outros homens aspectos como admiração, reconhecimento e respeito, restringindo a sua relação com mulheres (tidas como inferiores e submissas) apenas ao sexo e à sexualidade (Frye, 1983).

2.4 Performances das masculinidades: ser gay sendo homem

> *Eu cuido para não ser muito sensível*
> *Homem não chora, homem não isso e aquilo*
> *Aprendi a ser indestrutível*
> *Eu não sou real*
>
> *Masculinidade frágil, coisa de menino*
> *Da minha intimidade, fui um assassino*
> *Quando criança, era chamado de bicha*
> *Como se fosse um xingamento*
> *Aprendi que era errado ser sensível*
>
> *Eu tive medo do meu feminino*
> *Eu me tornei um homem reprimido*
> *Meio sem alma, meio adormecido*
> *Um ato fálico, autodestrutivo*
>
> *Meu pai foi minha referência de homem forte*
> *Trabalhador, generoso, decidido*
> *Mas ele sempre teve dificuldade de falar*
> *O pai do meu pai também não soube se expressar*

> *Esse homem macho, machucado*
> *Esse homem violento, homem violado*
> *Homem sem amor, homem mal-amado*
> *O que é ser homem?*
> (Tiago Iorc, *Masculinidade*, 2021)

Quando observamos os perfis do aplicativo Grindr, além dos textos não verbais, vemos também imagens que parecem conotar, e até mesmo denotar, o erotismo e o desejo sexual. As pistas indexicais construídas nos perfis movem sentidos que apontam para as mais variadas solicitações dos usuários: "busco caras discretos"; "não curto gordinhos e afeminados"; "só falo com passivos"; "se for urso nem me chame"; "sem foto, sem conversa". Em muitas das descrições, percebe-se a preferência por homens "não afeminados, discretos e magros", como percebemos no perfil a seguir:

Figura 5 – *Interface* do Grindr (Perfil Macho Discreto)

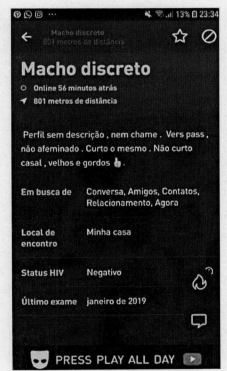

Fonte: *print screen* do aplicativo no sistema operacional Android

O dono do perfil estava a aproximadamente 800 metros da minha localização e se autodenominava "Macho discreto", denominação dada a sujeitos que mantêm relações sexuais com alguém do mesmo sexo, mas reafirmam a não efeminação, tentando se distanciar de qualquer performatividade que o aproxime da figura feminina. É uma pista indexical muito usual nos aplicativos de relacionamentos gays que, em geral, corresponde aos homens que vivenciam e buscam práticas homossexuais sigilosas, *modos de ser homem* que se alinham aos ideais hegemônicos de masculinidade e de virilidade.

Além disso, o usuário também afirma ser "versátil passivo", isto é, no ato do sexo, ele tem a preferência por ambas as posições sexuais, passividade e ativação, mas, normalmente, se sente mais à vontade sendo penetrado. O sujeito passivo, geralmente, é o parceiro receptivo durante a penetração sexual. Essa posição faz referência aos HSH que são penetrados pelo ânus durante o sexo anal.

É interessante pensar que, na maioria dos perfis em que aparece o termo "discreto", ou "sigiloso", é raro o usuário colocar apenas a categoria "passivo", como se a presença da "versatilidade" (a visibilidade clara da palavra "versátil") o deixasse "menos efeminado", negando qualquer vínculo com o feminino e ressaltando a presença de uma possível virilidade, estratégia de reforçar sua hombridade, enfatizar que, por mais que goste de ser penetrado, não deixa de ser o "homem comedor" (Miskolci, 2015), desenvolvendo uma espécie de cumplicidade com a masculinidade hegemônica (Connell, 1995).

Chamou-me a atenção a descrição do perfil do usuário: então, decidi entrar em um "bate-papo" com ele, abrindo uma janela de conversa. Parte dela transcrevo a seguir:

> **Thiago:** *Poderia me dizer o que significa "macho discreto"?*
>
> **Macho Discreto:** *É o tipo de pessoa que tem uma opção bem definida, com uma atitude de homem, que não perde sua essência de homem, passa despercebida sua inclinação ou orientação sexual.*
>
> **Thiago:** *E por que não gosta do tipo de pessoa que você escreveu em seu perfil?*
>
> **Macho Discreto:** *Ah, cara, questão de gosto, né? Não rola, só.*

O usuário relata que, para ele, a palavra discrição está, entextualmente, associada com "não perder a essência de homem", ou seja, ter "atitudes masculinas", tomadas por ele como sinônimo de "macho", o que certamente possa ser uma referência, mesmo que de forma inconsciente, às normas heteronormativas. Em seu perfil, ele também afirma não curtir "afeminados, casais, velhos e gordos". A efeminação masculina é uma das características mais rejeitadas entre os usuários do aplicativo. Ela parece estar diretamente associada à homossexualidade, isto é, àquele que não se comporta como "macho viril", e foge aos padrões sociais masculinos, supostamente seria gay.

Nesse sentido, Green (1999) defende que ainda estamos presos no sistema binário de categorias de gênero, heterossexualmente orientadas, no qual, obrigatoriamente, sempre existe um homem e uma mulher, mesmo na relação homoerótica. Como afirma Alencar (2017):

> [...] a adesão de um comportamento efeminado para um homem é a negação do direito que ele historicamente adquiriu de ser um agente. É a assunção de uma submissão que se faz presente no domínio social e sexual, resultando numa abjeção àquele que adota atitudes não masculinizadas. Por fim, é o repúdio a tudo aquilo que não é normatizado, à fuga ao "normal", à exposição de um grupo de pessoas que não deseja ser exposta por ter sofrido com o estigma, mas que também não pretende lutar por essa desconstrução. São esses usuários que repudiam a efeminação que proclamam, indiretamente, por um enaltecimento da hierarquia de gêneros e se esforçam para mantê-la vigente (Alencar, 2017, p. 71).

Percebemos, assim, a reafirmação da performance masculina hegemônica (da figura do homem viril), em detrimento do feminino (da figura da mulher delicada), como aspecto positivo e superior, reforçando a própria dominação de gênero, com a heteronormatividade e a misoginia. Ou seja, "O signo 'macho' é então a expressão do 'gay mais valorizado' ('nem parece gay'), separando o 'homem que beija homem' da 'bicha louca' – um entendido como 'normal' e 'masculino' e o outro como 'patológico' e 'feminino'" (Grohmann, 2016, p. 75).

Percebemos em inúmeros discursos do Grindr uma aversão, entre a própria comunidade homossexual masculina, aos denominados "gays afeminados", isto é, aqueles homens que, para a sociedade, negaram o direito socio-historicamente adquirido de ser um agente hegemônico, o conhecido *macho alfa* (Alencar, 2017). Repudia-se tudo aquilo que não é considerado normal para os padrões culturais vigentes de gênero de sexualidade (Butler, 2003), o que acaba por gerar intolerância às performances não masculinizadas.

Não é segredo para ninguém que "o signo 'macho' é então a expressão do 'gay mais valorizado' ('nem parece gay'), separando o 'homem que beija homem' da denominada 'bicha louca' – um entendido como 'normal' e 'masculino' e o outro como 'patológico' e 'feminino'" (Grohmann, 2016, p. 75). Em outras palavras, buscar o sigilo e a discrição (contenção dos desejos) significa silenciar-se como gay para apresentar-se socialmente como heteronormativo, mesmo não sendo heterossexual, quer dizer,

> [...] a sociedade pode até aceitar que um indivíduo seja gay, desde que ele seja discreto, ou seja, desde que não se rompam as barreiras entre como deve ser um comportamento masculino e o como deve ser um comportamento feminino, que não se ultrapassem as fronteiras (Alencar, 2017, p. 37).

As performances masculinistas, por isso, adquirem posição superior a qualquer outro tipo de performance de gênero (Butler, 2003), por isso a constante procura por homens que "não se pareçam com mulher" e a recorrente indexicalidade do signo "masculinidade" no Grindr, como no perfil a seguir do usuário Júnio.

Figura 6 – *Interface* do Grindr (Perfil Júnio)

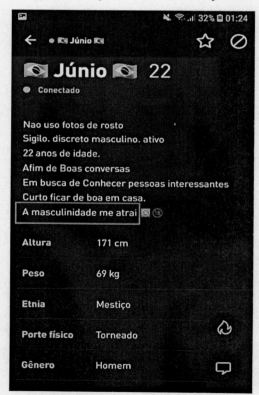

Fonte: *print screen* do aplicativo no sistema operacional Android

Para Grossi (1995), uma das definições basilares das masculinidades na cultura ocidental para a construção de gênero é que o masculino é sempre e totalmente ativo, o introdutor, o dominador. E ele precisa ser, por isso, agressivo, bruto, viril, de acordo com o modelo de masculinidade hegemônica em nossa cultura, na qual o ser masculino é representado pelo ser agressivo. Daí, por exemplo, o surgimento da frase "homens não choram". As emoções, os sentimentos de ternura, compaixão, sensibilidade e amor deveriam ficar restritos ao gênero feminino; enquanto aos homens caberia o desejo da força, da bravura, da luta e do poder (Butler, 2003). Não à toa que, em muitas sociedades, o conceito de masculinidade sempre esteve associado às conquistas de territórios por meio de lutas e guerras.

Para Bourdieu (2016), existe uma espécie de dominação masculina, a qual ultrapassa uma mera diferença de posição entre homens e mulheres. Não é somente um lugar de prestígio ou de poder que favorece homens e subjuga mulheres; mais do que isso, é uma forma simbólica de dominação, a qual está inscrita no corpo e no imaginário social, como se fosse parte da ordem natural e universal das coisas. Homens e mulheres são socializados de acordo com esse princípio estrutural e, à medida que atuam conforme as expectativas de seus receptivos papéis sociais de gênero e sexualidade, acabam cristalizando essa diferença. Isso significa dizer que os homens também estão subjugados a uma porção de expectativas de gênero em relação aos efeitos de sentido sobre quem são, como o uso da força viril, o papel de provedor do lar, a imposição de atividade e disposição sexual incessantes, a recriminação de qualquer demonstração de afeto, entre outras (Bourdieu, 2016).

Assim, também, Medrado e Lyra (2008) afirmam que o principal ponto de partida sobre o tema das masculinidades é reconhecer que "não existe uma única masculinidade e que tampouco é possível falar em formas binárias que supõem a 'divisão' entre formas hegemônicas e subordinadas" (2008, p. 824). A dominação dos homens sobre as mulheres, sobre o feminino, nessa perspectiva, é fruto de incontáveis estratégias de poder que incluem, além da própria figura masculina (tomada como detentora e conquistadora do domínio das "regras de gênero"), as mídias (inclusive o espaço cibernético), a educação, as religiões e as próprias políticas públicas (Medrado; Lyra, 2008).

As performances associadas, reentextualmente, ao feminino, ao senil, à poligamia e à obesidade são desaprovadas pelo usuário, o qual utiliza, de forma eufêmica, a pista indexical "não curto", apontando para a cristalização de preconceitos históricos que se normalizam por meio da linguagem, uma "normalização discursiva" (Foucault, 1996), que acaba por classificar alguns sujeitos como "naturais" e "normais" e outros como "desviantes" e "patológicos". É na e por meio da linguagem, então, se constroem; é a partir do discurso, verbal e não verbal, dos ditos e não ditos, do explícito e do implícito, que as performances criam e recriam nossos seres no mundo (Moita Lopes, 2020).

A linguagem e o discurso, desse modo, são práticas sociais (Fairclough, 1992), maneiras que os sujeitos têm de agir sobre a sociedade na qual estão inseridos e sobre os outros indivíduos com os quais convivem e sobre si mesmos, e sendo a linguagem uma prática social, podemos afirmar que, se o conjunto das ações sociais constitui uma ordem coletiva (que é regida pela ordem do discurso), esta, por sua vez, é regida por relações de ideologia e poder (Foucault, 1996).

Para todo enunciado proferido, segundo Foucault (1996), existe um outro já dito, cabendo a nós historicizarmos e analisarmos seus contextos e as ideologias implícitas nesses discursos, atentando para a ideia de que as palavras que usamos encontram-se em um emaranhado de relações de poder que antecedem nossas histórias e memórias pessoais. São enunciados com deslocamentos discursivos que carregam elementos da história do seu próprio movimento, elementos esses que se reincorporam, entextualizando e reentextualizando discursos (Bauman; Briggs, 1990). A forma como enunciamos é, por si só, uma prática do exercício do poder, domínio e exclusão (Foucault, 1996).

Muitos dos discursos presentes nos perfis pesquisados utilizam pistas indexicais que apontam para a negativação da efeminação, já que tal característica estaria "traindo" a masculinidade hegemônica, aproximando o "homem biológico" ao feminino, o que seria uma apostasia ao "privilégio de ser homem":

Figura 7 – *Interface* do Grindr (Perfil Antonny)

Fonte: *print screen* do aplicativo no sistema operacional Android

No perfil supra, percebemos a construção de alguns enunciados importantes a serem analisados e discutidos. Antonny (35 anos) alega "não curtir" práticas sexuais com menores de idade e não gostar de "caras que se acham". Além disso, afirma não gostar de homens afeminados, tomando a efeminação como sinônimo de "homem que se parece com mulher". Ao afirmar: "se eu quiser uma mulher eu procuro uma mulher e não um homem que parece uma mulher", ele apenas repercute um discurso e uma ideia muito comum na sociedade, inclusive na comunidade gay: masculino só pode ser aquilo que não é parecido com o feminino, aquele sujeito que não tem "traços de mulheres", apenas performatizações másculas e viris (pelos no corpo, uso de barba, voz grossa, cabelo curto etc.).

Nessa lógica, para complementar a noção de superioridade "macho-cêntrica", feminilidades são inferiorizadas quando performadas por homens, o que também acaba por inferiorizar as mulheres, já que a associação entre mulher e feminilidade se dá simultaneamente.

É interessante observar, nos perfis do Grindr, a maneira como "o parecer mulher" (a proximidade com o feminino) torna-se uma característica negativa para a maior parte dos usuários. A seguir estão algumas pistas linguísticas utilizadas nos discursos do aplicativo que, reentextualmente, apontam para a depreciação das performances relacionadas ao feminino:

"Não curto afeminados" (Tommy, 43 anos)

"Seja gay, mas seja homem" (Antonny, 35 anos)

"Tenha voz e jeito de homem" (M, 30 anos)

"Nada contra, mas não gosto de afeminados" (Real, 30 anos)

"Mulherzinha não rola" (Thiago, 36 anos)

"Só rola (kkkk) com caras com jeito e voz de macho" (Guh, 32 anos)

"Gosto de gay, não de mulher, então não se pareça com uma" (Ativo, 26 anos)

"Nada de afeminados, só homão machão" (Safado-Bi, 29 anos)

É impossível não considerarmos, aqui, a concepção defendida por Butler (2003) de que o gênero é uma materialização construída em atos performativos: enunciados, silêncios, comportamentos etc. São práticas que se reiteram cotidianamente com base em normas que buscam enquadrar sujeitos em categorias específicas: como *deve/precisa* agir, o que *deve/precisa* vestir, com quem *deve/precisa* parecer, onde *deve/precisa* estar. Segundo Alencar (2017), a noção de que tudo o que se liga à figura da mulher é repulsivo provém "de uma cultura sexista que inferioriza o papel da mulher (nesse caso, o de receptora ou de penetrada na relação sexual) e que toma o comportamento "gay masculinizado como 'menos pior'" (Alencar, 2017, p. 74).

Nesse sentido, a pista indexical "parecer homem" está ligada a certo privilégio entre os homossexuais, já que às mulheres ainda cabe a subalternidade, isso porque não tivemos muitas figuras femininas que conseguiram se empoderar nas tomadas de decisões e nos espaços públicos, o que fez com que fossem silenciadas e reprimidas nas relações sociais. Aos homens, pelo contrário, coube os status quo de detentor do comércio, da produção, das políticas, do lar e até mesmo da própria mulher (Woodward, 2000).

Laqueur (2001) aponta que, na Idade Média, havia um único modelo ideal de corpo: o masculino. Na época, não existiam termos para a designação do órgão sexual feminino, pois acreditava-se que ele era apenas a "falta do membro sexual masculino", o pênis que não estava ali; era como se a genitália da mulher não houvera se desenvolvido adequadamente e, por isso, enrustia-se, voltando-se para dentro, o conhecido "modelo de sexo único". A mulher era um homem invertido, por isso imperfeita e inferior. Assim como na história bíblica de Gênesis, a figura feminina origina-se do homem (mais especificamente de sua costela), este sim fisicamente perfeito. Desde então, estabeleceu-se e perpetuou-se a supremacia corporal masculina e, concomitantemente, a rejeição por todos os corpos que não são masculinizados (Laqueur, 2001).

Para Caetano (2011), nesse sentido, as práticas educativas, tanto escolares quanto sociais, em geral, nos ensinam que a heteronormatividade é o único padrão sexual a ser seguido. Somam-se a essas práticas os discursos religiosos, sobretudo judaico-cristãos, os quais são pautados nos ideais cis-heteronormativos.

> O androcentrismo não representa somente a centralidade e supremacia dos homens e, por sua vez, a submissão das mulheres, enquanto coletivo de sujeitos, em várias esferas sociais, políticas e econômicas. Ele caracteriza-se pela cadeia de responsabilidade que a todo o momento é cobrada aos homens e os levam a naturalizar o governo de si, de outros (mulheres, filhos e filhas) e do público. Neste sentido, o androcentrismo se torna uma prisão que aliado à heteronormatividade é o ponto de partida da homofobia, lesbofobia e transfobia. Logo. existe uma aproximação que nos obriga a ver a misoginia, o androcentrismo e a heteronormatividade como conceitos que se entrecruzam na manutenção do patriarcado (Caetano, 2011, p. 14).

A mulher, nessa lógica, era símbolo de inferioridade em uma escala hierárquica, na qual o corpo masculino, considerado como grau máximo de perfeição, estava no topo dessa hierarquia. Pensava-se que existia uma "escala de perfeição", e essa escala começava com a mulher e atingia seu apogeu com o homem. Como a vagina e ovários femininos não tinham ainda nomes que assim os classificassem, o que hoje denominamos ovários eram chamados de testículos (*testiculi*). O clitóris, quando descoberto pela primeira vez, foi classificado como "pênis da fêmea". Dessa forma, a presença de um pênis feminino, interno e escondido, fornecia todo um registro para a ordenação hierárquica do sexo.

Portanto, segundo Laqueur (2001), até o século XVIII, não havia problema em afirmar que as mulheres tinham uma inversão biológica peniana do macho dentro delas e que possuíam os mesmos órgãos que os homens, porém internamente (Laqueur, 2001).

> A diferença entre mulheres e homens era percebida; só não era explicada pela diferença de sexos. O que chamamos de sexo, hoje, era a palavra usada para designar apenas os órgãos reprodutores. Considerando as genitais, a mulher era, de fato, uma simples especialização funcional anatomicamente identificada como masculina em sua natureza. A forma cultural de distinguir os gêneros masculino e feminino dispensava o recurso à diferença dos sexos (Costa, 1995, p. 104).

As diversas masculinidades hegemônicas, nesse sentido, estão sempre em contraste com as performances ligadas ao feminino, já que elas são carregadas de estereótipos de virilidade e sempre tida como oposta ao feminino, ou seja, tudo que não é masculino é "coisa de mulherzinha" e tudo que é feminino "não é coisa de macho" (Connell, 1995). Esse modelo hegemônico de masculinidade é tão dominante que se acredita que essas características e condutas sejam "naturais", biológicas do ser humano.

Não devemos, no entanto, acreditar em uma única masculinidade, essencializada e coesa, mas em várias, pois as múltiplas masculinidades existentes são configurações de "prática em torno da posição dos homens na estrutura das relações de gênero, existindo mais de uma configuração desse tipo em qualquer ordem de gênero de uma sociedade" (Connell, 1995, p. 68).

2.5 A nova casa da direita: conservadorismo na fronteira

Cada usuário, cada indivíduo que está imerso no Grindr, tem a possibilidade de performatizar a vida cotidiana, isto é, construir diferentes narrativas moldando um perfil com discursos e enunciados (imagéticos e linguísticos: multimodais[57]) sobre si mesmos, pistas indexicais que nos levam a um repertório sígnico de inúmeros sentidos. Não são apenas os textos verbais de perfil que constroem essas representações, mas também os recortes das fotografias postadas. Basta dar uma rápida olhada nos perfis do app para encontrarmos dezenas de fotos nas quais o corpo passa a ser

---

[57] De acordo com Moita Lopes (2020), a "natureza multimodal da linguagem" se dá pelo fato de a comunicação humana ser múltipla e tempo-espacial, isso quer dizer que podemos conceber a linguagem como pedaços de "línguas" ou signos multimodais que surgem aqui e ali nas práticas sociais, um fazer performativo de sentidos.

o "cartão de visitas", já que, obviamente, é ele o responsável em causar a primeira impressão (Le Breton, 2006).

É comum a tentativa de esconder o rosto para manter o sigilo, sobretudo cortando a foto para que ele não apareça no perfil. Devemos ressaltar que essa estratégia varia de acordo com a localização geográfica em âmbito nacional. De acordo com pesquisas recentes (Miskolci, 2017; Monica; Costa, 2020), é possível observar que o padrão de perfis de acesso ao aplicativo modifica-se ao compararmos cidades pequenas e de médio porte com cidades grandes e metrópoles. Quanto maior a cidade, menor é a preocupação com a privacidade e o sigilo, ou seja, menos os usuários se sentem incomodados em mostrar o rosto; ao passo que, quanto menor a cidade, maior é essa preocupação, já que, nesse último caso, pelo fato de a região territorial ser menor, é mais fácil que as pessoas se conheçam, fazendo com que seja maior a probabilidade de amigos próximos e familiares se encontrarem e se reconhecerem dentro do app.

Apesar de Foz do Iguaçu – um dos municípios transfronteiriços que compõem o *locus* desta pesquisa – ser uma das cidades mais importantes do estado do Paraná, com uma população estimada em quase 260 mil habitantes[58], e forte potencial de desenvolvimento na área do turismo, ainda é uma das regiões do país com maior número de grupos conservadores de direita contrários à diversidade sexual e religiosa. Basta observarmos os números, publicados no site do jornal *Gazeta do Povo*, dos resultados das eleições de 2018 e percebermos o alto índice de aprovação do ex-presidente Jair Messias Bolsonaro na cidade transfronteiriça (mais de 70% de votos), o qual já propagou inúmeros discursos racistas, homofóbicos, golpistas e negacionistas da ciência (Moita Lopes, 2022).

Grupos de WhatsApp e Telegram, perfis do Instagram e comunidades do Facebook também têm servido de palco de apoio ao ex-presidente, o qual tem procurado e recebido respaldo político-ideológico da parte de grupos específicos, sobretudo militares, fazendeiros e evangélicos, além de todas suas investidas verbais contra as instituições democráticas (Moita Lopes; Pinto, 2020). Não raros, também, são os discursos que colocam "Deus, Pátria, Família e Liberdade" como formuladores para a construção de uma performance "conservadora e tradicional".

Outrossim, devemos lembrar que Foz do Iguaçu está localizada na região sul do Brasil, predominantemente branca, cristã e com inúmeros

---

[58] Dados do Instituto Brasileiro de Geografia e Estatística – IBGE. Disponível em: https://cidades.ibge.gov.br/brasil/pr/foz-do-iguacu/panorama. Acesso em: 14 jul. 2022.

grupos separatistas e autointitulados "nacionalistas patriotas". Como afirma Ávila (2016),

> É importante notar que o Paraná é um estado considerado como extremamente conservador. Por exemplo, em Foz do Iguaçu, em 2015, quando realizamos o evento Trans Day na cidade, havia diversos outdoors com propaganda contra o que as/os deputadas/os da bancada evangélica chamam de "ideologia de gênero". Um deles estava instalado na avenida Beira Rio, financiado com dinheiro público pelo gabinete da deputada estadual Cláudia Pereira, casada com o então prefeito da cidade, Reni Pereira. [...] Assistimos atualmente ao fortalecimento da bancada evangélica na Câmara dos Deputados, que insiste em atacar sistematicamente os poucos direitos já adquiridos por homossexuais e impedir que novos sejam conquistados. Nesse contexto, Foz do Iguaçu é uma cidade do interior, com uma cultura conservadora no que se refere ao respeito pela diversidade sexual e de gênero, e não difere do restante do nosso país. Embora situada em uma região de fronteira, ainda se configura como uma cidade que oferece incipientes políticas públicas voltadas para sua população LGBT+ (Ávila, 2016, p. 488).

E é no ciberespaço que esses discursos conservadores se materializam mais fortemente na contemporaneidade, isso porque, como afirmam Moita Lopes e Pinto (2020), "a internet é a casa da nova direita".

Devemos lembrar que foi pela internet, também, que o projeto de lei n.º 95/2017, que institui o programa "Escola sem Partido" – projeto que limitava e/ou extinguia nas escolas municipais de Foz do Iguaçu a discussão sobre política, "identidade de gênero" e orientação sexual –, ganhou força e repercussão na fronteira, em 2018[59]. Além disso, o criador do projeto, um vereador da cidade, na época, encaminhou, juntamente à Câmara de Vereadores, a emenda n.º 01/2017 à Lei Orgânica Municipal, a qual impede a utilização da palavra gênero ou qualquer referência ao termo:

> Ficam vedadas em todas as dependências das instituições da rede municipal de ensino a adoção, divulgação, realização ou organização de políticas de ensino, currículo escolar, disciplina obrigatória, complementar ou facultativa, ou ainda atividades culturais que tendam a aplicar a ideologia de gênero, o termo gênero ou orientação sexual (CRP-PR, 2018).

---

[59] Disponível em: https://www.migalhas.com.br/quentes/326475/e-inconstitucional-trecho-de-lei-de-foz-do-iguacu-proibindo-ensino-de--ideologia-de-genero. Acesso em: 7 jan. 2023.

Uma imagem com a figura do ex-presidente e do ex-vereador foi repassada em inúmeros grupos em redes sociais na fronteira, na qual constava a frase: "Foz, aqui não se ensina Ideologia de Gênero para crianças na rede municipal de ensino e temos Escola Sem Partido". Além disso, no campo das pistas linguísticas não verbais, observamos o uso das cores verde e amarelo para compor o panfleto virtual, bem como a imagem da própria bandeira do Brasil sendo segurada com força por uma mão cerrada pintada de verde, o que entextualiza a representação do herói nacional e patriótico disposto a lutar contra qualquer ataque à sagrada instituição da família tradicional.

O que se percebe na semiótica da figura viralizada, também, é a combinação de um estilo e um conteúdo textual que objetiva colocar Jair Bolsonaro na posição de legítimo porta-voz da nação e dos nacionalistas: as cores da bandeira nacional, símbolo amplamente utilizado pelo ex-presidente e seus eleitores, com uma mensagem que visa alertar sobre uma suposta e perigosa "praga comunista" (Junqueira, 2018), enfatizada pela mão fechada como símbolo de união entre os autointitulados nacionalistas em torno de um projeto de governo preparado para combater qualquer "ideologia anticristã". Ou seja, uma tentativa de reafirmar o conservadorismo religioso ligado ao gênero e à sexualidade por meio de referências patrióticas de extremismo nacionalista. Em outras palavras,

> Essa cruzada implica intensa mobilização política e discursiva em favor da reafirmação das hierarquias sexuais, de uma assim dita primazia dos pais na formação moral e sexual dos filhos, da retirada da educação para a sexualidade nas escolas, da restrição ao acesso de adolescentes a informações sobre saúde sexual, do rechaço a arranjos familiares não hetero-normativos, da repatologização das homossexualidades e transgeneridades, entre outros posicionamentos que representam cerceamentos a direitos e garantias fundamentais. Entre os objetivos dessas ofensivas adquirem centralidade os de entravar o reconhecimento dos direitos sexuais como direitos humanos, de obstruir a adoção da perspectiva de equidade de gênero, e de fortalecer ou relegitimar visões de mundo, valores, instituições e sistemas de crenças pautados em marcos morais, religiosos, intransigentes e autoritários (Junqueira, 2018, p. 451).

Depois de toda a repercussão do caso, e viralização da citada imagem em grupos de redes sociais – o que acabou fortalecendo ainda mais, na cidade, a campanha de Jair Bolsonaro, de 2018 –, em maio de 2020, o plenário virtual do STF, sob a relatoria da ministra Cármen Lúcia, em decisão unânime, julgou o processo inconstitucional, sob o argumento de que:

> [...] a norma impugnada contraria o princípio da isonomia (art. 5º da Constituição da República) ao estabelecer para professores e estudantes da rede pública de ensino do Município de Foz do Iguaçu vedação à abordagem de tema não havida como legítima na Lei de Diretrizes e Bases da Educação Nacional e certamente contrária aos princípios constitucionais (APP-Sindicato, 2020).

Não muito diferente de Foz do Iguaçu, Ciudad del Este, a 2.ª maior cidade do Paraguai, localizada a 327 km da capital – Assunção –, com pouco mais de 300 mil habitantes, também é um distrito que possui a maior parte de seus usuários no Grindr com perfis de rostos cortados ou escondidos, e por motivos semelhantes à cidade vizinha brasileira, como o conservadorismo religioso e a homofobia institucionalizada.

Em 2015, por exemplo, um deputado da cidade se declarou abertamente contra as organizações LGBTQIAPN+ e prometeu "lutar a favor das famílias em sua constituição original". Seu lema de campanha foi "Deus, Pátria e Família" e foi usado, também, em redes sociais pelo candidato governista Santiago Peña. Ademais, o Partido Colorado da cidade apresentou um projeto de lei de "proteção à família", no qual afirmava-se que as pessoas não casadas não poderiam adotar porque seu "estilo de vida" não é adequado para criar filhos[60].

Por último, cabe discutir o caso de Puerto Iguazú, cidade de 105 mil habitantes, localizada na região de Misiones, no norte da Argentina. Sendo a menor cidade dentre as três que compõem a conhecida Tríplice Fronteira do Iguaçu, e apesar de a Argentina ser um dos países da América Latina com maiores avanços em relação aos direitos da comunidade LGBTQIAPN+, nos últimos anos[61], Puerto Iguazú é uma cidade que ainda resiste muito à aceitação da representatividade *queer*.

Basta lembrarmos o polêmico caso ocorrido em 2015, sobre o cancelamento do 1.º Festival Internacional Gay, o qual aconteceria em setembro daquele ano no centro da cidade. Sob alegação de falta de recursos, o governo suspendeu o evento afirmando que ele seria "adiado", o que nunca acon-

---

[60] Disponível em: https://brasil.elpais.com/brasil/2017/12/26/internacional/1514302715_812007.html. Acesso em: 9 jan. 2023.

[61] Disponível em: https://revistaopera.com.br/2021/06/29/os-direitos-lgbti-na-america-latina. Acesso em: 9 jan. 2023.

teceu[62]. O então produtor, Ricardo Guede, acusou, na época, o Ministério do Turismo de Misiones de "discriminação homofóbica", alegando que tal cancelamento haveria acontecido a pedido do arcebispo da cidade de Puerto Iguazú, o monsenhor Marcelo Martorel[63].

Em suma, os espaços físico-geográficos e o ciberespaço, tomados aqui como espaços públicos, são como "arenas sociais" – circunscrições nas quais o controle, a disciplina, o pertencimento e a filiação operam e nos quais estão sendo desempenhados (Blommaert, 2010). Além disso, o espaço público, segundo Blommaert (2010), é também um instrumento de poder, disciplina, controle e regulação: organiza as dinâmicas sociais implantadas nesse espaço. Dessa forma, consideramos que as redes virtuais, as páginas do Instagram, os grupos de WhatsApp, as comunidades do Facebook etc. performatizam essa arena social, em que seus usuários e suas práticas linguísticas refletem suas ideologias, pertencimento e a filiação àquele local.

Contudo, não estou querendo dizer com isso que as manifestações linguísticas, atualmente, estão restritas ao ambiente digital, pelo contrário, percebemos, também, nesse cenário, que as performances narrativas ligadas ao conservadorismo homofóbico se materializam no espaço público urbano das suas fronteiras:

Figura 8 – Imagem escrita no muro do centro da cidade

Fonte: arquivo pessoal do pesquisador. Capturada em: 25 abr. 2022

---

[62] Disponível em: https://www.hosteltur.com/lat/169800_suspenden-festival-lgbt-misiones-acusan-turismo--homofobia.html. Acesso em: 9 jan. 2023.

[63] Disponível em: https://www.hosteltur.com/lat/169800_suspenden-festival-lgbt-misiones-acusan-turismo--homofobia.html. Acesso em: 9 jan. 2023.

A frase do muro supra ("Galvão Bueno da Globo frequenta boate 'gay' no Rio!") foi escrita em uma das ruas centrais mais movimentadas de Foz do Iguaçu. O que nos chama a atenção é o signo "gay" estar escrito entre aspas na parede do centro da cidade, provavelmente para chamar a atenção e entextualizar a relação sígnica do sujeito gay com suas práticas, claramente enunciadas de maneira pejorativa e homofóbica, criando-se uma relação entre o fato de o apresentador e locutor Galvão Bueno ser homossexual apenas por supostamente frequentar um espaço com um público predominantemente gay.

Assim, o enunciado "frequentar boate gay" atravessou um percurso no espaço-tempo, experimentando diferentes aplicações e culminando num processo de mobilidade discursiva equivalente ao processo de entextualização de Blommaert (2010), o qual, segundo o autor, se refere à ação, tomando a língua como prática, pela qual os discursos são sucessivos e simultaneamente descontextualizados e recontextualizados, de modo a se tornarem novos discursos associados a um novo contexto.

Ainda cabe salientar que, segundo Blommaert (2010), ao indexicalizar as relações sociais, os interesses e as práticas dos sujeitos, sobretudo daqueles que têm sofrido as consequências de discursos hegemônicos e opressores, os signos passam a servir como uma forma de demarcação de espaços (Blommaert, 2010). Por isso, ao observarmos esses espaços e darmos sentidos a eles, os signos linguísticos hegemônicos passam a constituir a paisagem linguística do local, assumindo uma perspectiva social da expressão:

> Uma paisagem linguística é também uma paisagem sócio-histórica e cultural, formada não apenas por recursos linguísticos dispostos em não-lugares, mas também por pessoas que participam de interações a todo tempo com outros falantes (inclusive de outras variedades), têm suas próprias experiências, vivências, histórias, motivações e objetivos, bem como suas próprias redes sociais locais e translocais. A paisagem, então, deve ser entendida como um conjunto de todos esses elementos, que subjazem e podem constituir um meio ambiente propício a variações linguísticas (Salgado, 2016, p. 211).

Ao analisarmos paisagens linguísticas, é necessário que observemos como as pessoas que produzem os signos linguísticos que compõem essas paisagens se relacionam com os espaços nos quais estão inseridos. Essas paisagens criam os signos e escolhem como eles devem ser usados, por isso, a importância de entender que a constituição de uma paisagem linguística se dá mediante um processo contínuo de re(criação) de significados para os signos linguísticos. Isso quer dizer que esses signos não são escolhidos arbitrariamente ou de forma aleatória, eles estão ali presentes porque se relacionam com diversos aspectos da vida dos sujeitos que compõem a paisagem linguística dos espaços (Salgado, 2016).

Quanto mais valor cultural é concebido ao território, mais próximo da ideia de apropriação ele se encontra, apropriação essa resultado de um processo muito mais simbólico que funcional, a qual carrega marcas da realidade de seus agentes. Nesse sentido, ao pensar sobre os espaços de uma forma ampla, somos capazes de nos apropriarmos deles com base na atribuição de novos sentidos (Haesbaert, 2006).

Portanto, os recursos linguísticos visuais inseridos em um meio ambiente relacionam-se diretamente às pessoas, uma vez que são elas quem os produzem e escolhem como usá-los (Salgado, 2016). Em outras palavras, de acordo com Haesbaert (2006), o território está correlacionado com poder, mas não aquele conceito tradicional de "poder político", mas ao poder no sentido mais concreto, de dominação, quanto ao poder no sentido mais simbólico, de apropriação (Foucault, 1988). Quanto mais próximo das esferas políticas e econômicas o território se insere, mais ele é tomado como um mecanismo de dominação.

Não podemos negar, então, que apesar de a comunidade LGBT-QIAPN+ estar conquistando, nas últimas décadas, direitos historicamente restritos a uma elite burguesa cis-heteronormativa – como o casamento civil, representações midiáticas e aprofundamento do debate público sobre a existência e as vivências de sujeitos dissidentes (Sena, 2020) –, ainda presenciamos a aterradora reação dessa mesma elite conservadora em sua pretensão de continuar o alijamento desses sujeitos e seus afetos na tentativa de perpetuar alguns preceitos ideológicos de extrema direita, como o machismo, o patriarcado, a heteronormatividade e todos os preconceitos a eles atrelados, dando continuidade, desse modo, ao poder hegemônico que colocou, ao longo da história, essa população à subalternidade e à marginalização (Butler, 2019).

3

SE ESTAS FRONTEIRAS FALASSEM: TRAVESSIAS SIGILOSAS

Releio minha pesquisa dos anos 90 sobre construções identitárias na escola. São fotografias amareladas de um mundo que, em muitos sentidos, não existe mais. Nossas vidas sociais interseccionalizadas em amálgamas de gênero, sexualidade, raça, classe social etc., assim como a interação como lugar de sua construção, estão na foto. Focalizava, entre outras fabricações identitárias, a branquitude, a heterossexualidade, a masculinidade, como invenções semióticas universalizadas e suas materialidades corpóreas não-marcadas ou naturalizadas, de uma perspectiva socioconstrucionista. Essas construções operavam com base na racialização, sexualização e generificação da alteridade (negritude, homossexualidade e feminilidade). A pesquisa etnográfica ressaltava, entre outros fatores, como um mesmo jovem se alinhava interacionalmente a significados que o colocavam, nas práticas discursivas escolares como homem, heterossexual e branco na parte privilegiada de um mundo binarizado, como se fosse natural que as coisas fossem assim.

(Luiz Paulo da Moita Lopes, *Desejo na biopolítica do agora*, 2020, p. 1)

"Se um casal homossexual vier morar do meu lado, isso vai desvalorizar a minha casa! Se eles andarem de mãos dadas e derem beijinho, desvaloriza". Essa foi parte da fala de Jair Messias Bolsonaro, em 2011, em entrevista cedida a uma grande revista de circulação nacional[64]. Os discursos do ex-presidente brasileiro de extrema-direita representam, inegavelmente, inúmeras esferas de setores conservadores no país, cujas ideologias defendem atos homofóbicos de opressão, violência, tortura e, até mesmo, assassinato, como notamos em outra fala sua na entrevista referida: "Não vou combater nem discriminar, mas, se eu vir dois homens se beijando na rua, vou bater".

---

[64] Disponível em: https://revistaladoa.com.br/2016/03/noticias/100-frases-homofobicas-jair-bolsonaro. Acesso em: 15 jan. 2023.

Esses discursos podem gerar, de fato, ações antidemocráticas/anti-constitucionais como movimentos de forte cunho neofascista, compreendido por Santos (2016) como fascismo social, isso porque as falas propagadas por um chefe de Estado não é um pronunciamento neutro e inocente, mas sim discursos que agem e produzem efeitos, são performances linguísticas (Butler, 2003) que criam e recriam o mundo social (Sena, 2020). A linguagem, ao ser ecoada no tempo-espaço, protagoniza a produção de significados e entendimentos nas práticas socioculturais. Por isso, os enunciados do presidente, que incitam o terror moral regido por fundamentalismos religiosos radicais (Moita Lopes; Pinto, 2020), vão em direção a uma política de morte sobre corpos dissidentes (Bento, 2006), uma necropolítica, colocando os sujeitos por ele narrados como "infames" ou, como diria Butler (2019), "corpos que não importam", "descartáveis" (Mbembe, 2018).

Os resultados de discursos opressores, coercitivos e reguladores como estes, controladores do poder (Foucault, 1998), podem ser vistos por todos os lados e cantos do país, levando em consideração, por exemplo, os altos índices de atos LGBTfóbicos nos últimos anos, como o fato de 52% dos assassinatos da população transexual do mundo ter ocorrido no Brasil[65]. E os controles não se estabelecem apenas pelo autoritarismo exposto, mas, sobretudo, pelo apagamento e silenciamento tácito (Foucault, 1998).

Em fevereiro de 2022, por exemplo, uma faixa de pedestres pintada com as cores da bandeira que simbolicamente passou a representar a comunidade LGBTQIAPN+ foi criada no centro da cidade transfronteiriça de Foz do Iguaçu em homenagem ao Dia da Visibilidade Trans (29 de janeiro). Uma semana após o ocorrido, a faixa foi apagada e substituída por uma "faixa de pedestres padrão", sob alegação oficial no Ministério Público do Estado do Paraná de "ser demasiadamente extravagante e poluir a visibilidade de automóveis e pedestres", recomendando-se, ainda, que o a prefeitura "dispensasse ações como esta que não são condizentes com o Código de Trânsito"[66].

As pistas indexicais "extravagante" e "poluir" mobilizam discursos associados às vivências homossexuais ligadas à "excentricidade" e à "sujeira", entextualizando e contextualizando as cores do arco-íris, usadas atualmente

---

[65] Disponível em: https://www.fundobrasil.org.br/blog/a-lgbtfobia-no-brasil-os-numeros-a-violencia-e-a--criminalizacao. Acesso em: 16 jan. 2023.

[66] Disponível em: https://g1.globo.com/pr/oeste-sudoeste/noticia/2022/02/09/prefeitura-de-foz-do-igua-cu-retira-faixa-de-pedestres-com-cores-da-bandeira-lgbtqia-apos-recomendacao-do-mp-para-remover-pin-tura-extravagante.ghtml. Acesso em: 16 jan. 2023.

na bandeira da comunidade gay, ressignificando esse signo linguístico outrora muito associado à infância, mas que, hoje, é usado, indexicalmente, por grupos conservadores de direita como símbolo de "pedofilia, pecado e promiscuidade", nas palavras do próprio ex-presidente Jair Bolsonaro[67].

Tais práticas reguladoras apontam para sociedades que fomentam o ódio aos corpos subalternizados (imigrantes, negros, pobres, mulheres, LGBTQIAPN+, indígenas, quilombolas etc.), aniquilando conceitos de democracia como uma invenção ou pacto social que garanta direitos cada vez mais igualitários (Moita Lopes; Pinto, 2020). Tanto nos discursos do presidente como nos enunciados do Ministério Público notamos pistas indexicais a respeito do esforço de colocar os sujeitos dissidentes, principalmente aqueles que fogem à normatização compulsória sexo-gênero, à margem.

Dito isso, não podemos deixar de reafirmar que esses sujeitos, corpos dissidentes levados à margem da história, são vistos, por uma parte conservadora relevante da sociedade, como "piratas de gênero" (Preciado, 2008), sujeitos que "negaram, na crença dogmática extremista, o sexo biológico dado por Deus no nascimento" (Preciado, 2008, p. 94).

Devo ressaltar aqui que entendo o gênero, como Haraway (2000), Preciado (2008) e Butler (2003), como uma categoria genérica e cultural permeada e construída a partir dos estereótipos da sexualidade, ancorados, sobretudo, na valorização da virilidade e na heteronormatividade. Isso significa dizer que as estruturas institucionais – jurídica, médica, religiosa, familiar, midiática etc. – engessam categorias de "identidades" nos termos da coerência exigida pela matriz heterocisnormativa (Butler, 2003), fazendo com que as definições culturais homem/mulher e heterossexual/homossexual sejam linguisticamente construídas pelos discursos normatizadores (e normalizadores), em direção a um engessamento identitário no interior das relações engendradas pelo sistema de poder-saber (Foucault, 1972).

Nesse sentido, caso entendêssemos o gênero e a sexualidade como construções culturais, que diferem de sexo biológico, um corpo, ao nascer, ainda não é mulher ou homem, muito menos heterossexual ou homossexual. Para Butler (2003):

> A ideia de que o gênero é construído sugere um certo determinismo de significados do gênero, inscritos em corpos anatomicamente diferenciados, sendo esses corpos com-

---

[67] Disponível em: https://revistaladoa.com.br/2014/09/noticias/leonardo-boff-critica-marina-silva-por-o-missao-recuo-na-questao-lgbt. Acesso em: 16 jan. 2023.

preendidos como recipientes passivos de uma lei cultural inexorável. Quando a 'cultura' relevante que 'constrói' o gênero é compreendida nos termos dessa lei ou conjunto de leis, tem-se a impressão de que o gênero é tão determinado e tão fixo quanto na formulação de que a biologia é o destino. Nesse caso, não a biologia, mas a cultura se torna o destino (Butler, 2003, p. 26).

No pensamento de Butler, não há como recorrer a um corpo que já não tenha sido interpretado por meio de significados culturais. Isso quer dizer que o corpo é envolvido pelos discursos, construído por meio da linguagem, desde a sua concepção. O sexo biológico, construído culturalmente como o gênero, não é anterior ao discurso, mas sim um efeito dele; nem mesmo o sexo existe pré-discursivamente (Butler, 2003). Já no momento da "descoberta do sexo do bebê", o enunciado "é menina" ou "é menino" já rotula, insere e encaixa a criança no discurso cultural – legitimado pelo discurso médico – sobre o que é ser menino ou menina, homem ou mulher. Expectativas sociais são depositadas sobre aquele sujeito, impondo-lhe e definindo as "regras sociais de gênero" a serem seguidas: com o que poderá brincar, quais cores deverá usar[68] e com qual outro (e isso, inegavelmente, deverá ser no singular[69]) sujeito deverá se relacionar. Seu corpo está marcado, antes mesmo do nascimento, por significados culturais.

De acordo com essa ideia, "as pessoas só se tornam inteligíveis ao adquirir seu gênero em conformidade com padrões reconhecíveis de inteligibilidade de gênero" (Butler, 2003, p. 37). As discussões sobre construções e performances de gênero, então, remetem-se a uma produção discursiva,

---

[68] Em janeiro de 2019, a então ministra do Ministério da Mulher, da Família e dos Direitos Humanos, Damares Alves, fez um discurso, em apoio às estratégias governamentais do presidente Jair Messias Bolsonaro, proferindo as seguintes palavras: "É uma nova era no Brasil. Meninos vestem azul e meninas vestem rosa". Após muitas críticas negativas, sobretudo nas mídias digitais, a ministra desculpou-se dizendo que as crianças poderiam, sim, usar as cores que quisessem, e que só fez uma metáfora, sendo ela mal interpretada. As discussões sobre o assunto abriram vários debates a respeito da forma conservadora de comportamento que é esperado, na sociedade, de meninos e meninas, a qual é imposta de maneira forçada às crianças, "uma vez que estas precisam seguir determinados comportamentos para que possam ocupar os espaços na sociedade civil" (Barboza, 2021).

[69] Digo "outro sujeito", no singular, para enfatizar que, na maioria das sociedades ocidentais, as relações sexoafetivas são baseadas na monogamia, resquício cristalizado da colonização europeia no século XVI, o qual normaliza somente, e exclusivamente, os relacionamentos em que um indivíduo tem apenas um(a) parceiro(a), seja sexual ou romântico, diferentemente da poligamia (ou poliamor), quando o sujeito tem mais de um(a) parceiro(a). Para Anzaldúa (1987), os projetos de colonização e catequização foram e permanecem intimamente relacionados, e a monogamia, na época (e ainda hoje), atendia à reificação da divisão elementar do pensamento colonial: o binarismo de gênero. A colonização, nesse sentido, deixou a ideia de monoculturalismo no imaginário social: monossexualidade, monoteísmo, monogamia etc. Em síntese, no sistema monossexual e heteronormativo, a heterossexualidade não se instaura mais como *uma dentre muitas* sexualidades possíveis, mas como *a única* legitimada (Anzaldúa, 1987).

considerando que o próprio ser-no-mundo é um efeito do discurso (Moita Lopes, 2002). O sujeito não é, então, para Butler, anterior aos enunciados, tanto de si como de outros, mas é justamente um efeito do que ele expressa; não existe identidade de gênero por trás das expressões do gênero, já que as supostas "identidades" são *performativamente* constituídas (Butler, 2003). Assim, o binômio sexo/gênero, fabricado sobre a superfície do corpo, tem sempre caráter performativo, isto é, refere-se à fabricação dos gêneros pelo processo de deslocamento e recriação das normas corpo-sociais.

Pinto (2007) argumenta que a tentativa de separar gênero e anatomia, não aceitando sua simples identificação, é um esforço para não nos deixar cair na armadilha da naturalização do gênero, ou seja, na associação simétrica e constante entre determinadas características chamadas femininas às mulheres e as chamadas masculinas aos homens. Em síntese, gênero é um resultado do discurso, um feito de atos de fala (Austin, 1976), "cuja violência está em se apresentar como real, natural, produzindo uma estrutura sempre binária e hierarquizada. Esse efeito é produzido, mantido, recusado e modificado nos atos de fala disponíveis em nossa sociedade" (Pinto, 2007, p. 4).

Os corpos, sob essa condição, desempenham atos que impossibilitam a existência de "gêneros verdadeiros ou falsos", já que qualquer gênero pode ser entendido nos termos de uma "imitação enunciativa" (Firmino; Porchat, 2017). Nesse sentido,

> [...] não há como pensar em original e imitação, como se, por exemplo, o gênero da travesti fosse uma imitação do "gênero original" da "mulher". Tanto a travesti quanto a mulher desempenham atos que tem como efeito a produção de uma identidade considerada feminina. Em vez de ser uma cópia ou imitação da mulher original, a travesti ou a *drag*, ao revelar o caráter da performatividade do gênero em seus atos, gestos e atuações apontam para o fato de que também a mulher dita original tem sua identidade produzida pela repetição estilizada desses mesmos atos, gestos e atuações, considerados em nossa cultura como femininos (Firmino; Porchat, 2017, p. 58).

Ao discorrer sobre a noção de gênero como ato performativo, Butler coloca o sujeito como resultado desses atos. Ser-estar-no-mundo, assim, significa performatizar, e performatizar só é possível por meio da linguagem, sendo ela construída por aparatos simbólico-culturais que utilizam o corpo para a sua realização, a partir da materialização do sujeito como um ponto determinante para as performances que se ligam ao sexo-gênero.

Na concepção butleriana, a performance é uma teatralização de experiências individuais e coletivas referentes a opressão de gênero, sexualidade, raça e classe; entender essas categorias linguísticas como performativas não se trata apenas de afirmar que elas são uma performance (num sentido teatral), senão que elas são produzidas na própria performance sem uma essência que lhes serve de motivação, materializando-se no campo do discurso.

A partir dessas concepções de sujeito e atos performativos, o indivíduo pode ser deslocado de mantenedor de "identidades" fixas, rígidas, essencializadas (Hall, 2006), para um *entrelugar*, em que não existem "identidades" definidas pré-discursivamente, ou pré-definidas, isso porque "nosso ser-assim é uma atividade de trilhas moventes nas quais os sentidos sobre quem somos ou podemos ser são construídos em um trânsito constante" (Fabrício, 2022, p. 11).

Contudo, obviamente, esse entrelugar do sujeito do feminismo butleriano

> [...] não o livra de ser engendrado pelos mecanismos de poder, mas permite que "ele" tenha maior liberdade de movimentos e maior potencial de resistência contra aquilo que ao tentar defini-lo, o imobiliza. A multiplicidade de atos e de formas de ser e de existir se constitui como a força criativa necessária ao escape de categorias identitárias e à desorganização de sequências normatizadoras. Escapar à categoria "mulher" como fundacional para o feminismo abre um campo de manobra para combater uma matriz que encontra seu potencial de "assujeitamento" justamente na imobilidade das identidades (Firmino; Porchat, 2017, p. 60).

Não há como esquecer, também, o fato de a performatividade estar em *todos* os atos performativos enunciativos, tanto verbais quanto não verbais, já que o sujeito é um efeito linguístico construído em tramas que envolvem poder, saber e discurso sociocultural. Para Butler, o gênero não é uma propriedade dada aos indivíduos, mas representações de corpos que se constroem em ações cotidianas: língua, entonação e tom de voz, roupas, acessórios, maquiagem, tatuagens, barba, cores, texturas, cortes de cabelo, posições corporais, trejeitos, entre outros.

Seguindo pressuposto semelhante, do gênero como uma construção linguístico-performática, Preciado (2000) critica a visão essencialista, e até mesmo construtivista, de que o corpo é uma "matéria orgânica" assujeitada no nascimento, uma massa biológica definida pelas genitálias, como se o sexo (matéria) coubesse aos estudos biológicos e o gênero (abstrato) às humanidades. O filósofo quebra, nessa perspectiva, o dualismo cartesiano sexo=corpo=biológico/gênero=construção=cultural, o qual acaba associando as classificações de sexo biológico, gênero e orientação sexual aos órgãos genitais, geradores da totalidade corporal, fazendo com que esses órgãos sejam não apenas vistos como reprodutores, mas também como produtores, já que dão "o verdadeiro" significado e, por isso, utilidade para os corpos.

Isso significa, para Preciado, que o gênero é um efeito da linguagem, do imaginário cultural, do desenvolvimento complexo de várias tecnologias políticas construídas nos corpos, sendo eles produzidos por uma maquinaria de produção, as quais criam discursos que se apoiam nas instituições do Estado, inventando as categorias homem e mulher para todas as pessoas. O gênero, portanto, seria um produto de várias tecnologias sexuais, produções oriundas de discursos e práticas discursivas religiosas, jurídicas, familiares, científicas, escolares, artísticas, literárias, econômicas, demográficas, entre outras que se apoiam nas instituições do Estado.

> A tecnologia sexual é uma espécie de "mesa de operações" abstrata na qual se leva a cabo o recorte de certas zonas corporais como "órgãos" (sexuais ou não, reprodutivos ou não, perceptivos ou não etc.): a boca e o ânus, por exemplo, são designados como o ponto de entrada e o ponto de saída sem os quais o aparelho digestivo não pode encontrar sua coerência como sistema; a boca e o ânus raramente são designados como partes do sistema sexual/reprodutivo. Sobre essa mesa de dupla entrada (masculino/feminino) se define a identidade sexual, sempre a cada vez, não a partir de dados biológicos, mas com relação a um determinado a priori anatômico política, uma espécie de imperativo que impõe a coerência do corpo como sexuado (Preciado, 2014, p. 127).

A medicina e as diversas ciências da saúde, dessa forma, regulam os corpos e evitam que sejam ambíguos, isso para que se encaixem na lógica homem/mulher, como é o que ocorre com algumas crianças intersexuais[70] que passam por processos operatórios para poderem se encaixar no binarismo dos gêneros. Por isso, a atribuição do sexo não é natural, mas um processo linguístico-cultural, social e político.

---

[70] Até poucos anos atrás, o termo "hermafrodita" era muito utilizado, sobretudo na biologia, para nomear os indivíduos, e espécies não humanas, que tinham as características físicas de uma mulher, mas os códigos genéticos de homem. Hermafroditismo, então, era um termo muito comum para designar a condição na qual a pessoa nasce com dois órgãos sexuais, tanto masculino quanto feminino. Hoje, a área da saúde, sobretudo a psicologia, chama tal fenômeno de "Síndrome da Insensibilidade Parcial aos Andrógenos", conhecido na área médica como um dos tipos mais comuns de intersexualidade.

3.1 Deslocamentos e sexílios: travessias pendulares no regime do armário

Não cabe, não cabe no armário não
Se esconder é tão desnecessário
Já risquei até do dicionário
Vai que a gente muda esse cenário
Eu te quero fora do armário
Sou sereia fora do aquário
Isso sim é revolucionário
Se ainda não entendeu, desembaralho:
Você não foi feito pro armário.
(Grupo Musical Ctrl+N, *Armário*, 2021)

O armário – o qual metaforizo aqui não como uma estrutura/objeto ou lugar físico, mas como uma condição, posição, estado de sigilo e silenciamento –, já no século XIX, passou a ser um regime de controle e regulação da sexualidade, o qual rege e instaura a divisão social binária "homossexual-heterossexual". Para Sedgwick (2007), o armário é um conjunto de normas que nem sempre são explícitas, mas rigidamente instituídas, o qual faz o espaço público corresponder apenas à heterossexualidade e todas as outras sexualidades estarem relegadas ao espaço privado, ou seja, as vivências das sexualidades dissidentes passam ao âmbito do "segredo".

O armário, por isso, pode parecer um bom, e claustrofóbico, lugar para diversas experiências de vida de muitos homens que buscam relações afetivas e sexuais com outros homens, especialmente para aqueles que cultuam a masculinidade heterossexual e não pretendem perder o status quo de "macho alfa" (Miskolci, 2013). Não faltam motivos para homens gays não saírem do armário. No que tange ao trabalho, por exemplo, a situação tona-se ainda mais difícil, "uma vez que a discriminação barra sua contratação e, quando na empresa, sua promoção, pelo simples fato de ter sua sexualidade assumida. Ser discreto torna-se algo estrategicamente importante para ser contratado e manter-se no trabalho" (Miskolci, 2013, p. 317).

Segundo Miskolci (2015), a visibilidade traduz uma relação de poder sofisticada, pois não se baseia em proibições diretas. Para o autor, o regime de visibilidade não pode ser avaliado apenas de maneira positiva, tampouco denotando uma exposição pública generalizada das homossexualidades na vida social cotidiana. Ao contrário, o que aconteceu é que houve a eleição de uma forma "correta" de se tornar visível, vinculada à circulação de representações estereotípicas sobretudo propagados pelas mídias, nas quais algumas identidades passaram a ser mais reconhecidas, visíveis, e se tornaram modelares, enquanto outras foram relegadas ao repreensível, mesmo não sendo necessariamente invisibilizadas e silenciadas.

A contenção dos sentimentos e a economia da visibilidade, por isso, tornam-se saídas para que o preconceito, o ódio, a repulsa e a exclusão do outro não sejam resultados para os desejos homoeróticos assumidos do eu. Isso acontece porque a visibilidade sexual mantém hierarquias, com escopos e perfis de reconhecimento que vão dos mais aceitos socialmente (como os heterossexuais, especialmente os de pares monogâmicos com filhos), passando por aqueles que começaram a negociar sua visibilidade (a exemplo de homens gays socioeconomicamente privilegiados) até os que foram mantidos ou relegados à abjeção (como transsexuais e travestis, por exemplo).

Além disso, de acordo com Sedgwick (2007), a permanência no armário, no ambiente secreto, é um ato performativo de silêncio e invisibilidade em relação aos sentidos e discursos que o constituem. O armário passa a entextualizar o emudecimento, o calar, diante da matriz hegemônica da cis-heteronormatividade, o que não deixa de ser uma forma de reafirmá-la, tornando-a parte do próprio armário.

Mas também existem outras formas de sair do armário sem precisar sair dele. Muitas pessoas que se relacionam com alguém do mesmo sexo acabam por passar pelo "processo de deslocamento", ou viagens para fora de seus locais de origem e para outros países com o intuito de não serem reconhecidos (Trevisan, 2006), tal prática é muito comum na "vida de milhares de homossexuais, em diferentes países e nas mais diversas épocas" (Trevisan, 2006, p. 142):

> Por que homossexuais viajam tanto? Em resposta à sensação de exílio em seu próprio país, frequente entre grande número de homossexuais, ocorre a necessidade premente de conhecer o mundo. A tendência é que homossexuais abandonem os lugares mais inóspitos e agressivos, inclusive suas cidades de origem, para "procurar o seu lugar", movidos pelo desejo de se libertar. Daí um certo pendor andarilho que pode ser associado à vivência homossexual em nossas sociedades (Trevisan, 2006, p. 144).

Podemos pensar, também, além das viagens às quais o autor se refere, sobre os deslocamentos momentâneos, ou seja, travessias feitas em regiões de fronteiras de maneira dinâmica. Seja para fazer compras, estudar, trabalhar ou, como veremos logo a seguir, em busca de relacionamentos sexuais. O usuário do Grindr a seguir é brasileiro, procedente da região norte do Brasil, e veio à região da Tríplice Fronteira para estudar medicina no Paraguai. Ele morou por alguns meses em Foz do Iguaçu, mas atualmente reside em Ciudad del Leste, próximo à faculdade onde estuda:

> **Thiago:** *Vi no seu perfil que você está disposto a atravessar a ponte em busca de sexo. Por que colocou isso? Você só se relaciona com alguém de outro país?*

> **Rafa 28:** *Claro que não, é para ter mais opções de boys. Kkkkkkk.*

> *Eu costumo ir para Foz todo dia, então pra mim se tiver alguém daí afim de me pegar, mais mão na roda né.*

> **Thiago:** *Você vem todos os dias pra Foz porque trabalha aqui?*

> **Rafa 28:** *Não. Eu só estudo mesmo.*

> *Vou todo dia pra Foz por causa da minha academia. Eu malho na Smart Fit.*

> **Thiago:** *Então você é brasileiro, mora e estuda no Paraguai, mas faz academia no Brasil? Não cansa de atravessar a ponte não?*

> **Rafa 28:** *Kkkkkkk não. E às vezes eu malho duas vezes por dia, aí vou mais de uma vez pra Foz. Kkkkkk*

> **Thiago:** *E porque não malha em Ciudad de Este? O que te faz vir todos os dias em uma academia aqui de Foz?*

> **Rafa 28:** *É que é a Smart Fit né cara. Kkkkkk. Só boy gostoso, banherão quase todo dia, uns corpos mais top que os aqui do Paraguai. Não tem comparação.*

Pelo diálogo que mantive com Rafa 28 e analisando seu perfil do Grindr, foi possível perceber que ele utiliza as pistas indexicais "eu malho na Smart Fit" e "às vezes eu malho duas vezes por dia" na busca por construir e manter uma performance de masculinidade hegemônica na qual a academia de musculação acaba por se transformar no "território da virilidade", no espaço de reafirmação do masculino, e o corpo hipertrofiado na materialização simbólica do "ser-homem", isto é, qualquer incidência de performances efeminadas fica relegada ao armário.

Rafa 28 tenta performatizar narrativas que o direcionam a um padrão de gênero masculino hegemônico: reafirma muitas vezes ser branco, estudante de medicina (uma forma de reiterar alto poder de status social) e musculoso. Mas o que mais nos chama a atenção na conversa supra são essas travessias internacionais que ele faz todos os dias para, além de manter seu corpo forte, "bater o dedo" na catraca da academia brasileira que, na atualidade, passou a ser a maior da América Latina, com 900 unidades, em 13 países, contando com mais de 2,4 milhões de clientes: a Smart Fit[71]. Como consequência, vemos o surgimento de uma geração, cada vez mais jovem, dedicada a treinar, fazer dietas e usar esteroides anabólicos para ter, custe o que custar, o "corpo esteticamente perfeito" (Zago, 2016), uma verdadeira "Geração Smart Fit", sujeitos aficionados por performances de corpos hipertrofiados em uma época de hipervisibilidade (Miskolci, 2015).

A academia Smart Fit inaugurou no Brasil em 1996. A partir daí, suas unidades só cresceram, até se tornar a rede que mais se expandiu mundialmente nos últimos 5 anos. A empresa, hoje, é uma das mais frequentadas pelo público LGBTQIAPN+, até mesmo é considerada, por esse motivo, uma marca *gay friendly*, ou seja, tem grande parte de seu lucro procedente do público gay[72].

Por isso, é comum, na comunidade gay, associar a Smart Fit com homossexualidade e, concomitantemente, a lugar de práticas homoeróticas, o que fez com que a academia fosse relacionada, popularmente, como "local de banheirão", haja vista que tais práticas (as quais já causaram muita polêmica nas redes sociais, inclusive pela implementação de uma placa que, segundo alguns usuários, associava as práticas homossexuais a "atos obscenos") supostamente se realizariam no banheiro do estabelecimento, como afirma Rafa 28 ("É que é a Smart Fit né cara / Só boy gostoso, banherão quase todo dia").

---

[71] Disponível em: https://investor.smartfit.com.br. Acesso em: 22 maio 2023.

[72] Nos Estados Unidos, nos últimos anos, popularizou-se o termo "Pink Money", em sua tradução literal "dinheiro rosa", em português, para caracterizar o comércio, consumo e poder de compra da comunidade LGBTQIAPN+. De acordo com Baruffi (2019), com a crescente preocupação do consumo ideológico referente a comunidades e grupos específicos, o termo Pink Money foi criado para ilustrar, figurativamente, o dinheiro gasto por pessoas pertencentes aos grupos de lésbicas, gays, bissexuais, transsexuais etc. (aquelas com maior poder de compras, é claro) na aquisição de produtos e serviços voltados a essa parcela da sociedade. "O poder econômico do pinkmoney tem sido visto como uma força positiva para a comunidade LGBT, criando uma espécie de 'autoidentificação financeira', que os ajuda a se sentirem parte da comunidade que os valoriza. Com efeito, mais de 90% dos homossexuais apoiam as empresas que têm como alvo o pinkmoney, uma forma de fugir das empresas 'anti-gays'" (Baruffi, 2019, p. 40).

Portanto, ao entextualizar as frases "eu costumo ir para Foz todo dia", "vou todo dia pra Foz" e "vou mais de uma vez pra Foz", Rafa 28 produz sentidos que envolvem aspectos de mobilidade dinâmica e fluxo contínuo. Não somente para fugir dos olhos fiscalizadores sociofamiliares ou para estabelecer e manter o regime do ocultamento da sexualidade no armário, mas também em busca de práticas sexuais; viagens momentâneas (e até "duas vezes por dia") que possibilitam deslocamentos mais efêmeros dos corpos, sejam por trabalho, sejam por prazer.

Aqui, também, podemos estabelecer uma relação entre movimentos, deslocamentos, travessias e a transgressão do armário gay, tomando a viagem, o desenraizamento momentâneo, como uma possibilidade de inscrição das próprias performances sexuais em outros lugares que não o seu espaço sociofamiliar, uma forma de resistência à impossibilidade de ser e existir em seu local de origem. É por isso que o sujeito que vive em estado de deslocamento encontra-se, nessa perspectiva, em uma terceira margem[73], construída em situações de pertencimentos emergentes (Melo, 2014), ou seja, ao invés de "estar em", demonstrando a condição de fixação territorial ou mesmo do movimento temporário e efêmero, ele "está entre", percebendo-se a condição dinâmica das fronteiras.

Para Pimentel (2001, p. 83), o viajante se desenraíza, solta, liberta, à medida que se movimenta. Pode traçar caminhos, atravessar fronteiras e dissolver barreiras, inventar diferenças e imaginar similaridades. Defrontar-se com o desconhecido, com o exótico, surpreendente, maravilhoso, ou insólito, absurdo, terrificante: "Tanto se perde como se encontra, ao mesmo tempo que se reafirma e modifica. No curso da viagem há sempre alguma transfiguração, de tal modo que aquele que parte não é nunca o mesmo que regressa" (Pimentel, 2001, p. 83).

Esses deslocamentos, desde o início da globalização e do crescimento das mobilidades urbanas, permitiram maiores fluxos e travessias humanas, sobretudo em regiões de fronteira, onde os sujeitos experienciam a possi-

---

[73] O termo "terceira margem" é uma referência ao conto "A Terceira Margem do Rio", de João Guimarães Rosa. Nessa estória, narrada pela ótica do filho, o pai evade de toda e qualquer convivência com a família e com a sociedade, preferindo a completa solidão do rio, lugar em que, dentro de uma canoa, decide passar o resto de sua vida. O personagem parece ter se excluído de qualquer grupo social, desapegando-se do senso de coletividade, mas também renuncia aos laços familiares, e a qualquer companhia, a não ser a de si mesmo. Guimarães Rosa nos traz a metáfora perfeita da travessia para o lugar nenhum, não estar aqui nem ali, mas em uma terceira margem, inserido em múltiplos espaços (que também podem ser um lugar nenhum) subjetivamente construídos pela e na linguagem. Nas palavras do próprio narrador: "Ele não tinha ido a nenhuma parte. Só executava a invenção de se permanecer naqueles espaços do rio, de meio a meio. [...]. Eu, rio abaixo, rio a fora, rio adentro" (Rosa, 1962).

bilidade de "atravessar caminhos e cruzar a linha do inesperado" (Rushdie, 2007), seja para comprar, trabalhar, estudar, passear ou se relacionar. Atravessar fronteiras é sempre transitar pelo inesperado, sem o conhecimento do que se poderá encontrar do outro lado e sem a garantia segura de retornar. E os trânsitos dos espaços de fronteira têm o fluxo contínuo como fundamental característica, sendo imprescindível o sentimento de inacabamento, a incapacidade de conceber o "entre-mundos", a complexidade de entender esse estado/espaço (Anzaldúa, 1987).

Dentre todos esses deslocamentos, não podemos negar que as travessias sexuais ainda se estabelecem no âmbito do privado, isto é, são atravessamentos silenciosos, quase sempre não ditos ou assumidos. Ao perguntar ao usuário do Grindr Sossegado (que é brasileiro e não assumidamente homossexual para os familiares, apenas para os amigos) se ele contava para a família que atravessava a fronteira Brasil-Paraguai em busca de sexo com outro homem, essa foi a resposta que tive:

> **Sossegado:** *Vc tá doido???*
>
> *Nem pensar!!!! KKKKKKK*
>
> *Se eu fizer isso sou deserdado. Minha mãe vai rezar pela minha alma, porque meu pai já vai matar o corpo. Kkkk*
>
> *Eu falo que vou passear com meus amigos, fazer compras por lá. Por isso não posso voltar sem nada se não eles podem desconfiar né?*
>
> *Sempre passo no shopping lá comprar uma coisinha pra fingir que fui fazer compras.*
>
> *Mal sabe eles oq eu fui fazer de verdade. Kkk.*

O uso das pistas indexicais "deserdado" e "matar o corpo" já nos apontam para o medo do usuário de ser "descoberto" pelos pais, isto é, o temor de ter sua sexualidade e práticas sexuais assumidas à família. Já a pista indexical "eu falo", ao ser entextualizada, pode carregar outros sentidos ocultos no enunciado, com significados subjetivos próximos a "eu minto", "eu engano" ou "eu escondo", visto que é necessário sempre arranjar desculpas para não falar a verdade aos pais.

Além disso, a expressão "mal sabe eles", ao passar pelo processo de entextualização, também aponta para o fato de que suas práticas se mantêm no armário, fazendo-se travessias sexualmente sigilosas, e são, normalmente, as famosas "compras no Paraguai" o subterfúgio mais usual para aqueles que querem garantir anonimato em seu processo de deslocamento casual de curto prazo.

Essas travessias se realizam de maneira pendular, isto é, deslocamentos no espaço físico-geográfico de forma momentânea, muitas vezes esporádicas, os quais acabam resultando em fluxos intensos de mais curta distância, movimentos de migrações de retorno (Sayad, 1998). Na segunda metade do século XX, e nas duas primeiras do atual, houve um intenso processo migratório de pessoas que, cotidianamente, se deslocavam para trabalhar em municípios, estados ou países diferentes dos de sua residência (Albuquerque, 2005). E o aumento desse tipo de deslocamento diário intensificou-se sobretudo em contextos de fronteiras nacionais, já que é possível, além de trabalhar e estudar, atravessar os limites do país para, como afirmou o entrevistado supra, passear, fazer compras ou até mesmo buscar relacionamentos sexoafetivos às escondidas.

O termo "pendular" passou a ser associado e utilizado na geografia para estudar as estratégias de migrações (sendo elas momentâneas, duradouras ou permanentes), por isso adoto aqui o termo *travessias pendulares*, ou *pendularidade*, como expressão para os deslocamentos efêmeros em regiões de fronteira, uma vez que os movimentos e fluxos fronteiriços constituem um dos elementos das dinâmicas territoriais. Segundo Sayad (1998): "na análise dos fluxos pendulares, o que está em jogo não é só a distância percorrida entre duas localidades (origem e destino), mas as múltiplas causas que levam ao deslocamento de parcela de uma população local" (Sayad, 1998, p. 48).

Ademais, tal conceito ajuda-nos a entender os fluxos migratórios sexuais (Wasser, 2021), o *sexílio*, termo utilizado pela primeira vez por Guzmán (1997) para denominar a experiência de exílio vivida por homossexuais que deixaram seu país de origem por motivo de sua orientação sexual. Essa prática reflete, também, em grande parte, uma perspectiva sobre migração e diáspora de homossexuais, já que a noção de sexílio permite-nos ir além da estrita categoria do refúgio, funcionando de forma mais inclusiva diante da variedade de deslocamentos relacionados às performances de gênero e orientação e práticas sexuais (Guzmán, 1997).

Podemos falar, então, em *sexílio pendular*, já que são travessias exílicas momentâneas, deslocamentos de ir-e-vir intensicamente dinâmicos, de curto prazo. Esse conceito não focalizaria apenas em um tipo de deslocamento geográfico, mas abraçaria, também, os estados emocionais, desejos eróticos e as experiências vividas pelos dissidentes sexuais em relação à família e à "origem", conseguindo, dessa forma, questionar a estabilidade dos significados de pertencimento (Wasser, 2021). Nesse viés, a "narrativa do retorno" revela também maneiras alternativas de observar os pertencimentos e deslocamentos, as quais produzem perspectivas críticas relevantes às ideias mais normativas de território, casa/lar ou até mesmo família.

De acordo com Wesser (2021, p. 5):

> O sexílio se distingue do exílio sem o "s" porque investiga como as trajetórias e narrativas (homo)sexuais podem questionar o entendimento comum sobre migração, exílio e pertencimento. [...]. Serão as tensões sexuais subjetivas indicativas das possibilidades e limites de um pertencimento múltiplo ou de um habitar nas fronteiras? E, afinal, o sexílio implica necessariamente a experiência de deslocamento permanente? Ou seria antes uma lente mais geral para explorar as tensões e rupturas vividas abruptamente por sujeitos (homo)sexuais que se sentem estranhos às próprias origens?

O autor também nos lembra do desprezo que os discursos oficiais de diferentes países latino-americanos, inclusive os já citados do ex-presidente Jair Bolsonaro, expressam para com as culturas diaspóricas, relacionando-as à perda ou à alienação de uma suposta cultura autêntica nacional, ratificada pela religião hegemônica, do país de origem. Isso ainda se intensificaria no caso dos homens gays, pois a heteronormatividade que atravessa esses países faz com que os sujeitos homossexuais, muitas vezes, não sejam sequer reconhecidos em suas nações de origem como cidadãos, até mesmo pela falta de leis que os resguardem (Wesser, 2021). Sem mencionar que muitos deles não têm mais um território (lar familiar) para voltar quando decidem "sair do armário".

Portanto, decidir estar pendularmente em sexílio, por meio de deslocamentos de travessias sigilosas, faz parte da rotina de muitos homossexuais em região de fronteira, sobretudo daqueles que se mantêm sob o regime do armário. O exílio sexual, contudo, instaura um doloroso desafio quando comparado ao exílio econômico, político ou religioso: o medo de voltar para casa e não ser aceito pela família. A "travessia de ida", o abrupto momento de "sair do armário de casa" (ou até mesmo levá-lo consigo no deslocamento), está associada, para muitos homossexuais, a uma ruptura com a família, enquanto a "travessia de volta" exige a anulação do que se deseja, do que se é (Wesser, 2021). É um complexo processo de ir-e-vir permeado pela libertação da fuga e o silenciamento da volta; daí o fato de a fronteira ser *una herida abierta* (Anzaldúa, 1987). Optar por ter e manter práticas sexuais dissidentes é uma sentença de ficar diariamente na fronteira entre a porta de casa e a porta da rua.

3.2 Cowboy da fronteira: a crise da masculinidade?

Usei neste subcapítulo propositalmente a palavra masculinidade no singular para refletirmos de qual masculinidade estamos falando aqui.

Cecchetto (2004) nos chama a atenção para o fato de, provavelmente, estarmos presenciando "o fim de uma única masculinidade", a qual comumente é utilizada nos estudos da teoria *queer* como hegemônica (Butler, 2003). Ela é traduzida no desconforto de alguns homens diante de valores culturais marcados por esquemas rígidos e uma imagem masculina unívoca, associada a posições de poder (Foucault, 1972; Laqueur, 2001). "Ser homem" parece sempre ter sido associado, nas sociedades mais antigas ocidentais, a não ter medo, ser forte e destemido, não chorar, não apresentar sentimentos, arriscar-se diante do perigo, demonstrar força e coragem. Tais ações estariam ligadas a símbolos que concretizam essa noção de masculinidade, como armas, lutas, automóveis, esportes radicais, músculos, pelos e barba, dentre outros signos e performances que fazem parte desse universo masculinizado.

Dentre todos esses símbolos, surge uma figura bastante pertinente para pensarmos especificamente em uma performance da masculinidade viril, do homem dominador: o *cowboy*. Essa figura pastoril, nascida nos Estados Unidos, foi associada, aqui no Brasil, ao caboclo, o homem rural, mas com ressignificações opostas ao "domador de cavalos norte-americano", já que os significados relacionados ao interiorano brasileiro estiveram ligados ao imaginário popular do personagem Jeca Tatu, de Monteiro Lobato, um homem chucro, miserável, indolente e desleixado (Ferreira, 2019).

Contudo, ao passar pelos processos de entextualização e reentextualização, os significados adquirem, em efeito de contextualização, novas significações/ressignificações. As pistas indexicais "rural(ista)" e "interior(ano)", desse modo, outrora apontando para sentidos de "atraso", "ignorância" e "pobreza", ganharam novos ares na contemporaneidade e passaram a reentextualizar, sobretudo nas redes sociais, um estilo de vida mais ostensivo, pelo domínio de terras e poder agrícola. Por isso, então, a popularização de um termo muito comum hoje usado para se referir aos jovens que experienciam a ruralidade nos espaços urbanos e são influenciados pelas produções da indústria musical sertaneja brasileira: os *agroboys*.

Essa reentextualização, de maneira intertextual, aconteceu pelo processo de industrialização/globalização que culminou na valorização excessiva de padrões estrangeiros, como o *country*. Os *agroboys* são muito conhecidos na internet por serem ricos, estudarem agronomia, serem filhos de grandes proprietários rurais, e estarem sempre à procura de sua *agrogirl,* "uma verdadeira mistura de *cowboy* com *playboy*" (Ferreira, 2019, p. 58). É comum, por isso, encontramos pelos corredores das faculdades que possuem cursos de agronomia homens vestindo bota, calça jeans apertada e chapéu.

Além disso, vale frisar que só na região da Tríplice Fronteira do Iguaçu existem mais de 10 cursos de Agronomia e Engenharia Agrícola, sendo 5 deles só em Ciudad del Este[74], levando em consideração que a fronteira oriental do Paraguai é uma das regiões agrícolas mais importantes do mundo no agronegócio internacional, sendo a soja o principal produto de exportação do país, que foi o quarto exportador mundial (6,6 milhões de toneladas) em 2020 e o quinto em produção (10,1 milhões) (Clavijo, 2021).

A região transfronteiriça aqui citada oferece fortes sinais de estar construindo verdadeiras "cidades do agronegócio". Daí, então, a forte presença da figura do "homem do campo", que busca a todo momento construir performances masculinas que entextualizam o ambiente rural. Desse modo, é comum encontramos perfis nos aplicativos de relacionamentos de homens com roupas de cowboys (botas, camisas xadrez, chapéu ou boné, em cima de cavalos etc.), assim como um dos perfis que visualizei durante a pesquisa: Agroboy 31. A foto era de um homem só de corpo (com as típicas roupas rurais), com a cabeça cortada, segurando um cavalo marrom. Lia-se na descrição do perfil: "Apenas para homens que gostam de cavalos e cavalgar".

Percebemos que as pistas linguísticas "cavalos" e "cavalgar" produzem indexicalmente sentidos que associam o usuário do aplicativo ao próprio equino, já que o tamanho do membro sexual desse animal é recorrentemente utilizado no Grindr, entre HRH na região da fronteira, como significado de poder e força, por conta do seu tamanho excessivo (Ruani, 2021). E não é novidade que, na contemporaneidade, o tamanho avantajado do pênis é marcador de uma masculinidade hegemônica normativa.

Em outras palavras, dizer ser um cavalo, nesse sentido, não está apenas associado a ter um órgão sexual grande, mas também a domínio e poder (Medeiros, 2018). Dessa maneira, a pista "cavalgar" aponta, conotativamente, à prática sexual, uma vez que os usuários desse aplicativo relacionam o cavalo ao homem ativo-penetrador e o montador ao homem passivo-penetrado, até mesmo pela entextualização que leva à associação entre montaria e sexo.

---

[74] Site *Quero Bolsa* e *Cursos y Carretas.* Acesso em: 21 jan. 2023.

Essa performance masculinizada composta por símbolos do campo e da montaria foi classificada por Zago (2013) como "O Homem do Marlboro". Para o autor, a figura do homem "natural, rústico, viril, dominador, agressivo" foi imortalizada pela marca de cigarros Marlboro, nos anos 90, a qual representava em suas campanhas um domador de cavalos, típico cowboy estadunidense, másculo e varonil, em uma paisagem propícia para a construção de uma masculinidade hegemônica e o mais distante possível do feminino: o homem natural.

Figura 9 – As campanhas da marca de cigarro Marlboro

Fonte: Google Imagens[75]

Ademais, nas produções midiáticas e literárias modernas, não são raras as vezes que vemos essa performance de masculinidade viril sobrepostas a todas as outras. "O Homem do Marlboro" extrapola as publicidades e propagandas aparecendo, também, na televisão, nas séries, nas telenovelas, nos romances, no cinema etc. Nas produções cinematográficas contemporâneas, por exemplo, podemos citar os conhecidos filmes *western* (de faroeste e *cowboys*), os quais apresentam homens rudes, astutos, musculosos, fortes e solitários (uma tentativa de representá-los como independentes o suficiente para não precisar estar com uma mulher ao seu lado).

Contudo, o filme "O Segredo de Brokeback Mountain", de 2005, produção hollywoodiana do diretor taiwanês Ang Lee, busca quebrar com esta representação performática do vaqueiro interiorano aventureiro-bruto. O roteiro entextualiza a história de dois *cowboys* estadunidenses, Jack e

---

[75] Disponível em: https://br.pinterest.com/pin/712976184731112107. Acesso em: 8 maio 2022.

Ennis, que se conhecem na década de 1960, logo após serem contratados para cuidar de ovelhas em uma montanha nos Estados Unidos. O desejo de Jack sempre foi ser *cowboy*, ao passo que Ennis aceita o emprego somente para ganhar dinheiro e poder se casar com sua noiva. O isolamento pelo qual passaram (dormindo juntos nas madrugadas em uma barraca gélida) e a convivência intensa, ficando próximos por semanas, fizeram com que os dois se tornassem amigos muito íntimos, despertando, em ambos, desejos homoeróticos, suficientes para iniciarem relações sexuais, as quais cessaram logo após o término do verão, ao voltarem para suas casas.

Quatro anos passados, Jack e Ennis se reencontram e o desejo sexoafetivo despertou outra vez, fazendo com que decidissem começar um relacionamento homoafetivo às escondidas, do outro lado da fronteira, longe dos olhos controladores da sociedade e de suas esposas e filhos. Por isso, como afirma Louro (2004), as fronteiras são zonas de produção de subjetividade e de atravessamentos, mas também zonas de fuga. As supostas viagens de pescaria nas montanhas de Brokeback, cercadas por pinheiros e isoladas pelo frio, faziam com que os *cowboys* se encontrassem sigilosamente e mantivessem subjetivas relações clandestinas, encontros que duraram anos, até ocorrer a morte de Jack, por um assassinato, implicitamente, decorrente da descoberta de sua suposta homossexualidade[76].

As performances masculinizadas de Jack (suas roupas e chapéu campestres, corpo atlético, voz rouca) de nada adiantaram após sua "máscara cair", pois a "masculinidade frágil" (Miskolci, 2015) não se mantém intacta o tempo todo, não é inabalável e estável; pelo contrário, manter relações sexuais com outro homem afetaria a base primordial e o pilar fundamental da masculinidade hegemônica: a heterossexualidade compulsória (Butler, 2003). O filme, portanto, nos apresenta dois protagonistas que reforçam papéis de gênero masculinos considerados tradicionais e aceitáveis (são HRH, porém heteronormativos), performances que não os livraram da morte (assassinato e suicídio), demonstrando as fragilidades e crises dessa masculinidade.

---

[76] Vale frisar, aqui, que, segundo os dados do Grupo Gay da Bahia (2019), a cada 20 horas, um LGBTQIAPN+ é assassinado ou se suicida vítima da LGBTfobia no Brasil, o que torna o país campeão mundial de crimes contra as minorias sexuais e de gênero. Em 2019, 329 LGBTQIAPN+ tiveram morte violenta no Brasil, vítimas da homo-transfobia: 297 homicídios (90,3%) e 32 suicídios (9,7%). Segundo agências internacionais de direitos humanos, matam-se mais homossexuais e transexuais no Brasil do que nos 13 países do Oriente e África onde existe a pena de morte contra esses grupos. De acordo com o Atlas da Violência de 2019, foram registradas, no Brasil, de 2011 a 2017, 1.720 denúncias de violações de direitos humanos dos LGB; destas 193 foram de homicídios, 23 de tentativas e 423 de lesão corporal no ano de 2017. Só no ano de 2016, o número de casos de violência contra homossexuais/bissexuais foi de cerca de 6.800, salientando que mais da metade das denúncias foram por causa da violência física, sem contar os registros de violência psicológica e tortura (Atlas de Violência, 2019). Acesso em: 13 fev. 2022.

Contudo, para Cecchetto (2004), esse tipo de masculinidade estaria entrando em crise porque o modelo de masculinidade viril, constituída a partir de significados que associam o masculino ao poder, à virilidade e à agressividade, desmorona-se frente às novas formas de vivenciar a sexualidade e a experiência do que é "ser homem" no mundo, como o sexo midiatizado por meio de aplicativos, a pornografia virtual e a construção de subjetividades oriundas dos mais diversos discursos modernos: midiático (como os diversificados perfis de masculinidade representados no cinema, séries, publicidades etc.); jurídico (como criações de leis que retiram o homem do *animalis locus*, agressivo, e o colocam nas posições de paternidade, esposo, profissional etc.); médico (como o aumento da procura por profissionais da saúde para medidas preventivas, como o exame contra o câncer de próstata); entre outros.

Pelo fato de a entextualização (Bauman; Briggs, 1990) evidenciar a capacidade reflexiva da linguagem, vemos que os discursos que envolvem os *cowboys* (e concomitantemente o contemporâneo *agroboy*), e tudo que se liga a seu imaginário, mobilizam significados mais amplos, que extrapolam apenas o sentido de "um homem pra lá da fronteira da cidade". Isso se dá pelo fato de as narrativas serem uma "arena de reflexão" de onde emergem múltiplos significados sensíveis aos processos de entextualização e, além disso, ideologias conflitantes a serem, indexicalmente, sinalizadas (Moita Lopes, 2022).

3.3 Corpos *queer*: viver (n)a fronteira

> *De noite pelas calçadas*
> *Andando de esquina em esquina*
> *Não é homem nem mulher*
> *Parou entre uns edifícios, mostrou todos os seus orifícios*
> *Ela é diva da sarjeta, o seu corpo é uma ocupação*
> *É favela, garagem, esgoto e paro seu desgosto*
> *Está sempre em desconstrução*
> *Ela é de carne, osso, silicone industrial*
> *Ela é feita para sangrar*
> *Ela tem cara de mulher*
> *Ela tem corpo de mulher*
> *Tem peito*
> *E o pau de mulher!*
> (Linn da Quebrada, *Mulher*, 2017)

Começo este subcapítulo transcrevendo parte de uma conversa que mantive, por algumas semanas, via WhatsApp, com Elx (20 anos)[77], usuárie que assim se autodenomina no Grindr, em que e conheci. Também nos encontramos face a face depois que Elx me convidou, em uma de nossas conversas, para conhecer o Pagu, único bar, até então, especificamente direcionado ao público LGBTQIAPN+ na região da fronteira, onde acontecem, nos finais de semana, apresentações de dança e música, saraus, karaokê, exposições de arte *queer* e performances de *drag queens*. O Pagu já foi palco de muitos encontros para protestos e manifestações em defesa dos direitos dos corpos dissidentes na fronteira, sobretudo nas últimas eleições presidenciais. Mesmo após inúmeros ataques e boicotes por parte de grupos mais conservadores da cidade de Foz do Iguaçu, o bar continua resistindo e sendo um "espaço da diversidade", frase que aparece no perfil do Instagram do local.

Elx: *O que vc quer saber? Adoro entrevistas rsrsrsrs.*

Thiago: *Você usa o pronome neutro pra se identificar no aplicativo, também tem barba e maquiagem. Como você se identifica quando te pergunta sobre seu gênero? E como é ser LGBTQIAPN+ no contexto da fronteira em que vivemos?*

Elx: *Primeiro que não sou trans nem drag, como todo mundo pensa rsrsrsrsrs,*

Eu falo que sou queer, adoro ter esses cabelos mais cumpridos de mulher, sabe? Mas eu também amo minha barba bem desenhadinha de homem, esse monte de piercings e tudo mais. Não gosto muito desses rótulos de "eu sou homem e eu sou mulher". Não me vejo nem sendo um nem outro. Gosto de ser o que eu quiser ser, mesmo que isso não agrade as pessoas. Mas aí não posso fazer nada, né? Cada um que lide com seus problemas. Rsrsrsrsr.

Thiago: *E como é ser uma pessoa queer aqui na fronteira?*

---

[77] Por um ato político e ideológico, não puramente linguístico, algumas minorias da comunidade LGBTQIAPN+ têm tentado usar desinências, sintagmas nominais e pronomes comumente conhecidos como "neutros", ou "inclusivos", em algumas palavras do português brasileiro (*brasiliere, todes, elu, senhorx* e *cansad@*, por exemplo) para dar representatividade e visibilidade aos corpos que não se enquadram no binarismo de gênero, sujeitos não cisgêneros. A forma pronominal de 3.ª pessoa mais recorrente que pessoas não-binárias utilizam para se autorreferirem na língua portuguesa é o "elu", evitando a marcação linguística dualista dos gêneros e criando-se, assim, a categoria *gênero neutro*, ou *não binário* (não marcador de gênero), no sentido linguístico, ou *gênero inclusivo*, no sentido político-social. Para alguns pesquisadores da linguagem, no entanto, usar a letra "*x*" como uma marcação final na palavra dificulta o acesso de pessoas cegas, surdas, com TEA (transtorno do espectro autista) e dislexia, isto porque os softwares usados para auxiliar na leitura de textos não reconhecem essas palavras com marcadores "x" e "@", ou seja, ao invés de incluir, exclui. Opto por manter neste texto, contudo, a palavra "Elx", com "x" por opção do próprio sujeito da pesquisa.

> **Elx:** *Eu odeio esse lugar, não vejo a hora de me formar logo e ir pra uma capital, uma cidade grande, ou fora do Brasil, sabe? Aqui o povo te olha como cara de "que bicho é esse, meu Deus?". Eu às vezes evito sair na rua por isso. Prefiro achar boy aqui no Grindr mesmo, mas é normal também eles me bloquearem. Já me acostumei.*

Por meio dos discursos de Elx, percebemos que o ato de nomear (a si mesmo e os outros) possibilita a produção de subjetividades, de instruir o que descreve, visto que, ao relacionar uma "categoria identitária" a alguém, "a engrenagem performativa, que se estabelece pela repetição, é capaz de fazer com que esse ato adquira materialidade subjetivamente e produza efeitos estigmatizantes" (Gonzales; Moita Lopes, 2022, p. 162). Isso significa dizer que, juntamente à ideia de gênero e interseções de sexualidade, raça e classe social, o sujeito passará a existir socialmente, já que o efeito performativo da linguagem cria corpos dissidentes e delimita quem vive à margem. É o dizer-fazer-ser, por exemplo, que

> [...] converte a pessoa transgênera em uma "aberração" por não se encaixar num dos extremos binarismo de gênero. Feminino e masculino, ao serem nomeados, instituem-se como dois polos opostos e excludentes, prescrevendo performances a serem desempenhadas de acordo com certas características anatômicas. Para fugir desse esquema excludente, heteronormativamente instaurado e mantido, o qual só reconhece como legítimas certas performances e, por conseguinte, certas "identidades", o pensamento pós-estruturalista, em especial o de viés foucaultiano, fonte de inspiração para as teorias queer, sugere operar com uma concepção pós-identitária de sujeito (Gonzales; Moita Lopes, 2022, p. 164).

Seguramente seja para esse pós-identitarismo, o qual Butler (2003) e Preciado (2000) se debruçaram a investigar e discutir, que os discursos de Elx estejam apontando quando, por exemplo, as pistas linguísticas "não sou [...] nem [...]", "falo que sou [...]" e "Não me vejo nem sendo um nem outro. Gosto de ser o que eu quiser ser" são enunciadas para entextualizar narrativas heteronormativamente construídas sobre ser-homem e ser-mulher, como se estas categorias fossem dadas ao nascer. É perceptível, nas escolhas textuais de Elx, que não há um único lugar-espaço onde elu quer ser-estar e se estabelecer, ou seja, não há um território corporal com fronteiras bem delimitadas no qual o sujeito se estabiliza normativamente de acordo com performances já pré-estabelecidas.

O ser-estar-assim (Fabrício, 2022) do sujeito contemporâneo, performatizado linguística e discursivamente, por meio de pistas indexicais que entextualizam narrativas, parece, agora, se fragmentar em deslocamentos que inauguram novas possibilidades, subjetivas, do ser e estar no mundo. Hall (2006) descreve esse momento como pós-modernidade, sendo ele o resultado de um processo global de *descentramento* do sujeito moderno – o qual perde a estabilidade de sua "identidade" fixa tradicional, essencializada.

Esse descentramento é construído em uma relação de entremeios ou, nos termos de Bhabha (2003), um *entrelugar*, conceito que representa a condição do indivíduo de não estar nem aqui nem ali, mas "estar-entre" (Haesbaert, 2006), entre as incontáveis possibilidades de ser-existir no mundo, em um constante e contínuo processo de reposicionamento tempo-espacial. Essa condição de estabilidade dinâmica (Rosa, 2019), provocada pelos tempos de aceleração contínua, como já colocado anteriormente, assegura aos sujeitos a possibilidade de *multipertencimento*, viver-ser-estar em nenhum (ou em todo) lugar ao mesmo tempo:

> Abordamos assim a ideia de um "viver no limite", que tem dupla conotação de, primeiro, num sentido mais abstrato experimentar uma situação limite, viver no limiar do novo – seja para melhor, seja para pior – e, segundo, num sentido mais concreto, vivenciar uma condição de passagem constante entre fronteiras, entre limites espaços-socialmente reconhecidos, isto é, entre diferentes territórios – pois o limite, como já indicava Heidegger, não é onde algo termina, mas onde "começa a ser" (Haesbaert, 2006, p. 273).

O entrelugar, multipertencer ou viver nos limites, é concebido como um terceiro espaço, híbrido, que permite as vivências de outras posições, outras performances, mas também a subversão de muitas outras, ou seja, é a (re)constituição de novos sujeitos (Butler, 2003) que vivem *la y en la frontera* (Anzaldúa, 1987). Não estar aqui nem ali, ou nos dois ao mesmo tempo, e não ser isto ou aquilo, ou os dois – ou todos – ao mesmo tempo, desloca as histórias dos sujeitos que o constituem tão somente como sujeito pré-discursivo. Assim, os "entrelugares" passam a se configurar não como meros espaços de dominação, mas o terreno de trocas, intersubjetivas individuais e coletivas, onde anseios comuns e outros signos de valores culturais são negociados (Bhabha, 2003).

Não quer dizer, porém, que as fronteiras desses diversos espaços desapareçam por completo, inexistindo quaisquer demarcações ou contatos, pelo contrário são incessantes fricções que, interlaçadas, constroem *fronteiras mestiças* (Anzaldúa, 1987). São fronteiras que se movem em sua própria construção, o que Mignolo (2008) chamaria de estado de *movência*, termo elaborado para designar as fronteiras que, apesar de ainda manterem a necessidade de demarcar território (como quando Elx afirma: "eu adoro ter esses cabelos mais cumpridos *de mulher*, [...]. Mas eu também amo minha barba bem desenhadinha *de homem*"), quer dizer, mantém uma zona de contato, separação, a qualquer momento ela pode se mover.

Poderíamos dizer, então, que o estado de entrelugar, de não estar nem no papel de gênero masculino nem feminino, mas, concomitantemente, estar nos dois[78] – o paradoxo *queer* (Preciado, 2008) –, são performances e vivências construídas nas fronteiras, mas que também movem essas fronteiras, são mo(vi)vências. É nesse entrelugar *queer* que Elx parece se construir discursivamente ao subverter as categorias binárias hegemônicas de gênero (Butler, 2003).

O termo *queer* significa, no inglês, estranho, ridículo, excêntrico, bizarro, raro, extravagante, torto. A expressão também é usada comumente como insulto por indivíduos homofóbicos que buscam (e buscaram por quase toda a história ocidental) discriminar grupos sexuais marginalizados e colocá-los em um lugar de abjeção, exclusão e infâmia (Butler, 2003). De acordo com Preciado (2008), *queer* pode atuar como verbo, substantivo ou adjetivo, na língua inglesa, porém, em todos os casos, o interessante é perceber como um xingamento pejorativo passou a um lugar de transgressão de gênero, agindo como marcador de enfrentamento às regras e normatizações.

Nesse sentido, sendo *queer* o contrário de *straight* – palavra que denota sentido de direito, reto, linear –, o termo pode tanto acolher ou negar todas as categorias de performances de gênero, inclusive equilibrar-se no próprio sistema da heteronormatividade e da cisgeneridade[79], construindo-se no território da não binaridade: "Ser bicha não basta para ser queer, é necessário submeter a sua própria identidade à crítica. Vai além de um adjetivo,

---

[78] Apesar de ser aparentemente paradoxal falar, filosófico-linguisticamente, em não estar em lugar algum – pois não estar (aqui/ali) já é estar em algum (outro) lugar (lá) – chamo a atenção para pensarmos em um lugar-não--comum, o qual não pode ser delimitado ou fechado por fronteiras físicas ou simbólicas, dispersando, assim, a ideia de essência, centro, padrão, regra, eixo, norte etc.

[79] Denomina-se cisgênero o indivíduo cuja orientação sexual corresponde, a partir da expectativa normativa de gênero-sexualidade, ao seu sexo biológico, ou seja, pessoa que nasce com sistema reprodutor considerado biologicamente masculino (pênis) e que se reconhece e se sente como homem.

aponta uma falha na representatividade, nem isso nem aquilo, mas queer" (Preciado, 2008, p. 25).

Contudo, a palavra *queer*, que já teve toda sua carga semântica preenchida por significados de escárnio, desdém e desprezo, em sua originalidade[80], é também assumida (e incorporada) por alguns movimentos sexuais periféricos e corpos dissidentes (como travestis e transsexuais, por exemplo) para caracterizar sua perspectiva de oposição e de contestação, tentando ressignificar esse termo, dando-lhe sentido de orgulho:

> Para esse grupo, queer significa colocar-se contra a normalização – venha ela de onde vier. Seu alvo mais imediato de oposição é, certamente, a heteronormatividade compulsória da sociedade; mas não escaparia de sua crítica a normalização e a estabilidade propostas pela política de identidade do movimento homossexual dominante. Queer representa claramente a diferença que não quer ser assimilada ou tolerada e, portanto, sua forma de ação é muito mais transgressiva e perturbadora. Efetivamente, a teoria queer pode ser vinculada às vertentes do pensamento ocidental contemporâneo que, ao longo do século XX, problematizaram noções clássicas de sujeito, de identidade, de agência, de identificação (Louro, 2011, p. 13).

Nesse sentido, segundo Pereira (2015), o *queer* e o pensamento decolonial são campos em (re)construção, espaços que confluem a força de corpos e políticas. "A diferença colonial manifesta-se nos corpos. Os corpos não são apenas corpos-tempo, mas corpos-espaço – os corpos estão entranhados nos espaços. Os corpos *queer* são constituídos na diferença colonial" (Pereira, 2015, p. 418). Não há como separar corpos e sexualidades dissidentes de territórios geográficos, língua, poder e cultura. A teoria *queer* e o pensamento decolonial não preconizam a simples rejeição das teorias do Norte global: são ideias, saberes e práticas, corporificados e "glocalizados", os quais denunciam e contestam essas divisões geopolíticas, mobilizando-se para romper com o uso exclusivo de teorias eurocêntricas e possibilitando uma crítica dos olhares da história com uma lente heteronormativa, interpretando a configuração sexo-gênero como parte do projeto colonial (Mignolo, 2008). Ser-estar *queer*, portanto, não está fora das diferenças de poder e de

---

[80] De acordo com Leopoldo (2020), a palavra *queer*, primeiramente, possuía uma acepção de insulto, e servia para nomear o extravagante e exótico, no sentido do que vaga fora da normalidade: "Trata-se do e das incontáveis, descartáveis, zeros econômicos, subalternos e subalternas, loucos e loucas, do bêbado, do ladrão, do indigente, do pedinte, da bicha, da sapatona, da travesti, da transexual, do 'refugo humano'" (Leopoldo, 2020, p. 25).

prestígio social, por isso a teoria *queer* não é externa à colonialidade, nem há como pensá-la isoladamente dos contextos geopolíticos.

Por isso que, quando falamos em *queer*, falamos em performances de resistência da abjeção, a reapropriação de um termo expressivo para perturbar a ordem, o sistema – ou o "cistema" (Salinas, 2022) –, a cultura, ameaçando a visão de gêneros e sexualidades homogêneas, estáveis e limitadas (Miskolci, 2012). Trata-se, portanto, de um termo provocador, o qual foi ressignificado justamente por conter sentimentos de desprezo, isto é, pelo fato de atuar como um marcador político-ideológico para reafirmar as performances fora dos gêneros socioculturalmente estabelecidos. Ao falarmos em *queer*, portanto, estamos falando em construções de entrelugares, além de fronteiras, pós-identitarismo (Butler, 2003).

Viver nesses entrelugares significa ser uma encruzilhada (Anzaldúa, 1987), uma terceira margem, e nessas mo(vi)vências perdemos a noção do comum para pensarmos nas subjetividades inclassificáveis dos corpos, em que não conseguimos mais dizer, com convicção, de qual exatamente é aquele lugar de onde se fala e sobre quem se fala.

Como exemplo desse não binarismo, Butler (2019) discorreu, também, sobre os sujeitos intersexos, isto é, indivíduos ditos hermafroditas ou andróginos pela medicina, identificados como "portadores de síndromes": variações reais e possíveis produzidas arbitrariamente na natureza por diferentes combinações entre os cromossomas X e Y.

Segundo Pino (2007), no caso da *intersexualidade,*

> A genitália *ambígua* ou *indefinida* é uma das ocorrências mais frequentes. No entanto, há casos em que as pessoas nascem com órgãos genitais identificáveis com um sexo, mas estes não são representativos daquilo que é considerado ideal – clitóris grandes e pênis pequenos são chamados de "femininos masculinizados" ou "masculinos feminilizados". [...]. Apesar destes variados tipos de estados intersexuais, é importante observar que intersexo é um termo socialmente construído que reflete uma real condição biológica, ou seja, os corpos realmente apresentam características que divergem dos corpos masculinos ou femininos. Os significados atribuídos a essa variação dependem não só das maneiras como o corpo intersexo é visto pelas diferentes instâncias discursivas, mas

também das concepções aceitas sobre o que deve ser o "corpo normal" (Pino, 2007, p. 155, grifos da autora).

Para a autora, o caso dos intersexos demonstra como a própria noção binária de sexo biológico é uma simplificação cultural, uma tentativa de excluir/eliminar tudo aquilo que não cabe nas gavetas dos gêneros. Por isso, consequentemente, a inclusão da letra I (mas também da letra Q para alguns que se identificam como intersexos *queer*) na comunidade LGBT-QIAPN+ e a tentativa recente de implementação de um gênero neutro na língua (representado por um pronome neutro: elu ou ile, por exemplo) para representá-lus.

Figura 10 – Cantore austríaque Conchita Wurst

Fonte: Google Imagens[81]

Outro exemplo, mais contemporâneo, é o caso de Conchita Wurst, cantore austríaque que usa barba grossa, maquiagens estravagantes e vestidos de festa, alcançando visibilidade mundial ao ganhar o maior concurso de canção da Europa em 2014, o *Eurovision*. Conchita, como muitos sujeitos

---

[81] Disponível em: https://pt.wikipedia.org/wiki/Conchita_Wurst. Acesso em: 20 abr. 2022.

não binários[82], e autodeclarado sujeito *queer,* apresenta características masculinas e, ao mesmo tempo, femininas, buscando, aparentemente, quebrar o retrato coerente dos signos homem/mulher, o que Preciado (2008) chamaria de "piratas de gênero".

Segundo a autora, a pirataria de gênero (*gender hacker* no termo original da autora) envolve mudança nas dinâmicas de circulação de tecnobiológicos normativos regulados por princípios culturais e tecnológicos: moda (masculina/feminina), fármacos (masculinos/femininos), papéis e performances (masculinizados/feminilizados).

Dessa maneira, as piratarias de gênero envolvem hibridações[83] (Canclini, 2011) que trabalham na desorganização de fronteiras estabelecidas, criando outras combinações e possibilidades, sejam elas culturais, biológicas ou tecnológicas. O corpo *queer,* nesse sentido, longe de ser uma superfície ou matéria neutra, acaba sendo um resultado de processos de materialização de quebra de fronteiras do binarismo de gênero, um "corpo transgressor" (Haraway, 2000), um "corpo des-feito" (Pino, 2002).

É o caso de Guedali, o bebê-centauro protagonista do romance *O Centauro no Jardim,* de Moacyr Scliar (2004). O personagem nasce em uma família de imigrantes russos, no estado do Rio Grande do Sul, escondido e criado em segredo pelos pais por ser visto como anormal, uma aberração. Sentindo-se solitário, perdido e em desencaixe com o mundo, foge de casa e decide fazer uma cirurgia que o transforma completamente em humano.

---

[82] Na Teoria *Queer,* também é possível encontramos outros termos para dar conta de explicar a não binaridade: gênero fluido, flutuante, pangeneridade etc. O que quero ressaltar aqui é que é importante entender o gênero como um fator flutuante e movediço entre os polos que envolvem o binarismo e o não binarismo, não necessariamente tendo que haver uma fixação. De acordo com Butler (2003): "Mesmo que os sexos pareçam não problematicamente binários em sua morfologia e constituição (ao que será questionado), não há razão para supor que os gêneros também devam permanecer em número de dois. A hipótese de um sistema binário dos gêneros encerra implicitamente a crença numa relação mimética entre gênero e sexo, na qual o gênero reflete o sexo ou é por ele restrito" (Butler, 2003, p. 24).

[83] Canclini (2011) cunha o termo "hibridação" para designar os processos socioculturais nos quais estruturas e práticas que existiam de forma separada, isoladas, combinam-se em novas estruturas, práticas e objetos híbridos, que, por sua vez, fundem-se novamente, resultando em processos incessantes e heterogêneos de misturas. O autor opta pelo termo hibridação porque este não se limita às mesclas interculturais raciais, como ocorre com o termo "mestiçagem", nem a fusões religiosas e ritualísticas tradicionalmente simbólicas, em que normalmente se aplica o termo "sincretismo".

ENTRE ARMÁRIOS E FRONTEIRAS
LINGUAGEM, CULTURA, CIBERESPAÇO E PERFORMANCE DAS MASCULINIDADES

Em outras palavras, o mal-estar individual[84], a ambiguidade de sua existência, rotulada como mestiça e não pura (metade homem, metade cavalo), a inquietação, as incertezas e a indefinição de fronteiras fixas, as quais, por essa razão, são difíceis de serem transpostas, fizeram com que o homem-animal passasse por uma cirurgia para se adaptar às normas corporais impostas aos sujeitos, escondendo, ou eliminando, sua subjetividade. A figura do personagem, desse modo, perpassa a ideia de estabilidade e rigidez de fronteiras corporais, de gênero e do humano, por possuir uma "corporificação desobediente e indisciplinar" (Foucault, 1998).

A situação de Guedali nos permite perceber que as fronteiras, conceituadas, muitas vezes, como fluidas e em processos de dissolvimento, devem ser entendidas sob um movimento paradoxal de dupla ação: ao mesmo tempo em que os limites demarcados vão se desmoronando por processos de desenvolvimento e subjetivação, forças políticas e sociais insistem em manter barreiras simbólicas e físicas para a delimitação dessas fronteiras, onde se mantêm aqueles que não podem estar ou não se adaptam fora desses limites estipulados. As fronteiras se destroçam e se edificam o tempo todo; elas são derrubadas e fabricadas em um constante processo de des/re/construção.

A cirurgia de Guedali, porém, não foi o suficiente para que o personagem se sentisse encaixado, de alguma forma, no mundo, em um "corpo obediente e disciplinado" (Foucault, 1998), pois não pôs fim às suas inquietudes e crises existenciais. Por isso, implorou ao médico que revertesse a sua operação, transformando-o, novamente, em centauro. Talvez uma volta às normas e ao encaixe corporal para não se sentir estranho; talvez uma redescoberta de suas fronteiras para a ressignificação do corpo. O corpo estranho, *queer*, é uma permanente diáspora[85].

---

[84] Não posso deixar de citar aqui, também, o personagem Gregor Samsa, do livro *A Metamorfose*, de Franz Kafka (1997). Certo dia, em sua cama, o personagem acorda transformado em um grande inseto, parecido como uma barata gigante. Essa figura ficou conhecida como o símbolo do "mal-estar individual", com performances fragmentadas e relações familiares conturbadas. O animalesco em Kafka pode se manifestar por meio de um bestiário estranho, composto por uma criatura híbrida, que oscila entre a humanidade e a animalidade. A metamorfose desse ser, então, é incompleta e inacabada, pois a materialidade do corpo recusa unir-se no mundo simbólico das significações.

[85] Para Hall (2006), o conceito de "diáspora" corresponde a uma dupla diferenciação: ao mesmo tempo em que constrói processos de exclusão, que leva a fugas e evasões, também estabelece a construção de um "outro" que delimita posicionamentos circunscritos entre o dentro e o fora, entre o que pertence e o que não faz parte. Os corpos *"queer"*, desse modo, estão ligados ao conceito de "abjeção", a um processo diaspórico, o qual se refere às vidas que não são tomadas como "vivenciáveis" em sua comunidade (Butler, 2019). Essa abjeção configurada por meio de um encadeamento relacional com uma normalidade hegemonicamente construída junto a uma elaboração de discurso de "anomalia", tida como nociva à ordem constitutiva, Louro (2010) deu o nome de *"diásporas queer"*.

Para Louro (2010), os significados dos corpos deslizam, pois são múltiplos e mutantes, e, por isso, os corpos *queer* – incluindo a figura da *drag queen*, a qual a própria autora utiliza como exemplo – são corpos que escapam, deslizam, flutuam. Essas figuras, consideradas estranhas e insólitas socialmente, põem em questão a autenticidade e a fronteirização dos gêneros e das sexualidades, sugerindo que as formas por meio das quais todos nós nos apresentamos são, sempre, formas inventadas e sancionadas por circunstâncias culturais. De acordo com a autora,

> [...] é imprescindível admitir que os corpos são o que são apenas na cultura. A linguagem, os signos, as convenções e as tecnologias usadas para referi-los são dispositivos da cultura. E se o corpo "fala", o faz através de uma série de códigos, de adornos, de cheiros, de comportamentos e de gestos que só podem ser "lidos", ou seja, significados no contexto de uma dada cultura (Louro, 2010, p. 19).

Afirmamos, então, que os corpos são considerados, de alguma maneira, pelas narrativas hegemônicas de controle, como "lugares pré-definidos", rotulados, marcados a partir da exterioridade do olhar e do dizer do outro. Eles são nomeados e discriminados conforme se ajustem, ou não, às normas e regras de sua cultura. É necessário "admitir que as fronteiras vêm sendo constantemente atravessadas e – o que é ainda mais complicado – que o lugar social no qual alguns sujeitos vivem é exatamente a fronteira" (Louro, 2004, p. 28). Os corpos, por isso, são feitos, inventados, construídos, redefinidos, manipulados, de acordo com o que se diz ao sujeito, sobre o sujeito, para o sujeito (Louro, 2011).

Vejamos o perfil a seguir do usuário Tunnyr (43 anos):

Figura 11 – *Interface* do Grindr (Perfil Tunnyr)

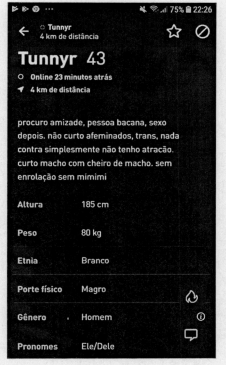

Fonte: *print screen* do aplicativo no sistema operacional Android

Thiago: *Vi no seu perfil que você não curte homens afeminados nem pessoas trans. Poderia me dizer por quê?*

Tunnyr: *Cara, vou te dizer, eu odeio homem com esses jeitos de mulher. Se é gay, pelo menos que seja gay homem de verdade.*

Thiago: *E para ser "homem de verdade" precisa ter o que?*

Tunnyr: *É agir como um! Kkkkk! Não usar essas maquiagens, ter essas sobrancelhas finas, esses cabelo todo pomposo. Sai fora! Se vista como macho, fale como macho! Tenha jeito de macho!*

Thiago: *E pra você, mulher então deve ser afeminada? Ou seja, não pode ter traços masculinos?*

Tunnyr: *Claro que não né cara! Mulher tem que ser mulher. Aí tem que se parecer com mulher, ser feminina e tal.*

Thiago: *Mas, então, o que te atrai mais? Homens masculinos com barba, por exemplo, ou mulheres femininas com maquiagens?*

Tunnyr: Os dois né cara, curto tudo. Tem um buraco tô aceitando. Kkkkk.

Thiago: Então não teria problema ser um homem com maquiagem e uma mulher com barba, ou seja, a junção das duas figuras que você descreveu?

Tunnyr: Aff mano. Claro que não! Cada um no seu lugar cara. Homem tem que ser macho e mulher tem que ser feminina, não essas caminhoneiras.

Na fala de Tunnyr, notamos que as pistas indexicais apontam para uma rejeição dos corpos que se aproximem de performances ligadas convencionalmente ao feminino, afirmando não gostar de "homem que tenha jeito de mulher" e de um sujeito "mulher que tenha jeito de homem". Apesar de se autodeclarar bissexual, ou seja, manter relações sexuais com homens e mulheres, para ele, as divisões binárias dos gêneros devem manter uma fronteira bem delimitada.

Essa concepção, para Butler (2003), está relacionada não apenas à crença de que o masculino e o feminino são categorias naturais dadas *a priori*, como afirmado, mas também ao fato de se construir, historicamente, uma visão dualista da natureza: dia/noite, sol/lua, frio/calor, água/fogo, macho/fêmea. Como sujeitos culturalmente constituídos, passamos a vislumbrar a divisão entre masculino e feminino como algo fixo, natural, indiscutível e repleto de verdades inquestionáveis, um edifício finalizado (Laqueur, 2001).

A necessidade de diferenciar homens e mulheres, para Laqueur (2001), foi uma preocupação dos iluministas do século XVIII, que acabou influenciando a forma como as ciências conceberam e interpretaram as questões relacionadas ao sexo. Mas, ao contrário do que pensamos,

> [...] não foi o estabelecimento da diferença dos sexos que condicionou o lugar social, moral e psicológico da mulher; foi a discussão de seu novo estatuto social que deu origem à diferença de sexos como a conhecemos. A formação da nova imagem da mulher nos séculos XVIII, e sobretudo XIX, trouxe à tona a rediscussão da diferença de gêneros. Desta rediscussão surgiu a ideia da diferença de sexos entendida como bissexualidade original e não como hierarquização de funções de um só sexo fisio-anatômico (Costa, 1995, p. 104).

A divisão dos sujeitos em homens e mulheres, masculino e feminino, homossexualidade e heterossexualidade, cisgeneridade e transgeneridade, era categoricamente impossível e, em termos sociais, impensável anteriormente à diferenciação dos sexos (Laqueur, 2001). Assim, ocorre a invenção da categoria homossexualidade e heterossexualidade como uma consequência político-teórica das normas impostas à feminilidade do sujeito mulher e à masculinidade do sujeito homem no *two-sex model* (Costa, 1995).

Quando Tunnyr afirma: "Cada um no seu lugar cara. Homem tem que ser macho e mulher tem que ser feminina, não essas caminhoneiras", percebemos a estereotípica visão dualista e binária dos gêneros ("Tenha jeito de macho!"/"Mulher tem que ser mulher"), como se os corpos fossem dados aos sujeitos antes mesmo do nascimento. No entanto, como já afirmado, presenciamos uma maior visibilidade, sobretudo midiática, de sujeitos com corpos "fluidos" (Preciado, 2008), os quais não conseguem ou não querem manter a forma corporal "natural", aquela que lhe "foi imposta ao sair do útero" (ou antes mesmo, com o ultrassom médico ou o famoso "chá de revelação" do sexo do bebê).

Sendo assim, essas mudanças provocadas pela mobilidade dinâmica das performances de gênero causam estranhamento, o que pode fazer com que haja forte resistência na aceitação social, tanto médica quanto jurídica, das performances *queerizadas* (Colling, 2020). Em uma perspectiva das corporalidades *queer*, "as identidades socialmente prescritas são uma forma de disciplinamento social, de controle, de normalização" (Miskolci, 2016, p. 18).

São esses estranhamentos sociais e, consequentemente, a condição precária a que os corpos estão sujeitados que formatam o vivível e o não vivível, ou "uma distinção entre vidas dignas de serem vividas e vidas que devem ser destruídas" (Butler, 2003, p. 42), colocando a norma como um controle do dito "anormal" a partir da definição de um modelo de normalidade (Souza, 2014), no qual "o normal precisamente é quem é capaz de se conformar a essa norma e o anormal quem não é capaz" (Foucault, 1975, p. 75).

3.4 Quando tamanho é documento: interseccionalidades penianas

O corte do rosto, ou parte dele, nas fotos de perfil do aplicativo Grindr –possivelmente para os usuários não correrem o risco de serem reconhecidos – é um signo que possibilita a elaboração de estratégias, recorrentes no aplicativo, para invisibilizar-se, sendo apenas um entre vários "processos de mascaração" – uma referência à máscara do logotipo do Grindr – utilizados para não sair do armário.

Contudo, ao mesmo tempo que essas faces são ocultadas, mascaradas, prática que Miskolci (2009) define como "regime de controle da sexualidade", outras partes do corpo são apresentadas como forma de exaltação da masculinidade hegemônica, um tipo de medalha a ser mostrada: o abdômen chapado ou os braços musculosos, por exemplo. O corpo dito "sarado", performatizado na figura da barriga tanquinho e dos músculos avantajados, é um marcado de virilidade, sendo associado a elementos relacionados à força física e, também, à potência sexual (Courtine, 2013). Mas nada disso se equipara ao membro corporal mais supervalorizado nas sociedades heteronormativas, o órgão que foi socioculturalmente tomado com um verdadeiro troféu: o pênis.

O pênis é normalmente visto, no ocidente, como o principal membro corporal masculino para obter prazer sexual, independentemente de seu tamanho. No entanto, ele também já foi associado, na antiguidade, à fartura, como o exemplo de Priapo, deus romano da fertilidade, filho de Dioniso e Afrodite, o qual era representado como um homem maduro, mostrando um grande órgão genital (ereto)[86].

Figura 12 – Pintura de Priapo

Fonte: Priapo[87] – IV a.C. – autor desconhecido

---

[86] Priapo é um deus romano cuja característica principal é o enorme falo, face rugosa e expressividade que lembra as máscaras de teatro clássico. A simples e humilde natureza agrária compõem o estilo do deus que, nas poesias, sempre utiliza sua característica como justificativa para seu vocabulário chulo. Para além disso, ele normalmente é representado nas artes desnudo, em imagens que colocam em maior evidência seu órgão sexual (Funari, 2003).

[87] Disponível em: https://pt.wikipedia.org/wiki/Priapo. Acesso em: 12/06/2023.

Por isso, na Antiguidade Clássica, o membro sexual masculino ereto era associado

> [...] à vida, à fecundidade e à sorte. A própria palavra falo, emprestada pelos romanos aos gregos, designava primordialmente, objetos religiosos em forma de pênis, usados no culto de Baco. O falo não apenas afastava o mal como trazia sorte e felicidade. Recorde-se que a palavra latina felicitas, a um só tempo, "felicidade" e "sorte", ambos os sentidos derivados do sentido original de "felix", "fértil" (Funari, 2003, p. 316).

Por mais que se entenda, atualmente, que os prazeres são oriundos de inúmeras relações voluptuárias e incontáveis construções eróticas – já que os desejos não estão ligados apenas a questões físicas e corporais, senão que também às subjetividades de cada sujeito –, o pênis ainda é tomado como a principal zona erógena masculina. Para Bourdieu (2016), existe culturalmente uma lógica *falocêntrica* na formação das relações entre indivíduos cujas masculinidades hegemônicas vinculam-se a atributos fálicos e, simbolicamente, ao próprio pênis, o qual é representado como parte do "corpo socializado" que estabelece vínculos de dominação regidas pela lógica machocêntrica: "a diferença anatômica entre os órgãos sexuais pode assim ser vista como justificativa natural da diferença socialmente construída entre os gêneros" (Bourdieu, 2016, p. 24).

Por esses motivos, o órgão genital (e não o rosto) passa a ser o referencial imagético do indivíduo. Dessa forma, quando alguns usuários do aplicativo se autodenominam "machão", essa performance de "homem-a-vantajado-ativo" é idealizada baseada em informações que envolvem a figura do pênis: tamanho, espessura, cor, grossura, comparações com objetos etc. As conversas eróticas e sexuais, então, passam a ser construídas por meio de reentextualizações desenvolvidas a partir de um regime fálico, isto é, os discursos que envolvem o prazer sexual e o desejo masculino estão sempre ligados à figura do pênis, e às indexicalidades ligadas a ele, como se dele dependesse todo libido e excitação do homem (Miskolci, 2009).

No Grindr, popularizou-se até mesmo um símbolo gráfico específico para designar a figura do pênis grande-avantajado no aplicativo: o *emoji* de berinjela.

Figura 13 – *Interface* do Grindr (Perfil Grindr Beringela)

Fonte: *print screen* do aplicativo no sistema operacional Android

A figura da berinjela associa-se a uma masculinidade possuidora de uma performance viril, a qual possui correspondência na imagem construída em torno do pênis. A berinjela, ainda que fortemente relacionada à enunciação de um órgão sexual avantajado, também funciona como marcador de uma masculinidade normativa, já que o falo serve como elemento central na formação da cis-heteronormatividade, mantendo o binarismo estrutural e essencializado entre o "ativo penetrador másculo" e "passivo penetrado afeminado" (Ruani, 2021). O corpo masculino, por isso, é automaticamente relacionado às performances ligadas a virilidade, grandeza e força.

O signo da berinjela, nesse limiar, reentextualiza não somente o membro sexual grande, mas também os papéis programados dicotomicamente nas relações sexuais entre dois homens (o ativo e o passivo). Além disso, esse *emoji* passa a ser ressignificado quando a pista linguística não verbal "beringela" é usada de maneira associativa ao pênis e aponta que o

ENTRE ARMÁRIOS E FRONTEIRAS
LINGUAGEM, CULTURA, CIBERESPAÇO E PERFORMANCE DAS MASCULINIDADES

falo, embora mantenha destaque, não se refere apenas à prática de penetração durante o ato sexual. Em outras palavras, chamar a atenção para o tamanho do pênis por meio do *emoji* de berinjela no Grindr não se limita a reiterar o modelo heteronormativo dominante: "Ainda que rompida a relação entre tamanho do órgão genital e o papel erótico desempenhado, a genitália masculina e seus significados seguem evocando uma simbiose entre masculinidade, potência sexual e virilidade física" (Ruani, 2021, p. 13).

Um aspecto que nos chama a atenção na Figura 13 é a utilização das bandeiras do Paraguai e do Brasil indexicalizadas no perfil de Solitário (27 anos), entextualizando, no app, que o usuário procura por sexo – sinalização esta afirmada por meio do *emoji* de chama de fogo – com pessoas de ambos os países. Segundo Moita Lopes (2020), "os signos usados no aplicativo são parte da 'cultura' do uso de *emojis*, que são de conhecimento comum internacional de qualquer pessoa que frequenta as redes sociais. [...]. Recursos locais e globais constituem pacotes complexos de indexicalidade" (Moita Lopes, 2020, p. 17).

Nesse sentido, é possível pensarmos em uma interseccionalidade entre os signos que compõem as masculinidades e o ambiente virtual do Grindr e as interações entre seus usuários, já que podemos relacionar, por exemplo, a partir da justaposição dos signos do usuário Solitário (27 anos) – a berinjela, a chama, as bandeiras do Paraguai e do Brasil, além de todas suas descrições físicas: altura, peso, etnia etc. –, em seu perfil, de naturezas muito diferentes, categorias que apontam "para significados diversos para além das projeções escalares disponibilizadas nos discursos que as categorias do próprio aplicativo indexicalizam" (Moita Lopes, 2020, p. 22).

Os múltiplos recursos semióticos mobilizados pelos usuários do Grindr na fronteira indicam intersecções que atravessam, além da etnia, porte físico, gênero, posição sexual, sexualidade, soropositividade etc. (categorias globais do app), os signos correspondentes à nacionalidade, culturas e hábitos regionais. Investigar esses recursos repletos de significados é fundamental para entendermos a formalização da dimensão da interseccionalidade, porque, segundo Moita Lopes (2022),

> O gênero e a sexualidade precisam ser considerados em conjunto com os atravessamentos dos corpos por sentidos de classe social, raça, etnia, religião, idade, nacionalidade etc. Ao interseccionalizar o gênero e a sexualidade com outras dimensões sociais, os significados performatizados são ainda mais desestabilizados. Ao queerizar o sentido de

> raça, desestruturando-o ou colocando-o sob a lente do devir da performatividade [...], elimino qualquer sentido de essencialismo, pureza, especificidade e naturalidade pré-discursiva para os corpos (Moita Lopes, 2022, p. 26).

Tais intersecções estão relacionadas, nesse caso, às *práticas translocais* específicas da região transfronteiriça investigada (como o uso do signo da junção de 2 flechas, uma que vai e outra que vem, para indicar que o usuário está disponível a atravessar a fronteira em busca de sexo, ou a colocação das bandeiras dos países que indicam a localidade do sujeito cujo usuário quer ter relação).

A *translocalidade* (Blommaert, 2010) pode ser entendida como um processo simultâneo que marca a esfera micro e macro de maneira relacional (translocal) e em práticas discursivas situadas no aqui e agora, espaço-temporal. Essa abordagem nos possibilita entender os processos de construção de contextos híbridos em relação à produção de subjetividades na contemporaneidade, inclusive as diversas possibilidade de atravessamentos de fronteiras geográficas, de maneira legal ou ilegal.

As práticas translocais, sejam elas de um bairro a outro, de uma cidade a outra ou, como no contexto aqui abordado, de um país a outro, enfatiza as dinâmicas interacionais emergentes (Moita Lopes, 2020), que são sempre parcialmente globais e locais – *glocais* (Canclini, 1995) –, ao mesmo tempo,

> [...] pois são fruto de um ato, de uma interação, que resulta de noções almejadas e experiências já vividas. Há uma noção de tempo e espaço importantes nesse processo, pois repertórios culturais e sociais diferentes, no tempo e no espaço, são mobilizados nas práticas sociais vividas (Senna, 2020, p. 56).

Desse modo, o uso das bandeiras dos países que compõem a Tríplice Fronteira do Iguaçu serve a propósitos translocais que são indexicalizados nas performances dos usuários do Grindr nessa região, indicando como eles transitam por diferentes espaços-tempos e também por ideologias linguísticas[88], as quais podem ser invocadas como uma forma de confrontar os limites transfronteiriços, por estarem inseridos em um contexto de fluxos e trânsitos contínuos.

---

[88] De acordo com Moita Lopes (2020), "ideologias linguísticas" são as intersecções entre linguagens e organização social, pois não tratam exclusivamente de línguas e suas composições estruturais, mas estão antes interseccionadas com noções como as performances, estética, moral e as práticas sociais. As ideologias linguísticas, por meio dessas interações, assinalam formas linguísticas de uso e também a noção de sujeito, indivíduo de um grupo, bem como instituições sociais fundamentais para a atividade humana. Para Camargo, (2019), essa abordagem colabora para descontruirmos noções como "língua" e "comunidade" e, conforme as aplicações dos enunciados, noções como etnicidade, nacionalidade, religião, sexualidade etc.

Figura 14 – *Interface* do Grindr (Perfil GP Dot 21cm e Thiago 23cm)

Fonte: *print screen* do aplicativo no sistema operacional Android

Ao observarmos, ademais, os perfis da Figura 14, percebemos que tanto o usuário Thiago 23cm quanto GP Dot 21cm optam por enfatizar em seus perfis as medidas exatas de seus membros sexuais. GP Dot 21cm não faz questão de escancarar seu peitoral sarado e sua barriga tanquinho para, muito provavelmente, atingir seu objetivo: conseguir clientes para fazer programa. Normalmente, na comunidade LGBTQIAPN+, a sigla GP é usada no aplicativo como abreviação de "garoto de programa", ou profissional do sexo.

Já "Dot" é abreviação de "dotado", uma pista linguística que caracteriza na totalidade desses perfis uma pessoa com pênis grande, usualmente em comprimento e perímetro. Em ambos os perfis, os usuários querem chamar a atenção para o fato de possuírem membro peniano avantajado, o que significa que as corporeidades, suas medidas, normas e estéticas sociais instauradas, são fatores tomados como positivos nesses perfis (Medeiros, 2018).

Como não é autorizada pelos aplicativos de relacionamentos a exibição de fotos do pênis, é a metragem que cumpre a função de chamar a atenção dos usuários que buscam prazer sexual, ou seja, o tamanho avantajado do pênis aparece nos perfis dos apps como garantia de realização sexual. Pistas indexicais como "dotado", "grande", "grosso", "pauzão", "cavalo", "cacetudo", "cacetão", "pirocudo", "pirocão", "picão", "varão", "avantajado", "caralhão", "rolona", "rolão", "roludo", entre outras, apontam, discursivamente, para o que o Bourdieu (2016) definiu como estratégias linguísticas (e por isso simbólicas) da dominação masculina, as quais legitimam a figura do homem--masculino-heterossexual-penetrador, detentor do falo e poder viril, um falo simbólico.

Para Bourdieu (2016), não é o signo falo (ou a falta dele), em si, o fundamento da visão de mundo androcêntrica, isto é, tendência de colocar o masculino como sendo o único paradigma de representação coletiva, estando ele acima de todos os outros; mas é a visão de mundo que, estando organizada segundo a divisão em gêneros excludentes, masculino e feminino, pode instituir o falo, constituído simbolicamente no pilar da virilidade, ponto de honra caracteristicamente masculino, instituindo "a diferença entre os corpos biológicos em fundamentos objetivos da diferença entre os sexos, no sentido de gênero, construídos como duas essências sociais hierarquizadas" (Bourdieu, 2002, p. 43).

Derrida (2001), também discorrendo sobre a criação cultural da hierarquia dos gêneros e superando a conceituação de "falo" desenvolvida teoricamente por Lacan (1998)[89], como significante primordial na organização do complexo de Édipo freudiano, propõe que a noção de falo é própria da ordem masculina. Por isso, o autor cunha o termo "falogocentrismo", entextualizando a noção de logocentrismo (a lógica de uma única verdade universal na tradição ocidental, especificamente o "logos paterno") com a ideia de falo como objeto privilegiado no corpo, no caso o corpo masculino.

Resulta-se, assim, para Derrida, que os discursos ocidentais são entendidos como uma fonte fidedigna de construção do sentido, fazendo com que nada exista fora da linguagem. Portanto, não há nada fora do texto, não há nada nem ninguém que possa fixar o sentido de um texto para além do próprio texto (Moita Lopes, 2020).

---

[89] Para Lacan (1998), ordem simbólica dos papéis sociais de gênero, estruturada por meio de representações baseadas na linguagem, regula o sexo, criando suas diferentes posições, a masculina e a feminina, a partir de um significante *fálico*. A formação da identidade sexual depende, nesse sentido, da submissão à castração simbólica. A distinção sexual se daria, então, a partir da instauração do falo como significante primordial, como representante da falta produzida pela castração. "Ser-homem" significa, linguisticamente, "ter o falo", não propriamente o pênis, mas todo seu símbolo cultural. A definição dos gêneros, portanto, a partir do falo, seria a criação do enquadramento das normas da heterossexualidade pautadas no falocentrismo.

Os discursos construídos por Thiago23cm36 e GP Dot 21cm entextualizam situações que buscam transformá-los em portadores de masculinidades estritamente ligadas à virilidade e à varonilidade, pois partem de uma cadeia de indexicalidade adjetivas que tentam posicioná-los nas masculinidades hegemônicas. Essa centralidade falocêntrica, em associação ao predomínio dos corpos hiperviris, é o que permite, entre os usuários, o compartilhamento de fotos íntimas proibidas em seus perfis abertos (o que popularmente é chamado de *nudes* no aplicativo).

Ao observar o perfil do usuário GP Dot 21cm, decidi abrir uma conversa com ele e perguntar se aceitaria me dar uma entrevista *online*. Primeiramente ele hesitou e disse que não estava interessado, mas se eu estivesse procurando por sexo, ele poderia me ajudar, afirmou debochadamente. Perguntou, depois, se era algum tipo de brincadeira, se eu estava com aquele perfil apenas para "chamar a atenção" ou ter práticas sexuais com ele "sem pagar". Afirmei que "não", inclusive ele poderia acessar meu perfil das redes sociais ou Currículo Lattes caso quisesse confirmar a validação a respeito da minha pesquisa.

Após perceber que não era uma "brincadeira" minha, ele aceitou participar, mas sob uma condição: ele queria me conceder a entrevista *offline*, pessoalmente, pois ele cobraria para isso, o valor de um programa, 150,00 reais a hora. Aceitei a condição e marcamos um encontro em um café da fronteira, às 16h de uma sexta-feira.

No dia do encontro, GP Dot 21cm apresentou-se com o seu nome verdadeiro, mas que, por questões éticas, não revelarei aqui; continuarei apenas me referindo a ele com o seu nome do perfil do Grindr. Nossa conversa acabou durando cerca de duas horas, mas, ao final, ele não me cobrou. Disse apenas que se eu precisasse dele para qualquer coisa, era só eu ligar. Afirmou, também, que trabalhava como motorista de Uber nas horas vagas e que, quando eu ou algum conhecido meu quisesse atravessar do Brasil para o Paraguai ou Argentina, ele fazia esse tipo de travessia[90], "tudo no sigilo", segundo ele.

Na entrevista, ele se autodeclarou "profissional do sexo" e "gay versátil" (passivo e ativo), não aceitando fazer programas com mulheres. Relatou

---

[90] Devo ressaltar aqui que essa travessia é legalmente proibida, já que os motoristas do aplicativo Uber não são autorizados a atravessar as fronteiras internacionais no Brasil, isso porque, além de outros motivos, o seguro da empresa não cobre esse tipo de viagem. Acontece que essas travessias na região, mesmo assim, são muito comuns, pois alguns motoristas do aplicativo combinam o dia e o horário com os clientes via WhatsApp, não acessando a plataforma para isso.

viver no Brasil, atravessando a Ponte da Amizade todos os dias, pela manhã, porque estuda medicina em Ciudad del Este, estando já no 6.º período do curso. Disse não ser da fronteira, só veio morar em Foz do Iguaçu para estudar no Paraguai.

Já que seu acesso no Grindr cobre uma enorme área para a aplicação de sua geolocalização por conta de andar muito de carro, tanto fazendo corridas de aplicativo como marcando encontros sexuais na região, afirmou ter muitos clientes. Sua família não sabe que é garoto de programa e, segundo ele, diz aos pais que trabalha apenas como "motorista de aplicativo" para se sustentar aqui na fronteira.

Depois de nossa entrevista *offline*, ainda mantive contato com GP Dot 21cm por alguns meses, via WhatsApp, antes de ele desistir no curso de medicina e voltar a morar na cidade onde nasceu, região norte do Brasil. Transcrevo abaixo parte da conversa que tivemos:

> **Thiago:** *Já te contrataram para sexo do outro lado da fronteira?*
>
> **GP Dot 21cm:** *Às vezes eu vou pra lá, pro Paraguai, mas é bem mais comum eles me procurarem e virem pra cá [Brasil]. Às vezes eu chego lá e pode ser fake, muito gasto pra mim ir até lá. Só pra ir pra lá de mototáxi eu gasto uns quarenta reais.*
>
> **Thiago:** *E por que você acha que os paraguaios te procuram?*
>
> **GP Dot 21cm:** *Pode falar tudo? [risos]*
>
> **Thiago:** Sim
>
> **GP Dot 21cm:** *Paraguaio tem pinto pequeno. Brasileiro tem mais pegada. Todo mundo fala que paraguaio não sabe transar. Na real, eles gostam de pauzão, por isso eles me procuram e pagam o que for. Sem falar que muitos caras são casados com mulheres, né? Então imagina. Eles têm que se reservar e não dá muita pinta pelo Paraguai.*

Aqui vale ressaltar a interseção produzida na performance construída por GP Dot 21cm a respeito dos atravessamentos do seu corpo e sexualidade com sua nacionalidade, e também a do outro, dos paraguaios, nesse caso. A produção dos sentidos envolve aspectos que se mobilizam para produzir os contextos enunciativos, isto é, conforme apontam para discursos, criam performances no espaço-tempo produzindo efeitos de sentidos.

As narrativas do usuário do Grindr, nesse ponto, envolvem questões da construção de uma corporalidade masculina interpeladas interseccionalmente por meio das noções de marcadores do corpo do outro, como quando ele usa os atos performativos contrastivos "Paraguaio tem pinto pequeno"/"Paraguaio não sabe transar" (ele) e "Brasileiro tem mais pegada" (eu).

Em consonância com as pistas linguísticas do usuário GP Dot 21cm, por meio de um efeito de linguagem contrastivo (ele-eu/eu-outro), a conversa a seguir aponta para discursos negativos que desprezam os paraguaios, utilizando, mais uma vez, o pênis como parâmetro para esse julgamento depreciativo:

> **Thiago:** *Você já foi em busca de sexo do outro lado da fronteira para não se expor aqui no Brasil?*
>
> **Discreto,HxH:** *Não, porque tenho local. Mas já vieram argentinos aqui atrás de mim!*
>
> **Thiago:** *Mas, se eles podem procurar parceiros lá mesmo, você acha que eles vêm até aqui por quê?*
>
> **Discreto,HxH:** *Pra sexo, né, cara! Óbvio. Estamos do lado de cde [Ciudad del Este], o raio do app pega de boa os países vizinhos*
>
> **Thiago:** *E já saiu com muitos paraguaios?*
>
> **Discreto,HxH:** *Nunca, credo! Eles são muito porcos e nojentos.*
>
> **Thiago:** *Por que acha isso?*
>
> **Discreto,HxH:** *Te garanto que do outro lado não tem nada que preste. Só fake escroto.*

Ao analisarmos o excerto supra, outra vez nos chama a atenção a performance linguística construída a partir de sentidos que subalternizam os paraguaios. Os enunciados "Eles são muito porcos e nojentos" e "do outro lado [da fronteira] não tem nada que preste" entextualizam elementos que animalizam os sujeitos discursivamente construídos pelo enunciador. Por conta de entextualizações como essas, os paraguaios são comumente alvo de avaliações pejorativas.

É fato que, doravante na Tríplice Fronteira do Iguaçu, os paraguaios são representados pela mídia e no imaginário popular como sujeitos sem higiene, atrasados e involuídos (Melo, 2014). Além disso, também acabam sendo rotulados como "índios"/"indígenas", em sentido reentextualizador (e colonizador) de depreciá-los e considerá-los "selvagens e aculturados", uma visão seiscentista eurocêntrica que perpassou séculos e que, ainda, perdura na memória coletiva por meio de processos colonizadores políticos, raciais, étnicos, linguísticos etc. (Poutignat; Streiff-Fenart, 2011). Vale lembrar que o Paraguai tem o guarani como uma de suas línguas oficiais e, talvez por isso, essa língua de origem indígena sirva como parâmetro para os julgamentos sociais e culturais do país (Pires-Santos, 2012).

Além disso, é muito comum presenciarmos na fronteira performances discursivas que representam os paraguaios como *campesinos*, termo comumente utilizado para se referir aos pequenos produtores agrícolas que praticam a agricultura baseada no trabalho familiar e orientada, sobretudo, pelo autoconsumo. Possuem a mesma estrutura social que os conhecidos "sem-terras" no Brasil, ou seja, sujeitos popularmente atacados pela extrema direita e acusados de "ladrões de terras". Os discursos construídos acerca dos campesinos, na região, são quase sempre negativos e pejorativos, visto que não possuem territórios/lares fixos e são rotulados como nômades. Dessa forma, para Albuquerque (2005), os paraguaios são vistos como "pessoas atrasadas do mapa-múndi" (p. 97).

Evidencia-se, assim, nas performances narrativas de GP Dot 21cm e de Discreto,HxH, construções de subjetividades nas quais a xenofobia, a cis-heteronormatividade e o falocentrismo marcam os discursos do sujeito por meio da entextualização, já que é muito comum escutarmos na região da tríplice fronteira enunciados de depreciação e desprezo acerca dos paraguaios e do Paraguai, especificamente a respeito de Ciudad del Este, a cidade mais comercial do país.

O comércio da cidade vizinha está presente de distintas formas, em todos os lugares: shoppings estabelecidos, nas calçadas, nos becos da cidade, acolhendo compradores oriundos de diversos países da América Latina e do mundo (Pereira; Costa, 2007).

> Ciudad del Este, transformada em um grande shopping aberto, cujos proprietários são, na grande maioria, coreanos, japoneses, chineses, alguns brasileiros e poucos paraguaios, tornou-se um ícone de corrupção, de produtos falsificados, de contrabando, de descaminhos e demais qualidades depreciativas que foram estendidas a todo o Paraguai. Neste entreposto de produtos de origem e qualidade discutível, muitos compristas, chamados de "sacoleiros" ou "muambeiros"[91], chegam em comboios e muito apressadamente fazem suas compras por causa dos preços atrativos das mercadorias e

---

[91] Os "sacoleiros", também conhecidos de "muambeiros" ou "laranjas", são trabalhadores que fazem a intermediação das relações comerciais entre os empresários que trabalham no Paraguai e os pontos de venda e distribuição das mercadorias. Normalmente esses trabalhadores são atravessadores e distribuidores de mercadorias paraguaias que são vendidas no Brasil e podem atuar de forma autônoma ou para um ou vários patrões (Cardin, 2011).

> rapidamente retornam às suas cidades de origem, normalmente para vender os produtos. Assim, o cuidado com a higiene e limpeza da cidade que os recebe praticamente inexiste, causando um aspecto muito ruim de Ciudad del Este. O Paraguai, é preciso que se diga, é erroneamente visto como um local onde se produz material de baixa qualidade, visto que os produtos eletrônicos, perfumes etc. são importados da Coréia, China, Taiwan, entre outros; no entanto, a imagem já está fixada e não se faz nenhum esforço para se mudar (Pereira; Costa, 2007, p. 196).

Desse modo, podemos afirmar que a interseccionalidade opera com base nas várias interações de categorias "identitárias" como sexualidade, raça, etnia, gênero, nacionalidade etc., predizendo posicionamentos sociais. Em outras palavras, seria dizer que os corpos "valem mais, ou menos" de acordo com suas posições sociais de classe, prefiguração de gênero e orientação sexual. Significa dizer também, por isso, que os órgãos sexuais "valem mais, ou menos" segundo suas categorias interseccionais. O pênis paraguaio, nesse sentido, tem menor valor no mercado sexual da fronteira, e, para os critérios de elaboração do valor desta "mercadoria", utiliza-se o imaginário social elaborado por meio da entextualização-descontextualização-reentextualização dos sentidos construídos no processo colonizador dos corpos, processo que, segundo Mignolo (2008), faz parte de um projeto muito maior de submissão cultural.

Essas classificações articuladas entre si interseccionam situacionalidades, podendo agir essencializando, subalternizando ou excluindo sujeitos e grupos sociais. Não há como negar, nesse sentido, que nossas vidas sociais estão a todo momento sendo interseccionalizadas em hibridações performatizadas. Como dito anteriormente, e entextualizado na fala de GP Dot 21cm, o tamanho do pênis se torna um elemento importante na maioria das buscas afetivo-sexuais de homens que se relacionam com outros homens. Isso é enfatizado por ele ao afirmar que os paraguaios atravessam a fronteira para procurá-lo para sexo, sob a alegação de que eles "têm pinto pequeno" e que "não sabem transar". Ou seja, criou-se a ideia de que um pênis grande sempre resultará em mais prazer para os parceiros sexuais, colocando a ênfase do desejo na penetração, ignorando outras formas de dar e sentir prazer. Homens com pênis pequeno, portanto, são vistos como "menos homens", "menos viris" e "menos capazes" de dar prazer, o que, muitas vezes, resulta em problemas de autoestima, depressão e ódio ao corpo (Master; Johnson, 1984). Segundo Paranhos (2019),

> O "pinto pequeno", no senso comum contemporâneo, figura-se em um exemplo da depreciação masculina, trazendo todo o estigma relacionado ao homem tido como "inferior", de masculinidade/virilidade questionável, já que o pênis grande se consagrou como a expressão máxima da masculinidade/virilidade ocidental. [...]. Na nossa cultura, o pênis está diretamente associado à inscrição de um corpo generificado como masculino, em um domínio totalmente sexuado. O erotismo masculino é centralizado, definitivamente, no pênis, enquanto um instrumento de status, vitória e prestígio. Simbolicamente, o pênis é apresentado nos aplicativos de relacionamento como um objeto de consumo, que necessita ser "penetrante", "potente", "forte" e, muitas vezes, em imagens que o apresente enquanto "ereto", "longo", "comprido", "grosso", "dotado", enquanto credenciais necessárias para a correspondência com a masculinidade hegemônica. O pênis, quando ereto, se torna o símbolo central, no qual os atributos da masculinidade convergem, enquanto uma representação simbólica e física da virilidade, do "ser homem" (Paranhos, 2019, p. 188).

O tamanho do pênis, assim, acaba por reentextualizar e reforçar o estereótipo de que "tamanho é documento" e, consequentemente, quanto maior seu volume, maior o símbolo de poder. Esse órgão instaura-se, então, como elemento de corporeidade relevante nas performances de si, seu comprimento e circunferência servem como base para o status de maior ou menos penetrador. São as medidas penianas que constroem o imaginário popular de força e virilidade masculina e, por isso, é quase unânime, nos perfis dos aplicativos de relacionamentos, a requisição e a exposição de medidas penianas superiores a 18 centímetros. Como não são permitidas fotos que mostrem partes íntimas, a metragem de tal membro serve como parâmetro de hierarquia da masculinidade.

Para Master e Johnson (1984),

> [...] cristalizou-se a ideia de que quanto maior é o pênis mais eficiente é o homem em uma conexão coital. O tamanho do órgão sexual masculino, tanto no estado flácido quanto no ereto, tem sido considerado como capaz de refletir a bravura sexual do indivíduo masculino (Master; Johnson, 1984, p. 158).

Entretanto, devemos lembrar que nem sempre o tamanho avantajado do pênis foi sinônimo de masculinidade, virilidade e força. Basta analisamos algumas esculturas greco-romanas para percebermos que, por mais que os gregos antigos fetichizassem o corpo masculino em esculturas que representam homens cheios de músculos (por isso, quase sempre a representação do corpo nu), o pênis, quando não coberto por panos, era sempre esculpido de forma pequena, dando a impressão de que seu tamanho não correspondia simetricamente com os corpos maciços de personalidades míticas fortes (heróis, deuses e semideuses) que eles representam.

Figura 15 – Esculturas masculinas

(Hércules Farnésio, IV a. C. – autor desconhecido; Laocoonte, 68 a. C. – Agesandro, Atenodoro e Polidoro; Davi, 1504 – Michelangelo Buonarroti).
Fonte: Google Imagens[92]

De acordo com Chrystal (2016), na arte clássica da Antiga Grécia, retomada depois pelos renascentistas europeus do século XVI, as características corporais de um grande homem eram representadas como amplas, firmes e musculares, porém os pênis dos ilustres homens eram representados como minúsculos, isso porque a beleza estética do órgão masculino estava ligada à inteligência, ou seja, o pênis pequeno era sinal de sabedoria, modéstia, racionalidade e autocontrole, para os gregos.

Os pênis grandes, pelo contrário, simbolizavam homens tolos, frequentemente associados a características animalescas, seres bárbaros, brutos, irracionais e grotescos. Homens com pênis avantajado, então, eram associados a animais que prezavam pela libertinagem e a obscenidade ao invés

---

[92] Disponível em: https://segredosdomundo.r7.com/estatuas-gregas/googlevignette. Acesso em: 13/06/2023.

da inteligência, por isso, nas comédias teatrais, os homens idiotas tinham sempre membros gigantes, pois isso era um "sinal da estupidez, mais uma besta do que um homem" (Chrystal, 2016, p. 147).

Os gregos denominados luxuriosos e depravados, segundo o autor, eram descritos com órgãos genitais grandes e eretos (isto é, já em posição para o ato sexual, o que os desassociavam do ato de pensar), às vezes quase tão grandes quanto seus torsos; tanto que, na mitologia clássica, esses "homens com grande pênis" eram associados a criaturas bárbaras, parte homem, parte-animal, e isso era uma característica menosprezada, digna de ofensa, pela alta sociedade grega: "Os grandes pênis eram vulgares e fora da norma cultural, algo exibido pelos bárbaros do mundo" (Chrystal, 2016, p. 147).

Dessa forma, é importante ressaltar que

> A masculinidade não é uma propriedade de algum tipo de essência, nem mítica, tampouco biológica. Elas variam de cultura a cultura, variam em qualquer cultura no transcorrer de um certo período de tempo, variam em qualquer cultura através de um conjunto de outras variáveis, ou lugares potenciais de identidade e variam no decorrer da vida de qualquer homem individual (Kimmel, 1998, p. 105).

Historicamente, segundo Master e Johnson (1984), não houve apenas um acontecimento definitivo e específico que tenha transformado os sentidos e significados das masculinidades ligadas ao tamanho do pênis no Ocidente, pois as noções de genitálias, sejam elas quais forem, sempre foram fluídas e multifacetadas. Devemos lembrar, no entanto, que com o advento das tecnologias, sobretudo as audiovisuais e digitais, o pênis avantajado passou a simbolizar sinônimo de masculinidade viril, um poder simbólico inserido na lógica "quanto maior, melhor".

Na indústria da pornografia, por exemplo, como veremos no próximo capítulo, predomina a ideia de grandeza, prazer e potência ligada ao tamanho do pênis (e à cor da vulva feminina, no caso "quanto mais clara, melhor"). Será a pornografia, portanto, impulsionada pela conhecida Era da Playboy, a qual Preciado (2014) denomina de *pornotopia,* que unirá os laços entre performances masculinas (e masculinizadas), performances heteronormativas e práticas sexuais falocêntricas.

O pênis, assim, não se tornou apenas o status quo do homem e sua garantia de superioridade a qualquer outra espécie do planeta, mas passou ao estado de *maximum symbol* de toda criação que a linguagem foi capaz de nomear. Mais que isso, ele passou do público – como na Grécia Antiga quando foi ligado ao prazer – ao privado – como na Idade Média quando foi ligado ao pecado – e, logo depois, com as atuais tecnologias e os prazeres virtuais, ao público outra vez (Preciado, 2014).

As redes virtuais, portanto, permitiram que cada usuário da *web* se tornasse um potencial produtor mercadológico, transformando o pênis – e, obviamente, o corpo como um todo – em um disputado produto de venda, guiado pela lógica liberal capitalista (Illouz, 2011). Além disso, as redes possibilitaram a ampliação das dimensões temporais e espaciais de criação de conteúdo, fazendo com que as práticas midiáticas ficassem totalmente imbricadas às práticas cotidianas (Medeiros, 2021). A internet, dessa forma, passou a integrar uma "sociedade em rede" (Castells, 2011), cujas relações, majoritariamente, passaram a ser vivenciadas por meio de tecnologias virtuais e cada vez menos fisicamente.

NA CALADA DA FRONTEIRA: TRAVESSIAS INTERROMPIDAS

Coronavírus: Paraguai fecha Ponte da Amizade, em Foz do Iguaçu.[93]

A pandemia pode apressar o fim dos sacoleiros na Ponte da Amizade.[94]

Fechamento da Ponte da Amizade reduz movimento no comércio de Foz.[95]

Argentina fecha Ponte da Fraternidade com grades de ferro, em Foz do Iguaçu, por causa da Pandemia.[96]

Sem ter o que comer [na pandemia], moradores de Puerto Iguazú cavam para pegar caixas de frango descartadas por órgão sanitário.[97]

As manchetes supra, publicadas em 2020 e 2021, resumem os impactos que a pandemia da Covid-19 causou, e possivelmente ainda causa, em regiões de fronteira, como a Tríplice Fronteira do Iguaçu. Os fronteiriços presenciaram a interrupção repentina de um cotidiano de travessias incessantes, movências que fizeram com que brasileiros, argentinos e paraguaios ficassem "entre fronteiras", "exilados pela pandemia" (como afirmava uma manchete do jornal local na época), já que ninguém podia (com exceção dos caminhões de mercadorias de produtos e insumos essenciais), apesar das inúmeras tentativas, nem ingressar nem retornar ao seu país de origem

---

[93] Disponível em: https://g1.globo.com/pr/oeste-sudoeste/noticia/2020/03/18/coronavirus-paraguai-fecha-ponte-da-amizade-em-foz-do-iguacu.ghtml. Acesso em: 25 fev. 2023.

[94] Disponível em: https://veja.abril.com.br/brasil/a-pandemia-pode-apressar-o-fim-dos-sacoleiros-na-ponte-da-amizade. Acesso em: 25 fev. 2023.

[95] Disponível em: https://www.h2foz.com.br/geral/fechamento-da-ponte-da-amizade-reduz-movimento-no-comercio-de-foz. Acesso em: 25 fev. 2023.

[96] Disponível em: https://g1.globo.com/pr/oeste-sudoeste/noticia/2020/03/29/coronavirus-argentina-fecha-ponte-da-fraternidade-com-grades-de-ferro-em-foz-do-iguacu.ghtml. Acesso em: 25 fev. 2023.

[97] Disponível em: https://g1.globo.com/pr/oeste-sudoeste/noticia/2020/11/20/ sem-ter-o-que-comer-moradores-de-porto-iguacu-cavam-para-pegar-12-mil-caixas-de-frango-descartadas-por-orgasanitario.ghtml. Acesso em: 25 fev. 2023.

por causa do bloqueio instaurado em consenso pelos três estados-nações (Dorfman; Silva, 2020).

O bloqueio acionou a dinâmica da legalidade – e também da ilegalidade – submetendo os sujeitos ao fechamento sem previsão de reabertura das pontes. Surgiu, por isso, a figura do "refugiado sanitário", conceito cunhado para caracterizar a situação em que argentinos e paraguaios, em movimento de retorno a seus países, ficavam provisoriamente retidos entre as fronteiras. Os transfronteiriços que tentavam atravessar as pontes ilegalmente, em caminhões de mercadorias, tornavam-se "imigrantes ilegais" e eram deportados a seus países e acusados de "infração de medida sanitária". Aqueles que buscaram burlar a fiscalização das aduanas terrestres e se arriscavam a cruzar as fronteiras em lanchas ou botes, tanto pelo Rio Paraná como pelo Rio Iguaçu, eram processados por violar a interdição (Dorfman; Silva, 2020).

Figura 16 – Pontes da Tríplice Fronteira do Iguaçu durante a pandemia da Covid-19

PONTE DA AMIZADE
(BRASIL-PARAGUAI)

PONTE DA FRATERNIDADE
(BRASIL-ARGENTINA)

Fonte: Google Imagens[98]

Com a interdição da travessia, o fechamento abrupto das pontes e o início da angustiante espera pela vacina da Covid-19, os comércios, instituições religiosas, escolas e faculdades se viram obrigados a fechar suas portas, causando grandes impactos na vida dos moradores da região da Tríplice Fronteira. Devemos lembrar que a fronteira Brasil-Paraguai pela Ponte da Amizade é a mais movimentada passagem terrestre no Brasil. Em média, mais de 40 mil pedestres e cerca de 500 veículos cruzavam essa fronteira

---

[98] Disponível em: https://www.h2foz.com.br/fronteira/documentario-quarentena-fronteira-paraguai. Acesso em: 26 mar. 2023.

diariamente antes da pandemia. Cerca de 90% desse total eram de brasileiros que iam e voltavam de Ciudad del Este para comprar eletrônicos, perfumes, roupas, bebidas entre outros (Dofman; Silva, 2020), além dos milhares de estudantes de medicina que atravessavam a ponte todos os dias em direção às faculdades particulares do Paraguai (Webber, 2018)[99].

Antes do *lockdown* e do isolamento social, uma intensa fiscalização do fluxo de pessoas e mercadorias marcava o trânsito entre Foz do Iguaçu-Ciudad de Este e Foz do Iguaçu-Puerto Iguazú, mas com controles aduaneiros e migratórios diferentes em cada uma das fronteiras: para passar à Argentina, havia um controle rigoroso por parte da alfândega, entradas e saídas eram cuidadosamente fiscalizadas. Ninguém passava para Puerto Iguazú sem um documento civil e carteira de habilitação do motorista do automóvel, o qual também passava por fiscalização; já no ingresso para o Paraguai, havia um controle de pessoas e de veículos esporádico e menos rigoroso. A verificação de documentos era rara, apesar dos atentos olhares dos agentes aduaneiros com armas na cintura, "performantizando o poder bélico e a defesa do país" (Dofman; Silva, 2020, p. 276).

A interrupção dos trânsitos e o fechamento das fronteiras nos permite refletir sobre como lidamos com o controle dos limites territoriais. De acordo com Silva (2021), as fronteiras podem ser entendidas como um limite fictício, uma demarcação simbólica e significativa, construída pela "arbitrariedade de processos classificatórios instáveis, que jamais se completarão. Essa arbitrariedade tem dois possíveis significados inseparáveis: é contingente (como reificação de uma abstração social) e obrigatória (pelo controle e fiscalização de sujeitos e coisas que a constroem na passagem).

> A experiência de atravessar fronteiras é, na existência subjetiva e coletiva, ao mesmo tempo instituída (pela existência de regras e restrições) e instituinte (pela concepção de contraste na passagem) dos estados-nações. O ato de deslocar-se, independente das motivações das pessoas, é um dos modos pelos quais o pertencimento se realiza, paradoxalmente na travessia de uma país a outro. Mapas estabelecendo limites, demarcando espaços; paisagens e monumentos materializando símbolos das nações; e documentos pessoas, ao vincularem cada um a uma nacionalidade, explicitam indubitavelmente a presença do estado-nação na experiência coletiva e indivi-

---

[99] Estima-se que cerca de 65 mil brasileiros(as) saem anualmente do Brasil para cursar medicina em países vizinhos; aproximadamente 8 mil deles(as) optam por estudar nas faculdades particulares de Ciudad de Este (Webber, 2018).

dual. Essa presença está nas instituições burocráticas desde as mais visíveis, como as encarregadas da segurança nacional e pública, até as que regulam a vida jurídica, econômica, político-ideológica e cultural (Silva, 2021, p. 33).

A criação de fronteiras, como prática espacial, torna-se politicamente necessária para garantir estabilidade, segurança e soberania ao Estado (Haesbaert, 2006), além de contínuos processos e estratégias de fiscalização, ou seja, com a criação simbólica dos estados-nações, houve a preocupação com a delimitação dos espaços de domínio e de exercício da autoridade, reforçando a relação território e poder. O Estado, desse modo, existe enquanto uma população ocupa determinado território e exerce soberania e poder sobre ele, pois o poder é exercido por sujeitos num certo espaço, definido e delimitado por fronteiras historicamente construídas (Raffestin, 1993). Para Raffesttin (1993),

> É essencial compreender que o espaço é anterior ao território. O território se forma a partir do espaço, é o resultado de uma ação conduzida por um ator sintagmático (sujeito que realiza um programa) em qualquer nível. Ao se apropriar de um espaço, concreta ou abstratamente, o ator "territorializa" o espaço. [...]. O território se apoia no espaço, mas não é o espaço. É uma produção a partir do espaço. Ora, a produção, por causa de todas as relações que envolve, se inscreve em um campo de poder (Raffestin, 1993, p. 143).

As zonas de fronteira, por isso, constituem uma área que se destina, simultaneamente, às interpenetrações e às separações entre os países, uma "zona viva camuflada em linha" (Raffestin, 1993), implicando práticas culturais e sociais que justificam a existências das diferentes territorialidades. A construção desse território, segundo Haesbaert (2006), é o resultado do efeito político e cultural sobre a apropriação e valorização simbólica de um grupo em relação ao seu espaço vivido. Em outras palavras, a dimensão simbólica na qual o território se encontra habita um espaço social, organizando-se pela historicidade e geograficidade, quesitos imprescindíveis à territorialidade (Haesbaert, 2006).

Além dos processos geográficos e históricos, um território é constituído, também, por vertentes econômicas, políticas e culturais, por isso não são espaços fixos, bem demarcados e estáveis; eles sofrem processos de instabilidade e hibridização (Canclini, 2011). Os territórios podem ser, assim, palco de confrontos, conflitos, choques, fricções e embates de todos os âmbitos, em todos os níveis e possibilidades, gerando contextos e situações praticamente anárquicas (Haesbaert, 2006).

No entanto, um território não pode ser tomado apenas como um espaço politicamente ocupado e meramente delimitado por fronteiras físicas, como muros, cercas e rios. A noção de território também está ligada ao fato de que ele é construído na esfera do vivido, das práticas ou, como aponta Santos (1993), do "uso" do espaço – mas um uso que se estende bem além do simples valor de utilização, compreendendo também um expressivo valor simbólico.

Essa noção nos permite superar a clássica associação do espaço físico à escala geográfica e lógica estatal, e parte para uma abordagem que propõe o território como um elemento/conceito, um conjunto de significados e ações, dotado de espaço humano e permeado por relações de espaço-poder, ampliando a concepção de poder e controle por meio de sua dimensão simbólica e significativa (Santos, 1993).

Ao relacionarmos essa abordagem à perspectiva dos estudos de gênero e sexualidade, também podemos analisar o corpo como um território, um "corpo-território" concebido por um complexo processo de "territorialização do corpo" (Deleuze; Guattari, 1996), o que nos permite levar o corpo-sujeito para o epicentro dos processos de vigilância por meio de estratégias de fiscalização, ao mesmo tempo em que o sujeito (corporificado), cria maneiras de resistir, já que onde há poder, sempre haverá formas e práticas de resistência (Foucault, 1988).

De acordo com Foucault (1988), pelo fato de o corpo ser uma "matéria subjetiva controlada e vigiada", ele está diretamente mergulhado num campo político e imbricado aos fatores econômicos, por isso,

> [...] as relações de poder têm alcance imediato sobre ele; elas o investem, o marcam, o dirigem, o supliciam, sujeitam-no a trabalhos, obrigam-no a cerimônias, exigem-lhe sinais. Este investimento político do corpo está ligado, segundo relações complexas e reciprocas, à sua utilização econômica; é, numa boa proporção, como força de produção que o corpo é investido por relações de poder e dominação; mas em compensação sua constituição como força de trabalho só é possível se ele está preso num sistema de sujeição [...]; o corpo só se torna força útil se é ao mesmo tempo corpo produtivo e corpo submisso (Foucault, 1988, p. 28).

Desse modo, cria-se uma espécie de "tecnologia política do corpo", muito sutil, a qual inclui inúmeras estratégias e mecanismos que atravessam os corpos agrupando e formando categorias corporais. Foucault, nessa perspectiva, vê o "corpo político" como conjunto dos elementos materiais e de técnicas que "servem de armas, de reforço, de vias de comunicação e de pontos de apoio para as relações de poder e de saber que investem os corpos humanos e os submetem fazendo deles objetos de saber e controle" (Foucault, 1988, p. 30).

O corpo-território, por isso, é também um corpo-fronteiriço, já que, ao territorializar o sujeito, agora um indivíduo-território (Maffesoli, 1996), por meio de práticas de controle e poder, estabelecem-se limites e vigilância sobre seu corpo (Foucault, 1988), e o corpo faz parte de um contínuo processo de materialização do ser-estar no mundo. Corporificar nossas subjetividades, por si só, é materializar nossas vivências, e viver é sempre viver na fronteira (Anzaldúa, 1987).

Por isso, para Quijano (2005), a corporalidade é "o nível decisivo das relações de poder", pois

> [...] o "corpo" é que é usado e consumido no trabalho e, na maior parte do mundo, na pobreza, na fome, na má nutrição, na doença. É o "corpo" o implicado no castigo, na repressão, nas torturas e nos massacres durante as lutas contra os exploradores. Pinochet é um nome do que ocorre aos explorados no seu "corpo" quando são derrotados nessas lutas. Nas relações de gênero, trata-se do "corpo". Na "raça", a referência é ao "corpo", a "cor" presume o "corpo" (Quijano, 2005, p. 126).

Daí a importância de se discutir e resistir à "colonialidade do poder" (Quijano, 2005), estratégia marcada por profundas heranças escravistas, machistas e patriarcais que proliferam até hoje violências de raça, gênero, sexualidade e todas as fronteiras simbólicas construídas sobre essas intersecções. Só a partir dessas discussões é que será possível dar voz e ouvidos aos invisibilizados, aos grupos subalternos e suas formas de ser e saber. É nesta linha de pensamento que reside a ideia de entendermos os territórios como espaços de (r)existência (Haesbaert, 2020).

A colonialidade do poder, para Quijano (2005), abraça todo o contexto da história do colonialismo, e dos povos e corpos colonizados, ao mesmo tempo que revela a continuidade das formas coloniais de dominação após o suposto "fim das colônias". O autor mostrou como se atualizam os processos (suprimidos, assimilados ou ultrapassados) que se originaram ou acentuaram na colonização. Assim, "colonialismo e colonialidade são conceitos diferentes, mas correlacionados: o primeiro aponta para determinados períodos históricos, o segundo revela a lógica subjacente aos empreendimentos coloniais – a matriz colonial do poder" (Pereira, 2015, p. 415).

Estabelecem-se, desse modo, políticas de fronteiras sobre os corpos, medidas de restrições de passagem, confinamento, isolamento, controles disciplinares que Preciado (2020), utilizando a noção de "biopolítica" de Foucault (1988), chamou de "biovigilância", a qual funciona por meio de repressão sob a alegação de proteção e bem-estar dos corpos, como aconteceu inúmeras vezes na história quando surgiram doenças virais. E o novo vírus da Covid-19 provocou incontáveis reconfigurações no cenário global na contemporaneidade em virtude de seu caráter de contágio de alta propagação, bem como a criação de um novo modo de gestão do próprio vírus como forma de soberania para o confinamento (Preciado, 2020).

> A Covid-19 deslocou políticas da fronteira que estivessem a decorrer no território nacional. O corpo, o corpo indivíduo, como espaço de vida e como rede de poder, como centro de produção e consumo de energia, tornou-se o novo território em que as agressivas políticas fronteiriças que temos desenhado e ensaiado por anos agora se expressam na forma de barreira e guerra contra o vírus. A nova fronteira mudou-se para a porta da residência particular. [...]. A nova fronteira é a máscara; o ar que você respira deve ser só seu. A nova fronteira é a sua epiderme, sua pele. Agora as políticas da fronteira são reproduzidas em corpos individuais e as rigorosas medidas de confinamento e imobilização que, como comunidade, aplicamos nos últimos anos a migrantes e refugiados. Por anos, nós os tivemos no limbo, nos centros de retenção. Agora somos nós que vivemos no limbo do centro de retenção de nossas próprias casas (Preciado, 2020, p. 10).

Dessarte, as fronteiras trazidas pela pandemia da Covid-19 desencadearam formas de poder, mas também de resistência, mecanismos de controle, mas também de boicote, estratégias de fiscalização, mas também de adaptação e adequação aos contemporâneos processos de vigilância.

4.1 Travessias virtuais e sexo midiatizado na fronteira

Ao analisarmos os enunciados dos usuários do Grindr em região de fronteira, em tempos de isolamento social provocado pela pandemia, percebemos uma gama de discursos que negociam as práticas sexoafetivas e homoeróticas por meio de performances que legitimam ou deslegitimam as ordens da vigilância sanitária de acordo com os interesses que mais lhes convêm. Enquanto para alguns, o isolamento social era sinônimo de "castração", como afirmou um dos entrevistados, e, por isso, a quarentena não deveria ser "levada a sério", para outros, a recomendação de ficar em casa acabou sendo uma ordem inviolável.

Ao ser indagado por mim sobre estar ou não respeitando o isolamento social e se, mesmo com o *lockdown* total, está saindo de casa em busca de sexo, o usuário Protegido afirmou:

> **Protegido:** *Acho que todos tem que estar de isolamento. Os que se preocupam com sua saúde estão. Eu mesmo só vou me encontrar com um date dias depois da quarentena acabar. Já encontrei uns caras lindos no app, mas eu digo: "só depois da quarentena". Não tem ninguém que vale tanto a pena assim pra fazer eu quebrar o isolamento. Mas nessa fase que estou, é só sexo virtual mesmo, vídeo da internet e fotos.*

Os enunciados de Protegido fazem com que reflitamos a respeito das transformações de nossas práticas e performances sexuais por meio da tecnologia. Isso porque, ao entextualizar a frase "nessa fase que estou, é só sexo virtual mesmo, vídeo da internet e fotos", o usuário performatiza tanto um discurso de respeito às normas do regime sanitário quanto um discurso de desestabilização às normas do regime sexual, já que, ao indexicalizar a pista "sexo virtual", coloca em xeque a tradicional e refutável noção de que para haver relação sexual é necessário que haja pelo menos duas pessoas, e que estas estejam necessariamente juntas, em um mesmo espaço-tempo (Illouz, 2011).

Já que, com a pandemia, não era mais possível fazer a travessia das fronteiras em busca de relacionamentos, a internet fez o papel de intermediadora das práticas sexoafetivas. Por mais que, na época, as pontes estivessem fechadas, as fronteiras fiscalizadas e as passagens interrompidas, não há motivos para a interrupção dos prazeres eróticos, isso porque a internet trouxe o ciberespaço como território simbólico de comunicação, interação e sociabilidade, originando uma humanidade na qual desmoronam-se as fronteiras entre "o sujeito e o objeto, o humano e a máquina, o vivente e o inerte, o natural e o artificial, o biológico e o protético" (Le Breton, 2006, p. 27). As tecnologias unem-se ao corpo dos indivíduos e redefinem a condição humana, ampliando a efemeridade, as plasticidades e a praticidade das experiências do indivíduo pós-moderno (Le Breton, 2006).

A mediação que as tecnologias digitais proporcionaram com o intuito de unir sujeitos geograficamente distantes possibilitou também o encurtamento dos espaços físicos e a aceleração do tempo (Rosa, 2019), uma vez que o desenvolvimento do aplicativo e de suas funcionalidades foi pensado e direcionado para uma realidade móvel nas interações ciberculturais, levando em consideração que, "com a atual fase dos computadores ubíquos, portáteis e móveis, estamos em meio a uma mobilidade ampliada, que potencializa as dimensões físicas e informacionais" (Lemos, 2010, p. 17).

Com a consolidação da internet e da cibercultura, grupos sociais vêm se organizando ágil e dinamicamente, por meio de redes digitais e comunidades virtuais, para produzir e compartilhar inúmeros tipos de conteúdo, fazendo com que o espaço-tempo e as fronteiras geográficas não sejam mais um impedimento para trocar mensagens, acessar informações ou atém mesmo saciar os desejos erótico-sexuais.

Para Illouz (2011), as relações amorosas, sexuais, eróticas e afetivas, na sociedade em rede, estão organizadas por uma estrutura de mercado, ou seja, por uma lógica econômica, sob a égide liberal da "escolha". Percebemos a materialização dessa escolha quando o usuário Protegido afirma que "não tem ninguém que vale tanto a pena assim pra fazer eu quebrar o isolamento" e entextualiza discursos que selecionam e nivelam os motivos pelos quais ele respeitaria ou não as orientações sanitárias em relação à sua segurança, e também a dos outros, mediante pistas linguísticas como "quebrar o isolamento".

Protegido, então, cria performances que são construídas por meio de discursos de cuidado com o outro e autocuidado, utilizando pistas linguísticas como "isolamento", "saúde" e "quarentena" para sinalizar, provavelmente, respeito às normas de vigilância social. Até mesmo quando ele faz a reentextualização do enunciado "só depois da quarentena", proferida por ele nas conversas com outros usuários, referente à busca e à prática sexual, percebemos a tentativa de enfatizar a sua preocupação com as normas.

As novas práticas sexuais, assim, direcionam-se não mais à concepção dualista e polarizada de sexo público e privado, bem como outras noções de sexualidade, criadas pelo homem europeu burguês oitocentista, que definiam o que poderia pertencer ao âmbito do visível e aquilo que deveria permanecer no âmago do secreto (Foucault, 1988), mas, hoje, tais práticas parecem desterritorializar o corpo, com todas as suas percepções de corporalidade e subjetividade, partindo à concepção de um homem simbiótico, biológico e tecnológico ao mesmo tempo (Lemos, 2010).

Segundo Lemos (2010), o homem simbiótico é aquele conectado biologicamente às redes virtuais do ciberespaço, em um contexto em que os usos das mídias digitais transformam a todo instante nosso cotidiano em possibilidades de conexão imediatas no espaço-tempo, uma vez que estamos imersos em um universo de produção e compartilhamento de conteúdo sob o domínio cada vez mais popularizado da linguagem midiática pelo cidadão comum.

Nesse cenário, portanto, as telas de computadores e celulares transformaram-se em "extensões portáteis de nossos corpos" (Haraway, 2000), nos colocando em um estágio da humanidade tecnológica cuja hibridação carne/osso-máquina e superação das limitações físicas e biológicas do humano nos direciona a um pós-humanismo[100]. As práticas sexuais e relacionamentos amorosos se encontram mais dinâmicos, fluidos e democráticos, já que até mesmo dispositivos digitais mediam a busca por namoros, casamentos e sexo sem compromisso (Bauman, 2004).

De acordo com Silva (2017), o sexo privado e restrito ao quarto, na contemporaneidade, abriu suas janelas para a pornografia de revistas ilustradas, livros de contos eróticos, filmes adultos, disque-sexo e, mais recentemente, aplicativos virtuais de relacionamentos, sites de conteúdo pornográfico multimídia e redes sociais na internet de transmissão de vídeos ao vivo com fins sexuais, como a crescente plataforma digital OnlyFans[101].

Essas novas plataformas digitais, segundo Pelúcio (2016), têm contribuído para configurar outra geografia dos e para os encontros, assim como

---

[100] Em seu ensaio *A antropologia do ciborgue: as vertigens do pós-humano* (2000), Donna Haraway traz uma nova concepção de marca ao corpo humano, o pós-humano, tomando este como parte de um circuito complexo, em que o humano e inumano (vulgarmente dito homem-máquina) operam em sincronia. Os corpos contemporâneos encontram-se "borrados" pela tecnologia, por isso a condição pós-humana refere-se à natureza da virtualidade, da vida inorgânica, ciborgues, incorporando biologia, engenharia e sistemas de informação em um só corpo.

[101] Durante a pandemia, alguns aplicativos ganharam hipervisibilidade por causa, sobretudo do maior tempo ocioso das pessoas nesse período e pela necessidade de se reinventarem a fim de alcançar uma forma alternativa de renda. O OnlyFans, criado em 2016 no Reino Unido, foi um desses aplicativos, cuja proposta é conectar criadores de conteúdo digital e fãs por meio de vídeos, fotos e textos, quase sempre de cunho erótico e/ou sexual, que são vendidos na própria plataforma. Passou de 7,5 milhões de usuários, no início de 2020, para 130 milhões, em agosto de 2021. De acordo com Peres (2022), distingue-se das demais redes sociais por duas razões: a ausência de restrições à postagem de nudez parcial/total e sexo explícito e a possibilidade de ocultação dos perfis até que seja concordado o pagamento de uma taxa mensal de assinatura, que pode chegar até 50 dólares. "Ainda, é possível demandar conteúdo extra e customizado por meio do pagamento de uma gorjeta de até 200 dólares" (Peres, 2022, p. 8).

tende a constituir novas formas subjetivas para se lidar com as emoções, exigindo investimentos emocionais sensíveis:

> O uso intensificado de aplicativos móveis para relacionamentos nos coloca frente a uma das mais sensíveis transformações sociais do presente, incidindo sobre a forma como temos constituído novos horizontes aspiracionais relativos a desejos sexuais e afetivos marcadas por desafiantes negociações sexuais e de gênero, aprendizados tecnológicos. Estes incidem fortemente nas nossas formas de sentir e administrar emoções, além de exigir todo um aprendizado para lidar com modos/etiquetas de comunicação que estão sendo constituídos ao mesmo tempo em que são articulados (Pelúcio, 2016, p. 312).

As mídias digitais, desse modo, moldam as sexualidades a partir de uma "nova economia do desejo" (Miskolci, 2014), a qual se organiza pela sensação de abundância de parceiros potenciais disponíveis em um "catálogo humano" de um "mercado de corpos", o qual implica na busca, escolha, seleção, uso e descarte dos sujeitos imersos nas redes virtuais, ou seja, pode-se adquirir um corpo virtualmente, acessando uma página de vídeos de sexo na internet ou praticando sexo midiatizado por meio da webcam, mas, logo em seguida, "descartá-lo", já que existem tantos outros ainda a serem visualizados, sobretudo aqueles que performatizam posições e discursos das masculinidades hegemônicas (Miskolci, 2014).

Basta dar uma rápida olhada nos perfis do Grindr para encontrarmos dezenas de fotos de abdomens definidos, peitorais musculosos, cenários de academia de musculação, sorrisos brancos, barbas e cabelos simétricos, um verdadeiro culto ao corpo, um endeusamento dos músculos, resultado de mecanismos midiáticos que apologizam a supervalorização do corpo e sua fortificação (Le Breton, 2006), uma coleção de prateleira de pessoas com faces ocultas.

Encontramos nesse tipo plataforma uma competição de corpos, verdadeiras "mercadorias em exibição" (Miskolci, 2014). É fato que nenhuma tecnologia radicalizou tanto a ideia de indivíduo como *selecionador* (um cliente), aquele que se encontra em uma imensidão (um mercado), capaz de procurar, escolher e comprar aquilo que mais lhe agrade (Illouz, 2011). As tecnologias, então, devem ser entendidas a partir de seus aspectos humanos e sociais e o contexto das relações amorosas e sexuais midiatizadas.

Contudo, nem sempre todas essas escolhas, oportunidades e facilidade na busca por corpos, afetividade e sexo são oferecidas a todas as pessoas que estão nos aplicativos. O usuário Tony, por exemplo, afirma que o universo homossexual na fronteira é cruel com os gays afeminadas", já que a maioria dos "homossexuais no armário" (Alencar, 2017) escrevem em seus perfis que "não curtem" aqueles que não seguem a heteronormatividade compulsória (Foucault, 1988). A seguir, a transcrição de parte da entrevista virtual com Tonny:

> **Thiago:** *Eu queria saber se você já usou o aplicativo para buscar sexo em outro país, Paraguai ou Argentina, antes da Pandemia?*
>
> **Tony:** *Sim, às vezes eu ia em algumas cidades da argentina perto da fronteira, como Posadas ou Porto Iguazú.*
>
> **Thiago:** *E você só ia em busca de sexo ou para alguma outra coisa?*
>
> **Tony:** *Te digo que todos que usam o aplicativo aqui na fronteira já cruzaram a ponte só para sexo alguma vez, certeza.*
>
> **Thiago:** *Por quê? Seria por algum motivo específico?*
>
> **Tony:** *Às vezes para não ser reconhecido por aqui, aí acabam fugindo dos olhos dos outros. Mas também porque os gays aqui do Brasil são mais afeminados. E os caras que vivem no armário são cruéis com as bichas que parecem mulher.*

Um ponto importante a ser refletido aqui, com a fala de Tony, diz respeito às travessias sexuais na fronteira, sobretudo de HRH, em busca de sigilo, uma forma de permanecer em um esconderijo, enclausurar-se no armário (Miskolci, 2015), mantendo suas práticas sexuais no regime da invisibilidade forçada para não sofrerem represálias por causa da exposição pública. A região transfronteiriça, em questão, possibilita uma gama de oportunidades de interações humanas, inclusive relacionamento sexoafetivos, já que esse cenário multiforme de superdiversidade, proporciona, entre outras possibilidades, a coexistência de etnias, línguas, tradição religiosa, identidades regionais e locais, ritos e valores de cerca de 80 nacionalidades, sendo os grupos mais representativos, em termos numéricos, os imigrantes árabes e chineses (Pires-Santos, 2012).

Notamos, na fala de Tony, tanto a facilidade pela busca de sexo na região ("eu vou em algumas cidades da argentina perto da fronteira, como Posadas ou Porto Iguazú"/"todos que usam o aplicativo aqui na fronteira já cruzaram a ponte só para sexo alguma vez") quanto a persistência da ocultação da sexualidade ("para não ser reconhecido por aqui, aí acabam fugindo dos olhos dos outros").

A cidade de Posadas, a qual Tony se refere, com 370 mil habitantes, é a capital da província de Misiones, na Argentina, e fica a 300 km de Puerto Iguazú. Posadas faz fronteira, por meio da Ponte Internacional de San Roque, com a cidade de Encarnación, de 130 mil habitantes, no Paraguai, capital do departamento de Itapuá, a qual fica a uma distância de 280 km de Ciudad del Este (Mercosul, 2023).

Tanto Posadas quanto Ercarnación, tomadas como cidades gêmeas, são destinos turísticos de muitos habitantes da Tríplice Fronteira do Iguaçu, isso porque, além de não serem regiões muito distantes e as estradas serem bem asfaltadas e bem-sinalizadas, a vida noturna de ambas as cidades é muito ativa e divertida, com muitas opções gastronômicas e culturais, sobretudo em época de Carnaval, festival que atrai mais de 30 mil pessoas da região transfronteiriça[102].

Mas também são duas cidades que servem de "sexílio", "refúgio" e "esconderijo" para muitos homossexuais, bissexuais e HRH da fronteira Foz-Ciudad del Este-Puerto Iguazú com práticas sexuais não assumidas publicamente, já que aquela região fronteiriça fica relativamente distante desta, ou seja, distante dos olhares vigilantes, controladores e fiscalizadores de familiares, amigos e conhecidos.

O enunciado "fugir aos olhos dos outros", entextualizado por Tony, permite-nos afirmar que, sob o regime da invisibilidade e da economia dos afetos (Miskolci, 2014), há uma forte preocupação por parte de alguns HRH da fronteira em serem descobertos em suas práticas sexuais, partindo para a travessia sexual como uma maneira de esconder-se dos olhares julgadores e controladores dos "fiscais da sexualidade". Essas travessias sexoafetivas, presentes em contextos de fluxos migratórios contínuos, acabam se tornando ainda mais intensas em tempos de aceleração (Rosa, 2019), já que os sujeitos se constroem e constroem suas subjetividades cada vez mais em campos de superdiversidade (Mattelart, 2005).

Ao ser indagado sobre o fechamento das fronteiras e se isso seria um impedimento para a busca por envolvimentos sexuais, obtive a seguinte resposta do usuário Estudante:

---

[102] Disponível em: http://www.paraguai.com/destinos/encarnacao/atracoes/o-carnaval-de-encarnacao.html. Acesso em: 12 mar. 2023.

> **Estudante:** *Sou brasileiro que morava e estudava medicina no Paraguai, eu e mais um milhão, né? Kkkk. E quase todos nós passávamos a ponte para transar, porque em CDE [Ciudad del Este] não têm muitos caras assumidos, então fica difícil. Agora com essa ponte assim [fechada] temos que se acostumar com os que têm ou partir pro sexo virtual, pra pornografia e tal.*

O que se percebe é que o fechamento das fronteiras em tempos pandêmicos forçou alguns homens que se relacionam com homens, e que faziam "travessias sexuais", a buscarem outras alternativas de relacionamentos, como o sexo digital, assim como apontou Estudante. Nesse tipo de sexo, o qual Žižek (1996) chama de "midiatizado", é possível ressignificar nossas representações sobre práticas sexuais, transformando o sexo em um conjunto de ilusões com corpos idealizados, encontros carnais planejados e construção psicológica de um parceiro sexual ideal para as suas necessidades.

As mídias digitais voltadas para encontros e relacionamentos sexoafetivos, as quais incluem desde salas de bate-papo a aplicativos móveis, são "meios que permitem criar redes relacionais seletivas dentro de uma espécie de mercado amoroso e sexual, o qual ascendeu a partir da chamada Revolução Sexual e agora apenas passou a ser visualizável por meio de sites e aplicativos" (Miskolci, 2014, p. 20).

As performances sexuais, nesse caso, adquirem novos sentidos, modelando, ao mesmo tempo, a construção simbólica e cultural que temos das práticas sexuais, pois essa interação-midiatizada se estende ao longo do espaço e do tempo, possibilitando uma forma de intimidade com outros que não compartilham o mesmo ambiente espaço-temporal; em outras palavras, ela possibilita uma "intimidade à distância" (Silva, 2017).

Giddens (1992) nos ajuda a pensar sobre essa noção a partir de sua ideia de "sexualidade plástica", cujo interesse e desejo superam a necessidade de procriação e torna a prática sexual baseada, sobretudo, na atração mútua e na busca pelo prazer erótico carnal. Para o autor, a grande virada que contribuiu para essa mudança veio com os primeiros métodos contraceptivos e novas tecnologias reprodutivas, no século XX. Muito mais do que controlar a natalidade do casamento monogâmico heterossexual, a contracepção elevou o sexo à condição de expressão de um desejo que vai além da reprodução. As práticas sexuais, então, passaram a assumir outras funções, dando autonomia e propriedade aos corpos (Giddens, 1992), e, nesse caso, não só aos corpos femininos, mas também aos corpos dissidentes da sexualidade.

Na profunda era de globalização na qual vivemos, que possibilitou a democratização da internet, a midiatização do sexo passou a ser a realização das práticas sexuais fantasiosas materializadas pelas telas dos aparelhos eletrônicos, podendo haver interações eróticas à distância, criando-se uma negociação entre desejos erótico-sexuais e rede (Nayar, 2010). Isso fez com que o sexo virtual, por meio das plataformas digitais, aumentasse e acelerasse a produção e lucratividade dos mercados que usam os prazeres eróticos e os desejos sexuais como fonte de renda econômica. Não é por acaso que o consumo de pornografia na internet tenha aumentado mundialmente durante a pandemia (Pornhub, 2020).

A democratização e o crescimento contínuo do acesso à internet e da mediação das relações sociais por dispositivos digitais de comunicação promoveram uma readaptação intensa na indústria erótico-pornográfica, fazendo com que esta tivesse que se moldar e mudar suas estratégias de venda por causa das produções amadoras de conteúdos sexuais compartilhadas em rede, além do consumo gratuito de pornografia impulsionado pela internet. Se antes a indústria pornográfica detinha todo o poder de produção, distribuição e da construção social sobre papéis de gênero, relações de poder e performances no campo do imaginário da sexualidade, "o caráter autônomo e coletivo atribuído à internet tem promovido fissuras com novas formas de narrativas, consumo e sociabilidade em torno do desejo" (Silva, 2017, p. 45).

De acordo com Preciado (2014), a colossal indústria da Playboy, nos anos 60, inventou um novo tipo de prazer e novas subjetividades imperativas para o surgimento e concretização da pornografia midiatizada, um novo comércio sexual promovido pelo capitalismo tecnológico e definido como:

> [...] um regime de controle do corpo e de produção de subjetividade que emerge depois da Segunda Guerra Mundial, com o surgimento de novos materiais sintéticos para o consumo e a reconstrução corporal (como os plásticos e o silicone), a comercialização farmacológica de substâncias endócrinas para separar heterossexualidade e reprodução (como a pílula anticoncepcional, inventada em 1947) e a transformação da pornografia em cultura de massas (Preciado, 2014, p. 118).

Criou-se, então, após a popularização da Mansão Playboy, novos discursos a respeito dos gêneros, sexualidades, pornografia, domesticidade, espaço público e privado, códigos de conduta de Preciado (2014) denominou de *pornotopia* (alusão às heterotopias de Michel Foucault), ou seja, "a produção de uma domesticidade orquestrada e coreografada com dispositivos técnicos de vigilância e de reprodução audiovisual" (Preciado, 2014, p. 85).

A Playboy, portanto, e todas as invenções sexuais, eróticas e pornográficas provindas após seu advento, como revistas, filmes, vídeos, canais televisivos e, mais recentemente, as plataformas sexuais digitais, formam um novo regime contemporâneo de pornopoder, um bordel midiático global, sintomas do deslocamento dos interiores da modernidade disciplinar (escolas, prisões, manicômios etc., que funcionam como cápsulas de produção da subjetividade) rumo a um novo tipo de controle pós-disciplinar (Preciado, 2014).

Desse modo, as práticas eróticas e sexuais são reguladas por detalhamentos semióticos e mutações subjetivas mantidas em regimes midiáticos capazes de estabelecer relações singulares entre espaço, sexualidade, prazer e tecnologia (audiovisual, bioquímica), alterando as convenções sexuais ou de gênero ao produzirem subjetividades sexuais derivadas de imagens que "vendem prazer".

> Tomando a internet como uma "praça", como heterotopia, como um espaço de coabitação de diferentes grupos de pessoas, a rede mundial de computadores se torna um espaço de disputa e de coexistência, seio onde habitam vários indivíduos que buscam por relações com outros: [...] intensa integração tecnológica (imersão na tela, abertura de perfis), conversão do perfil online em uma mercadoria sexual (comodificação de si no mercado sexual), deslocamento da expressão do desejo homossexual para um espaço protegido pelo suposto anonimato (busca por parceiros homens nas mídias digitais, e não em bares, boates, bairros ou festas) (Zago, 2013, p. 5).

Os corpos, nesse sentido, são "corporificados digitalmente", quebrando o dualismo "real/virtual". Quer dizer, são sujeitos que mantêm sexo *onlineOffline*, ou seja, constroem práticas sexoafetivas de performances *onlineOffline,* as quais desenvolvem "erotismos virtuais de prazeres carnais" (Le Breton, 2006). Novas tecnologias provocam rupturas nas formas de vivenciarmos as sexualidades, visto que apenas a presença carnal deixa de ser necessária para o prazer: É possível experimentar o corpo do outro a distância, sem tocá-lo, a partir apenas de simulações sensoriais e das práticas eróticas mediadas por telas, palavras, áudios, vídeos, imagens etc. Desse modo "o erotismo deixa de ser desnudamento diante do outro e se converte em textualidade e experimentação" (Le Breton, 2006, p. 179).

4.2 Isolado, mas não sozinho: estratégias discursivas do Grindr em tempos de pandemia

Inegavelmente, o surgimento das redes virtuais de socialização, a mundialização das novas formas de interação e a intensificação da democratização da informação introduziram a possibilidade de comunicação imediata a um vasto campo de produção de conteúdos, sob o domínio cada vez mais popularizado da linguagem midiática pelos cidadãos comuns. Muito distante, hoje, de sermos sujeitos passivos, ouvintes e espectadores, como no auge do rádio e da televisão até o início dos anos 2000, "passamos a produzir nossas próprias narrativas sobre os acontecimentos ao nosso entorno, emprestar nosso olhar ao outro e expor nossa privacidade ao horizonte infinito da web" (SILVA, 2017, p. 17). E foi nesse horizonte com infinitas possibilidades de exposição que as plataformas digitais possibilitaram a transformação do sujeito espectador para o sujeito intermediador.

Aparentemente preocupados com a saúde de seus usuários na época da pandemia da Covid-19 (ou simplesmente para manter uma performance de "empresa ética"), os aplicativos de relacionamentos, os quais proporcionam a quebra de fronteiras da interação puramente virtual com os encontros físicos, emitiram alertas de saúde durante o período de isolamento social pedindo a todos os seus usuários para não saírem de casa, aconselhando--os a se protegerem, cuidando de sua saúde e da saúde dos outros. Foram feitas notificações objetivas alertando as pessoas para que não deixassem suas casas para manter encontros face a face, tanto que aplicativos como o Grindr, o Tinder e o Bumble lançaram notas nas telas iniciais de suas páginas incentivando a população a se comunicar apenas pelas redes, participando de *chats* por vídeo.

O isolamento físico recomendado pelas autoridades sanitárias afetou diretamente o uso dessas plataformas virtuais, as quais antes incentivavam o encontro físico presencial, mas que agora, em tempos pandêmicos, parecem encorajar os contatos digitais. Apesar de a pandemia ter separado muitos casais, amantes, namorados, familiares e amigos, ela, concomitantemente, modificou nossas formas de nos relacionarmos com o outro e a maneira de pensarmos nossa vida sexual e afetiva (Couto; Cruz, 2020). Dessa maneira, é necessário refletirmos sobre como têm sido as demandas de interação física no âmbito dos desejos e prazeres, sobretudo por homens que buscam encontros com outros homens em um tempo em que se recomenda o isolamento físico.

Desse modo, os aplicativos digitais, destinados a conectar e promover encontros entre seus membros, parecem ter mudado suas narrativas, isto é, suas performances discursivas, diante da nova realidade pela qual o mundo estava passando e frente às recomendações de isolamento social, as quais trouxeram repercussões que devem ser analisadas.

Pela lógica capitalista, sabe-se que Grindr, como plataforma mercadológica, pretende manter seus usuários, mas também conquistar novos, mesmo em contextos de crises econômicas ou calamidade pública, como uma pandemia (Illouz, 2011). Em tempos de isolamento social, provocado pela Covid-19, devemos levantar algumas questões: os usuários do Grindr continuaram saindo de casa em busca de encontros físicos e relacionamentos sexoafetivos? Caso isso não tenha acontecido, como os operadores do Grindr elaboraram seus discursos para não perder usuários por conta das regras de isolamento? A quais estratégias discursivas a plataforma recorreu para atingir aqueles que atravessavam fronteiras em busca de sexo antes da pandemia e depois ficaram impossibilitados por causa do fechamento das pontes? Houve essa preocupação por parte da plataforma?

É provável que essas indagações tenham sido levantadas pela equipe do aplicativo com o objetivo de saber qual posicionamento mercadológico e discursivo deveria ser apresentado a seus usuários. Isso porque o Grindr, enquanto mídia mercadológica, possui objetivos comerciais e, assim sendo, precisa elaborar estratégias publicitárias que não desrespeitem as regras e orientações da Organização Mundial da Saúde e do Ministério da Saúde.

Sendo assim, já no início do isolamento social, em abril de 2020, o aplicativo rapidamente fez as seguintes modificações, que segundo a própria plataforma seriam funcionalidades provisórias: acesso a um chat global, possibilitando a comunicação com pessoas de qualquer lugar do mundo; autorização para utilizar todos os filtros da plataforma, como selecionar usuários a partir de sua orientação sexual e faixa etária; e disponibilidade de chamadas de vídeo de duração de até dois minutos via chat. Todas essas implementações não foram cobradas dos usuários que utilizavam a versão gratuita do Grindr, ou seja, não precisaria ser um assinante *premium* para ter acesso a essas aplicações.

Além disso, o aplicativo também emitiu algumas notas que informavam aos usuários sobre cuidados de saúde em tempos de pandemia, incentivando-os a respeitar o isolamento social. Essas notas estavam na parte superior da tela, onde ficam também as conversas dos usuários. Desse modo, toda vez que uma pessoa fosse interagir com alguém, ela veria essas mensagens.

ENTRE ARMÁRIOS E FRONTEIRAS
LINGUAGEM, CULTURA, CIBERESPAÇO E PERFORMANCE DAS MASCULINIDADES

Figura 17 – Mensagens do Grindr em período de Covid-19

Fonte: *print screen* do aplicativo no sistema operacional Android

Percebemos as várias estratégias enunciativas formuladas pelo aplicativo, as quais incentivam os usuários a permanecerem em casa, mas não ficarem sozinhos, isto é, há, implicitamente, um apelo às interações *online*, aos relacionamentos virtuais, sugerindo que o aplicativo não deve deixar de ser utilizado, uma vez que os encontros físicos não são recomendáveis – o que não significa que eles não aconteçam.

As plataformas digitais de relacionamentos têm total consciência das transformações ocorridas após o grande boom da Era Playboy e a construção de uma pornotopia em relação às práticas sexuais e aos desejos eróticos que regulam as corporalidades dos sujeitos (Preciado, 2014). De acordo com Silva (2017),

> O acesso domiciliar à rede mundial de computadores foi um passo crucial para uma reviravolta histórica na pornografia e implicou diretamente na sexualidade contemporânea. Da masturbação ao gozo recíproco mediado, os computadores permitiram uma relação com o corpo mais intensa, em meio a hipersexualização da sociedade do espetáculo promovida pelos atuais meios de comunicação de massa (Silva, 2017, p. 25).

Podemos observar, nesse sentido, o Grindr como um espaço pornotópico midiatizado, já que carrega em si a característica de construção digital de relações por um determinado público com objetivos específicos: homens que se relacionam com homens e procuram por relacionamentos, sexo, amizade etc. Enquanto aplicativo, o Grindr possibilita a construção de relações subjetivas e concretas apresentando-se como um grande "armário pornotópico", em que os sujeitos constroem espaços de fuga e prazer simultaneamente.

Ademais, a dimensão de pornotopia virtual pode ser percebida na própria lógica de construção do Grindr e seus discursos: antes da pandemia como um "veículo digital de marcação de encontros sexuais"; durante a pandemia, como um "veículo de práticas sexuais digitais". Em suma, essa plataforma tornou-se um campo de criação de novas possibilidades de produção do prazer, bem como uma ritualização tecnológica do sexo.

Segundo Illouz (2011),

> Marcado por outro tipo de regime de visibilidade, o século XXI nos convoca a desempenhar outros modos de atenção e percepção. As telas de nossos *smartphones*, *tablets* e computadores tendem a tudo exteriorizar, inclusive o território do lar, o qual não mais se restringe às maneiras íntimas de viver de uma subjetividade interiorizada. Vivemos e nos revelamos de modo único à vigilância dos olhares atentos e curiosos às práticas de exposição da intimidade. Em nossas *selfies*, nossos vídeos e nossas narrativas pessoais, o olhar do outro é convidado a ver o que outrora se escondia e se furtava na intimidade (Illouz, 2011, p. 14).

Essas novas formas de conexões humanas são reiteradas quando o Grindr disponibiliza aos seus usuários dezenas de funcionalidades, como a abertura de salas para a realização de sexo virtual, seja por meio de fotos, áudio ou bate-papo por vídeo (esta última oferecida gratuitamente durante o início da pandemia). Dessa maneira, construir uma representação de empresa socialmente responsável e preocupada com a saúde de seus usuários é, sobretudo, uma das estratégias de gestão mercadológica com fins econômicos (Illouz, 2011).

Ao ser entextualizado o enunciado "fique em casa, fique conectado", podemos interpretar que o aplicativo não deve deixar de ser utilizado pelos usuários, apesar de encontros face a face não serem recomendáveis, sobretudo por questões sanitárias. Essa visão é reforçada quando percebemos que o Grindr, ao expressar que um usuário pode estar "isolado, mas não sozinho", demostra que o sexo midiatizado[103] (Žižek, 1996) seja uma possibilidade.

---

[103] Para Žižek (1996), o sexo midiatizado, ou sexo virtual, ilustra a ênfase no imaginário em detrimento do simbólico como meio de reprodução social. Tal prática tem ocorrido desde o surgimento da fotografia, do telefone, do cinema, da televisão, do videocassete etc. A internet seria apenas mais um instrumento que possibilitaria a concretização dos desejos eróticos por uma prática não totalmente física, corpo a corpo. Além disso, cabe ressaltar o aumento do consumo da pornografia virtual, a qual se tornou a 3.ª maior indústria econômica no mundo, perdendo apenas para a indústria de fármacos e a indústria bélica (Preciado, 2018).

Isso pode ser feito dentro da própria plataforma, seja por meio de fotos, áudio ou bate-papo por vídeo.

Portanto, apresentar um discurso que se mostre socialmente responsável e ético é uma estratégia mercadológica de persuasão para a manutenção de clientes e patrocinadores, comum nos meios digitais, levando em consideração que os aplicativos precisam, a todo momento, se (re)adaptarem às demandas do mercado e às exigências de seus usuários (Illouz, 2011).

Por isso, então, o uso de entextualizações que reafirmam esta preocupação da plataforma para como seus usuários/clientes e sua segurança: "sua saúde em primeiro lugar", "ajudar a cuidar de si mesmos e da comunidade". Pistas indexicais como "saúde", "cuidado", "segurança", "melhor maneira" e "boa ideia" ajudam a construir uma imagem altruísta e gentil por parte da empresa, ao passo que pistas imperativas como "fique conectado", "faça encontros virtualmente" e "flerte e conheça pessoas no aplicativo" criam performances narrativas que buscam manter uma conexão afetiva entre os sujeitos mesmo com ruas, casas, fronteiras e estabelecimentos fechados.

As práticas discursivas do Grindr, nesse sentido, durante a pandemia, não são, de maneira alguma, neutras e inocentes (Fairclough, 1992), isso porque estão imbricadas em práticas liberais de mercado e suas mediações estão atravessada por diferentes dimensões: econômicas, políticas, sociotécnicas, éticas, muitas das quais estão distantes do olhar dos usuários finais do aplicativo.

Enquanto empresa capitalista que deve ser gerida frente a uma audiência ampla, o Grindr é cobrado, inclusive por seus usuários, para agir com responsabilidade e oferecer conteúdo informativo sobre como respeitar o isolamento social, ainda que sua prioridade seja o lucro. Desse modo, a performance de certa preocupação com os usuários, por meio de criação de notificações e disponibilidade de funcionalidades, imbrica a dimensão ética com a mercadológica empresarial, fazendo com que essa difusão técnico-discursiva faça parte de estratégias de relações públicas, que visam, prioritariamente, criar uma boa imagem aos olhos dos clientes (Medeiros, 2018).

4.3 Fronteiras fiscalizadas, fronteiras transgredidas

O fechamento das fronteiras interestaduais e nacionais, desde o início da pandemia do coronavírus, foi uma medida adotada para impedir o ingresso de pessoas infectadas pelo então novo vírus em todo o território nacional, fazendo com que a entrada e saída dos cidadãos, repatriados ou não, fossem feitas de forma controlada, como, por exemplo, a testagem viral deles. À medida que os governos determinaram medidas emergentes para combater a pandemia do coronavírus, controlando e vigiando as fronteiras, o distanciamento social impediu os casuais encontros físicos entre as pessoas.

O risco de ser infectado com o coronavírus fez as pessoas repensarem se prefeririam sair em busca de relacionamentos sexoafetivos momentâneos ou permanecerem seguras dentro de seus lares. Mesmo assim, para algumas pessoas, essa escolha não era uma opção, já que muitas delas precisavam, obrigatoriamente, estar fora de casa diariamente enfrentando a superlotação dos transportes públicos, por exemplo, para garantir sua própria sobrevivência.

Não há como negar, por isso, que esse novo contexto trouxe a reflexão sobre a "descartabilidade dos corpos" por meio de uma necropolítica instaurada (Mbembe, 2018), ou seja, pensar sobre os sujeitos que não possuem a escolha que permanecer isolados, sobretudo aqueles que possuem empregos informais e "precisam fazer bicos para se sustentarem durante a pandemia" (Santos, 2020). Para Mbembe (2018), o exercício da necropolítica e da soberania se aplica pela "capacidade de definir quem importa e quem não importa, quem é 'descartável' e quem não é" (Mbembe, 2018, p. 41).

Por outro lado, as ações necropolíticas também são praticadas por parte de um grupo de sujeitos que, embora possam usufruir da possibilidade de trabalhar isoladamente em casa, optam por não o fazer quando decidem marcar encontros *offline* usando os aplicativos de relacionamentos. Na Tríplice Fronteira do Iguaçu, enquanto alguns usuários decidiram manter relacionamentos sexoafetivos *online*, através das telas, por causa dos riscos à saúde pública e medo de sofrerem sanções punitivas[104], geralmente usando o recurso de videoconferência dos aplicativos de pegação, outros optaram por se encontrar pessoalmente com outras pessoas às escondidas, mesmo o *lockdown* sendo obrigatório a todos os cidadãos da fronteira.

Os diálogos a seguir, que mantive por alguns dias com os usuários do Grindr Atlético e Rapaz Sério, demonstram como, para alguns sujeitos, os desejos erótico-sexuais predominam sobre os discursos de ficar em casa e manter contato apenas de forma digital.

---

[104] Durante o período da pandemia da Covid-19, os ministérios da Saúde e da Justiça publicaram uma portaria, respaldados pelo Art. 268 do Código Penal, disciplinando providências e a responsabilização das pessoas que não cumprissem com as medidas determinadas pelo Poder Público para conter o avanço do novo Coronavírus, prevendo o crime de infração de medida sanitária, o qual poderia chegar até 700 reais de multa e prisão (TJPR, 2020).

> **Atlético:** *Às vezes tenho vontade de sair fazer sexo de madrugada, mas ninguém topa. Honestamente não estou muito preocupado com esse vírus por enquanto. Acho que se for direto na casa de alguém, não tem risco. O tesão é mais forte, é maior que a noção de preservação da vida, com certeza.*

> **Rapaz Sério:** *Eu sempre atravessava a fronteira pra sexo. Nos dias de muito tesão eu passava a ponte, transava e voltava. Pra mim, o fechamento das fronteiras só diminuiu as opções que eu tinha, mas estou me relacionando com caras igual aqui em Foz. O pessoal não está muito preocupado com o vírus não, só se higienizar bem.*

Quando Rapaz Sério afirma que "o pessoal não está muito preocupado com o vírus", ele deixa transparecer certa normalidade em relação às práticas sexuais *offline* em tempos de Covid-19, mesmo com as restrições do Ministério da Saúde e as orientações do próprio aplicativo Grindr, já que mesmo com mensagens como "Isolado, mas não sozinho", "Sua saúde vem em primeiro lugar" e "Fique em casa, fique conectado", ainda percebemos a quebra do isolamento para fins de encontros presenciais, físicos, o que quer dizer também que o fechamento das fronteiras não parece ter sido um grande empecilho para a realização dessas práticas.

É interessante refletirmos que, ao entextualizar o enunciado "Às vezes tenho vontade de sair fazer sexo de madrugada", o usuário Atlético performatiza discursivamente, por meio da pista indexical "madrugada", o ocultamento e o silêncio ligados às práticas sexuais de HRH, quase sempre colocadas no esconderijo dos desejos sexuais pois, como dito anteriormente, tais condutas foram, por muitos anos, associadas à noite, aos becos, ao vergonhoso e ao sujo (Miskolci, 2017) e, ao mesmo tempo, realizada na subalternidade, enclausurada no âmago do privado, distante do olhar público, em espaços marginais e subalternos da sociedade (Perlongher, 2008).

É no cair da noite – tomada aqui como um espaço-tempo porque além der ser *durante* à noite que as fiscalizações acontecem, mas também suas violações, é *na* noite que os corpos dissidentes adentram ao saírem de seus armários particulares para libertar seus desejos eróticos – que os sujeitos vivenciam experiências diversas de sexualidade. A madrugada nos proporciona vivências eróticas que, durante o dia, os olhares julgadores e os "fiscais do conservadorismo" censurariam; é a noite que seduz e aguça os desejos (Pelúcio, 2005).

Para a maioria das sociedades contemporâneas, de acordo com Pelúcio (2005), a noite está ligada, espacialmente e simbolicamente, aos prazeres, à luxúria, às festas, à boemia e ao sexo, isto é, a tudo aquilo que se distancia da ideia de normas conservadoras sociais, regras trabalhistas e acordos familiares. É na calada da noite que as fronteiras entre o legal e o ilegal, a diversão e o tédio, a solidão e as companhias, a austeridade e volúpia podem se dissipar. A noite acaba sendo o território interseccional em que os desejos, as subjetividades e as corporalidades assumem performances de classe, raça, gênero, sexualidade que dentro do sigilo e da discrição do armário não assumiriam seus papéis discursivos nas narrativas (Moita Lopes, 2020, 2022).

Contudo, não podemos nos esquecer de que, para outras pessoas, a noite não representa semiótica e simbolicamente este momento de "libertinagem", pelo contrário, ela é o lugar onde se ganha o sustento, mas, ao mesmo tempo, onde se corre risco de vida. É na noite, também, que surgem os perigos e a violência para com aqueles corpos vistos como descartáveis, que não possuem valor social algum (Mbembe, 2018). O trabalho noturno nas ruas, como aqueles feitos por prostitutas, motoristas de táxi e Uber, coletores de lixo, guardas, policiais, entre outros, se torna extremamente ameaçador comparados aos serviços diurnos, isto porque é quase sempre na noite e durante a noite, considerando-a como um espaço de temporalidade abstrata, que as transgressões dos códigos e regras se materializam (Pelúcio, 2005).

Ao mesmo tempo que, para alguns, a noite traz um doce encantamento e ar de libertação da sexualidade e dos desejos eróticos, para outros, ela traz um amargo gosto de desprezo e medo, por ser o lugar e o momento em que a vida é colocada em xeque, e, nesse sistema necropolítico de definição dos valores dos sujeitos, sobrevive aqueles corpos que valem mais e desaparecem aqueles que valem menos (Mbembe, 2018).

Outro ponto importante a se discutir na fala do usuário Atlético é o enunciado "o tesão é maior que a noção de preservação da vida". Não há como negar que o vírus da Covid-19 trouxe, além dos cuidados higiênicos, como lavar as mãos, recomendações sanitárias para evitar o contato físico com outras pessoas. Pelo fato de que, na época, estávamos em meio a uma pandemia, a possibilidade de encontros *offline*, principalmente com desconhecidos, em um primeiro momento, parecia imprópria para o contexto. Porém, percebemos pelo enunciado de Atlético, que tais recomendações feitas pelas autoridades públicas não fizeram os desejos sexuais e eróticos desaparecem. Daí, então, o motivo de alguns sujeitos da fronteira elaborarem formas de burlar as fiscalizações das ruas e os controles aduaneiros nas pontes.

Quando Rapaz Sério afirma: "o fechamento das fronteiras só diminuiu as opções que eu tinha, mas estou me relacionando com caras igual aqui em Foz", ele encena uma performance de distanciamento das recomendações sanitárias imprescindíveis para os cuidados com os outros e consigo mesmo. O fato de as aduanas terem sido fechadas por meio de cones, ferros, grades e fiscalizações policiais não quer dizer que algumas pessoas não tentaram atravessar os rios e as pontes de maneira ilegal.

Lembro-me de que, durante a quarentena, as ruas de Foz estavam sempre cheias de carros policiais de fiscalização, sobretudo durante a noite, já que o toque de recolher da população foi estipulado para as 22h. No entanto, mesmo com a multa podendo chegar a 700 reais para aqueles que quebrassem o *lockdown* saindo de casa depois desse horário, até às 6h da manhã, víamos dezenas de carros perambulando por ruas alternativas do centro da cidade madrugada adentro.

Além disso, devemos pensar a respeito dos corpos que foram mais ou menos atingidos com essas restrições sociais e ações punitivas. Se já é extremamente difícil monitorar e proteger as vidas LGBTQIAPN+ em um contexto habitual, imaginemos fazê-lo em um momento pandêmico. Os casos de agressões e mortes domésticas aumentaram exorbitantemente durante o período de isolamento social[105], isso porque o medo de ser expulso de casa, sofrer represálias ou até mesmo a falta de informação levam muitas mulheres, trans e cisgênero, e gays a se calarem diante dos abusos, sejam eles físicos, emocionais ou psicológicos.

Ademais, não podemos nos esquecer das performances do ex-presidente Jair Bolsonaro frente à pandemia, o qual apresentou "ações de masculinidades hegemônicas necrobiopolíticas" (Medeiros, 2022) ao colocar na balança quais vidas sexuais valiam mais, e por isso deveriam ser protegidas – as cis-heteronormativas, obviamente –, e quais vidas valiam menos, e por isso poderiam ser descartadas. Segundo Medeiros (2022),

> Bolsonaro foi negacionista, desqualificou a ciência, recomendou uma droga sem eficácia comprovada, minimizou a gravidade do vírus e menosprezou o alto número de óbitos em distintas ocasiões, como quando disse que não podia fazer

---

[105] Disponível em: http://conselho.saude.gov.br/ultimas-noticias-cns/1640-artigo-pandemia-lgbtfobia-e-os--impactos-das-negligencias-do-estado-para-esta-populacao. Acesso em: 26 mar. 2023.

> nada quanto às mortes: seu primeiro nome era Messias, mas não fazia milagre; ou ao expressar que não adiantaria fugir da morte, na medida em que ela seria o destino de todo o mundo. Essa e outras declarações de Bolsonaro, além de conceberem a morte como destino inelutável, ignoram que os efeitos da pandemia são distribuídos de maneira desigual, variando a partir de dimensões de raça, classe, gênero e sexualidade. Os primeiros dois anos da pandemia foram marcados pela improvisação de sepulturas coletivas, reflexo de um alto número de mortes e apatia do governo federal com relação à vida (Medeiros, 2022, p. 132).

Cada discurso propagado pelo ex-presidente, antes, durante e depois da pandemia, construiu-se como uma entextualização pelo qual o enunciador moveu sentidos de si mesmo e, concomitantemente, do outro, a partir das narrativas performatizadas sobretudo em suas redes sociais e em entrevistas midiáticas, como a fala: "Tudo agora é pandemia. Tem que acabar com esse negócio. Lamento os mortos, lamento. Todos nós vamos morrer um dia [...]. Tem que deixar de ser um país de maricas", a qual foi parte de sua entrevista para o TV Folha, em 2020. Pistas linguísticas como "marica", "bicha", "viado" e "mulherzinha" são sempre trazidas nos discursos de Bolsonaro quando o assunto gira em torno da sexualidade, movendo esses termos para o âmbito semântico de sentidos negativos, pejorativos e de inferiorização (Medeiros, 2022).

Ao mesmo tempo que escutávamos os discursos de que "tudo está sob controle" por parte dos quatro ministros da saúde do governo Bolsonaro (Luiz Henrique Mandetta, Nelson Teich, Eduardo Pazuello e Marcelo Queiroga), mais de 300 mil brasileiros morriam de Covid-19 só no primeiro ano da pandemia, em 2020[106]. Mesmo com todas as fronteiras nacionais fechadas, víamos milhares de pessoas tentando sair e entrar no Brasil, seja em busca de trabalho, comida ou ajuda médica, seja para rever familiares que não viam há muito tempo.

Sérgio é um amigo meu de longa data e aceitou me conceder algumas entrevistas *onlineOffline*. Decidi inseri-lo em minha pesquisa porque, em uma de nossas conversas pessoais durante o isolamento social por causa da pandemia, quando suas aulas no curso de medicina no Paraguai haviam sido suspensas, eu perguntei como ele estava conseguindo manter seu relacionamento com o namorado, já que este, também estudante de medicina,

---

[106] Disponível em: https://infoms.saude.gov.br/extensions/covid-19_html/covid-19_html.html. Acesso em: 26 mar. 2023.

morava em Ciudad del Este e a Ponte da Amizade já estava fechada há vários meses. Esta foi a sua resposta:

> **Sérgio:** *Seu eu te falar, você não vai acreditar, mas não me julgue, por favor (risos). É que eu tenho uma licença pra poder estudar no Paraguai. Normalmente eu consigo apresentar na aduana do Brasil e os policiais me deixam passar de boa. O problema é na aduana do Paraguai. Os guardas sempre encrencam, sabe? Ficam falando que não posso passar porque as aulas lá já acabaram, e que não posso entrar. Aí eu respondo que preciso muito fazer estágio no hospital de Ciudad del Este e mostro 100 reais pra eles. Não tem um que não aceita pegar. E ainda fazem vista grossa. E já fiz isso várias vezes (risos). Tá super normal fazer isso. Todo mundo faz. Sei que não pode né? Mas se não for assim, nunca vou poder ver o R*.*

A narrativa de Sérgio permite discutir a respeito do aumento das desigualdades que a crise sanitária global do coronavírus provocou, não apenas em relação aos contrastes socioeconômicos, mas também à desproporção dos direitos humanos fundamentais, como a mobilidade, suprimidos apenas para uma parte dos cidadãos, já que nem todas as pessoas desfrutam das mesmas condições para permanecer em casa ou se deslocar. Com a intensificação da pandemia, "a possibilidade de recolhimento social converteu-se em privilégio de classe e ocupação, ao passo que muitos trabalhadores precisaram circular para garantir que outras pessoas pudessem continuar em quarentena" (Mamed, 2022, p. 15).

Para alguns, o fechamento das fronteiras marcou um duro período de exclusão, solidão e abandono, quando muitos estudantes, refugiados, imigrantes, trabalhadores ambulantes, profissionais do sexo, moradores de rua, desempregados – os quais diariamente atravessavam a Ponte da Amizade e a Ponte da Fraternidade (tanto para entrar quanto para sair do Brasil) em busca de uma vida um pouco mais digna –, durante a pandemia, ficaram meses presos na região da tríplice fronteira internacional, vivendo em situações precárias, sem condições dignas de higiene, passando fome e sede, tentando dia após dia atravessar as fronteiras em busca de comida ou para rever seus familiares, mas sem sucesso (Mamed, 2022).

Por outro lado, vemos aqueles que detêm alguns tipos de privilégios, formas de burlar, transgredir ou negociar com o poder instaurado por meio de fiscalizações humanas fronteiriças. É claramente possível perceber que as medidas de restrição à mobilidade tendem a ser mais firmes e rigorosas quando se referem ao controle e à proibição da passagem de vidas empobrecidas e indocumentadas, sobretudo de corpos negros e indígenas (Mamed, 2022). Nesse outro lado da vigilância, diferentemente daquele em que "ninguém entra, ninguém sai", está o desimpedimento à circulação de pessoas por via aérea (indivíduos que possuem jatos particulares, por exemplo), com visto de turismo de alta classe (turistas que se hospedam em hotéis superluxo), empreendedorismo agrícola (empresários donos de grandes terras produtivas de alimentos) ou investimento internacional (multimilionários que atravessam as pontes com seus carros importados sem sequer serem parados).

Esse controle biopolítico dos corpos (Foucault, 1988), regido pela valoração das vidas humanas – as "significantes" e as "descartáveis" (Mbembe, 2018) –, as quais são atravessadas por interseccionalidades socioculturais, por meio de marcadores de raça, classe, nacionalidade etc. (Crenshaw, 1994), é construído sob estratégias político-jurídicas de cerceamento/impedimento e liberdade/mobilidade, pelas quais o imperativo político ordena aqueles que, além de "poder atravessar" e "não poder atravessar", "podem viver" e "devem morrer". Para Foucault (1987),

> O corpo também está diretamente mergulhado num campo político; as relações de poder têm alcance imediato sobre ele; elas o investem, o marcam, o dirigem, o supliciam, sujeitam-no a trabalhos, obrigam-no a cerimônias, exigem-lhe sinais. Este investimento político do corpo está ligado, segundo relações complexas e recíprocas, à sua utilização econômica; é, numa boa proporção, como força de produção que o corpo é investido por relações de poder e de dominação; mas, em compensação, sua constituição como força de trabalho só é possível se ele está preso num sistema de sujeição (onde a necessidade é também um instrumento político cuidadosamente organizado, calculado e utilizado); o corpo só se torna força útil se é ao mesmo tempo corpo produtivo e corpo submisso. Essa sujeição não é obtida só pelos instrumentos da violência ou da ideologia; pode muito bem ser direta, física, usar a força contra a força, agir sobre elementos materiais sem, no entanto, ser violenta; pode ser calculada, organizada, tecnicamente pensada, pode ser sutil, não fazer uso de armas nem do terror, e, no entanto, continuar a ser de ordem física. Quer dizer que pode haver um "saber" do corpo que não é exatamente a ciência de seu funcionamento, e um controle de suas forças que é mais que a capacidade de vencê-las: esse saber e esse controle constituem o que se poderia chamar a tecnologia política do corpo (Foucault, 1987).

Mesmo que alguns corpos, sobretudo corpos dissidentes, não sejam autorizados à livre passagem, as travessias se tornam dinâmicas de negociações, relativas e sobrepostas, nas quais as fronteiras intermediam, como agenciadoras, os processos de entrada e saída. Aqueles que podem pagar são "bem-vindos", já os que não podem "dão meia-volta". Em outras palavras, as movências acabam por ser regidas por dinâmicas de mercado, no qual o capital, e consequentemente o lucro, definem a passagem, a chegada, a partida, proibição, a censura e a punição.

Quando Sérgio afirma: "Os guardas [...] ficam falando que não posso passar [...], aí mostro 100 reais pra eles. Não tem um que não aceita pegar", notamos a relativização do controle legalmente instaurado, no qual alguns atores sociais são capazes de negociar sua mobilidade temporária (por meio de suborno, "coleguismo", troca de favores e outros mecanismos), bem como atravessar as fronteiras de maneira discreta, imperceptível, quando os fiscais da vigilância fazem "vista grossa", pista linguística essa entextualizada por Sério e que constrói significados de uma "transgressão silenciosa". Esses regimes de fronteiras buscam evocar o "fetiche da transgressão" por meio de políticas migratórias includentes e excludentes. E é nessa mesma lógica de "passe livre e passe impedido" que se constrói a sociedade de controle (Deleuze; Guattari, 1996) instaurada pela vigilância da circulação dos corpos e de suas práticas.

Além disso, é interessante analisarmos as performances discursivas construídas sob o regime de travessias sigilosas, não apenas no âmbito legal ou ilegal, senão que no aspecto do silêncio e da mascaração. Quando eu perguntava aos meus entrevistados (apesar de eu já imaginar a resposta por causa do tabu que envolve as palavras sexo e homossexualidade) se eles alegavam afirmativamente aos policiais da aduana, quando questionados, que estavam atravessando as fronteiras em busca de relacionamentos, e caso afirmassem não, o que diziam, eu recebia as mais diversificadas respostas:

> **Sossegado:** *Eu falo que vou passear com meus amigos, fazer compras por lá!*

> **Rapaz Sério:** *Que estou visitando parentes que moram lá do outro lado.*

> **Sérgio:** *Eu respondo que preciso muito fazer estágio no hospital de Ciudad del Este.*

> **GP Dot 21cm:** *Se eu falar que sou garoto de programa eles são bem capaz de me prender, então falo que vou jantar ou que vou visitar amigos por lá.*
>
> **Tunnyr:** *Digo que tenho encontro mesmo, só não falo que é com homem kkkk.*

As entextualizações supra nos permitem pensar sobre as narrativas metapragmáticas[107] construídas nos enunciados (Blommaert, 2014), pois tais construções mobilizam diferentes articulações sígnicas por meio de modos de ordenamento das pragmáticas em curso e em uso, quer dizer, práticas narrativas em uso. A metapragmática diz respeito "a como as pessoas refletem sobre suas práticas de produção de significados no mundo social, processo que se dá na linguagem e com a linguagem" (Sena, 2020). Em outras palavras, se a pragmática é a linguagem em uso, em funcionamento, a metapragmática é a orientação do uso com base em demandas comunicativas específicas, isso significa que a pragmática é regulada, modulada e explicada metapragmaticamente (Moita Lopes, 2013; Blommaert, 2014; Camargo, 2019; Sena, 2020).

As metapragmáticas produzidas supra, por homens que se relacionam com outros homens em mo(vi)vências de travessias sexuais sigilosas, são construídas por indexicalidades que movem sentidos de mascaração das performances identitárias sexuais e certo silenciamento das experiências e práticas sexuais dissidentes. A reentextualização de seus próprios discursos indica, por parte dos entrevistados, atos performativos enunciados em outras interações, por meio de pistas linguísticas como "digo que", "falo que" e "respondo que", indexicalidades essas que dão veracidade ao relato (Moita Lopes, 2013).

Operando na mesma ordem de indexicalidade, os depoimentos dos entrevistados mobilizam a língua em situações que envolvem metapragmáticas de sigilo e mascaração, fazendo com que as performances narrativas encenem discursos que escondam as experiências e os desejos homoeróticos ao passo que os protejam e os mantenham seguros, sabendo que os vigilantes fiscais na/da fronteira não controlam e censuram apenas aquilo que é juridicamente ilegal, mas também pode punir aquele que é socialmente "anormal": "eles são bem capaz de me prender" (GP Dot 21cm).

---

[107] Para Moita Lopes (2013), a metapragmática é a própria construção discursiva da reflexividade linguística e ajuda a compreender a língua como um recurso comunicativo. "A reflexividade linguística é um traço crucial em todo uso da linguagem, e um dos efeitos disso é tirar o uso tácito e não consciente de si mesmo e do ideal de 'comunidade' (linguística do sistema) para focalizar as práticas sociais (linguística do contato)" (Moita Lopes, 2013, p. 119).

Essas narrativas sobre passagens fronteiriças, portanto, mobilizam sentidos que nos fazem refletir sobre alguns aspectos do porquê de considerá-las travessias sigilosas. São travessias sigilosas no aspecto da legalidade, quando elas infringem as regras e ordens governamentais instauradas politicamente. São travessias sigilosas no aspecto sanitário, porque além de elas infringirem as orientações médicas durante o período da pandemia, também podem carregar o coronavírus consigo na ultrapassagem. São travessias sigilosas no aspecto da sexualidade, quando elas infringem as regras da heteronormatividade e do conservadorismo familiar cristão. São travessias fronteiriças sigilosas no aspecto simbólico, já que a mobilidade silenciosa metaforicamente significa evadir-se do olhar público, vigilante, controlador e julgador.

Independentemente de qual significado essas travessias fronteiriças possam adquirir, elas são sempre traduzidas no espaço-tempo da passagem, pois são frutos de negociação entre as diversas estruturas implantadas para suas construções. Isso porque os sujeitos, por um lado, devem aprender a habitar e se adaptar a esses lugares-saberes, já que se transformam em "sujeitos traduzidos", nas palavras de Rushdie (2007): "sujeitos submetidos à mobilidade e à constante travessia de fronteiras e limites. Seres metafóricos na sua própria essência, e a emigração, vista como metáfora, está em toda parte, em todos nós. Todos nós atravessamos fronteiras; somos todos emigrados" (Rushdie, 2007, p. 307).

Por outro lado, nessa mesma perspectiva, podemos afirmar que somos, ao mesmo tempo, "sujeitos tradutores", pois não apenas atravessamos fronteiras, senão que elas também nos atravessam; não somente temos que mudar e nos adaptar para habitar a "casa do outro", mas concomitantemente mudamos e transformamos, também, o outro e sua casa no momento da chegada; não apenas habitamos a sua casa, senão que a sua casa também nos habita, e tanto o outro lado (da casa, da fronteira, da ponte, do armário) como nós mesmos jamais voltaremos a ser o que um dia fomos. Nós, o outro e os espaços já não somos os mesmos no momento da partida.

ALGUMAS (IN)CONCLUSÕES

A primeira fronteira foi a beira da água, e houve um primeiro momento, porque como poderia não haver esse momento, em que uma coisa viva saiu do oceano, atravessou essa fronteira e descobriu que conseguia respirar? Antes de essa primeira criatura respirar pela primeira vez, deve ter havido outros momentos em que outras criaturas fizeram a mesma tentativa e caíram ofegantes de volta nas ondas ou morreram sufocadas, debatendo-se como peixes, na mesma costa, e em outra. Houve talvez milhões dessas tentativas não registradas, dessas mortes anônimas, antes do primeiro passo bem-sucedido através da linha-d'água. Quando imaginamos a cena dessa travessia triunfante não podemos deixar de ficar pensando nessa pobre criatura. O que a motivou? Por que o mar havia perdido tão completamente seu apelo a ponto de elas arriscarem tudo para migrar do velho para o novo? Que força nasceu dentro delas a ponto de superar até os instintos e medos de sobrevivência? Como elas sabiam que o ar podia ser respirado – e como, vivendo em baixo d'água, conseguiram começar a desenvolver os pulmões que lhes permitiram respirar o ar? [...] Mas nós também somos assim. Nosso próprio nascimento espelha essa primeira travessia de fronteira. Quando emergimos do líquido placental, do universo líquido do útero, também descobrimos que podemos respirar; também deixamos para trás uma espécie de mundo aquático para nos tornarmos habitantes da terra e do ar.

(Salman Rushdie, *Cruze esta linha*, 2007, p. 337)

Falar de si é apenas uma parte da verdade (se é que existe uma). É apenas uma narrativa das inúmeras narrativas possíveis para a criação de si. É uma metanarrativa. Falar do outro é ainda mais difícil, porque não se empresta voz, não se pode dar voz a alguém. O que fazemos como etnógrafos, analistas do discurso e linguistas aplicados é "dar ouvidos para garantir voz" (Altenhofen, 2013). Observar, investigar e analisar performances narrativas para compreender formas de ser-existir no mundo, modificando (para poder *esperançar*) a realidade que nos circunda, sobretudo aquelas vidas oprimidas que morrem um pouco por dia (Freire, 1992), corpos infames de práticas dissidentes (Butler, 2003) que estão na mira de um projeto necropolítico de poder (Mbembe, 2018).

Para cada história de vida contada, teremos uma nova forma de conhecer o outro, a si mesmo e o mundo, por isso que as narrativas, materializadas no discurso, são a matéria-prima do ato de etnografar, e tudo que compõe sua construção: linguagem, diálogos, expressões, entonação e tom de voz, corpo, silêncios etc. E dar ouvidos a essas histórias de vida não são práticas alocadas apenas em momentos específicos, pelo contrário, esses momentos também são arbitrários e exigem que abandonemos "as grandes travessias para ilhas isoladas e exóticas, da potencialidade de estranhamento, do insólito da experiência, da necessidade de examinar por que alguns eventos, vividos ou observados, nos surpreendem" (Peirano, 2014, p. 379).

Etnografar faz parte dessa construção de si e do outro, ou melhor, construção do nós. É um entendimento do que nos cerca a partir do ver para olhar e do ouvir para escutar. Por isso, acredito, de fato, que a etnografia nos permite refletir sobre, investigar e analisar a vida, as experiências e o cotidiano para trazer contribuições importantes e e(a)fetivas para a sociedade, a fim de diminuir as desigualdades sociais e os processos de exclusão/discriminação (Mattos, 2011).

Partindo dessa ideia, busquei durante toda a escrita deste texto encontrar diversas zonas de intersecção de áreas do conhecimento, a partir de temas discutidos no campo das ciências humanas, sociais e da linguagem (gênero, sexualidade, corporalidades, raça, classe, nacionalidade, afetividade, cultura, fronteira, entre outros). Meu pilar fundamental para abordar tais temas foi, incialmente, a fronteira como espaço geográfico, até eu perceber que estudá-la sem levar em consideração seus significados simbólicos, culturais, históricos e políticos seria contar apenas uma parte da sua história, uma parte de uma suposta verdade. Além disso, uma fronteira não é apenas uma imagem panorâmica controlada por um posto aduaneiro ou um território geográfico militarizado (Cardin, 2011).

Na verdade, por uma questão de linguagem, nos limitamos a usar a palavra fronteira como um lugar, um espaço demarcado de onde saímos e entramos: se estamos do lado de cá, estamos dentro; se estamos do lado de lá, estamos fora. E estar dentro significa estar seguro, amparado no seu lado da fronteira; já estar fora significa não estar em solo protegido, pois há perigo na esquina[108], do outro lado da rua.

Em todos os casos citados, a palavra fronteira foi usada com o verbo *estar*, mais uma vez a prova de que a vemos como um limite entre o aqui e o

---

[108] Referência à canção "Como nossos pais", de Belchior, interpretada por Elis Regina.

lá. Acontece que entre essas dicotomias existem muitas outras possibilidades de ser e existir. As fronteiras também são estados de vivências (Lefebvre, 1974), um "lugar em uso" (Santos, 2001), não apenas usado, onde e por meio do qual a vida e as relações sociais se (des)envolvem.

Viver é um constante atravessar fronteiras; viver é sempre viver na fronteira (Anzaldúa, 1987), e não há como existir no mundo-sociedade sem viver em travessias. Atravessamos fronteiras linguísticas quando viajamos, fronteiras religiosas em momentos de descrença, fronteiras sexuais quando nos assumimos, fronteiras de raça quando sobrevivemos no escuro, fronteiras de classe quando ingressamos onde não nos é permitido entrar, fronteiras de gênero já quando nascemos. Vivemos nas fronteiras, vivemos as fronteiras, vivemos entre fronteiras, vivemos para atravessar fronteiras.

E nessas travessias e atravessamentos, o outro começa a fazer parte do eu, o outro ajuda a construir quem somos no espaço-tempo. É a linguagem, então, e por meio dela, através dela, que nos construímos nas fronteiras da vida. Assumi, por isso, neste livro, uma postura de etnógrafo em movimento, chamando a atenção para os vazamentos e as continuidades que esta pesquisa trouxe e poderá trazer. Foi a riqueza etnográfica, a qual adotei aqui como uma forma de pensar a própria vida e refleti-la a partir das mo(vi) vências, de maneira *onlineOffline* e multissituada (Guimarães, 2014; Marcus, 1995), que me possibilitou encontrar sensibilidade e afeto para focalizar a transversalidade em que esta pesquisa se deu: possibilidades de escutar discursos, narrativas, histórias, memórias, desejos, te(n)sões, dores e afetos.

Foram narrativas de vidas que apontavam, a todo momento, para esconderijos, sigilos, discrições, silenciamentos e mascaração dos desejos, mas que também mostravam a latente vontade de viver sem ser reprimido ou ter que guardar o amor a sete chaves. Como afirmei no início deste livro, o Brasil ainda é o país que mais assassina travestis e transsexuais, além de ocupar o topo de mortes de jovens negros gays e ser uma das nações com maior índice de suicídio de homens homossexuais e jovens transgêneros. Também é um dos países no qual mais cresce o número de homossexuais, bissexuais e transsexuais infectados pelo HIV/Aids, aumentando, além disso, o número de desemprego e prostituição entre esse grupo. Apesar de inúmeros avanços em relação aos direitos de igualdade de gênero e liberdade sexual terem sido conquistados, dando mais segurança e proteção aos corpos dissidentes (Bento, 2006), o armário ainda acaba sendo um lugar de refúgio e confinamento, uma garantia para a proteção dessas vidas em perigo.

As metáforas do sair do armário (ou manter-se nele) e esconder-se atrás de máscaras, trazidas aqui como "armários virtuais" e "máscaras digitais", possibilitaram compreender um pouco mais a respeito das experiências homoeróticas clandestinas em região de fronteira, até mesmo a contenção dos desejos sexoafetivos e a percepção de si na construção de performances de gênero. Estar no armário é um mecanismo de autodefesa para as vidas LGBTQIAPN+ que, no fundo, acabam sendo solitárias e, ao mesmo tempo, esse mesmo armário é onde suas práticas, sonhos e desejos não são julgados ou perseguidos. Apesar de não ser o lugar mais agradável de estar, o armário ainda é o lugar mais seguro para um corpo dissidente viver.

Em outras palavras, com o perdão da metáfora, a casa da sexualidade tem como anfitriã a já conhecida e antiga "heteronormatividade misógina", a qual aceita abrir a sua porta para a "homossexualidade", contanto que se pareça com a própria dona da casa. Essa visita inesperada (quase uma penetra) precisa maquiar-se e performatizar-se para que seja bem-vinda, ainda que, muitas vezes, ela só entre pela porta dos fundos; deve colocar sua melhor roupa heteronormativa e seu perfume masculinizado para "sair do armário" da sua casa e ser aceita na propriedade da virtuosa vizinha. Quem não quer ser expulso da casa da Senhora Sexualidade e voltar para o seu armário particular, precisa entender que ela abomina tudo o que não pertença e se pareça com o "Sagrado Masculino".

Por isso, dentre as inúmeras possibilidades de construção dessas performances identitárias, a masculinidade efeminada – ter o corpo biológico classificado como homem no nascimento, mas assemelhar-se a uma mulher na aparência, trejeitos e tom de voz – torna o sujeito que a ela se vincula como um corpo de "menor valor", inclusive na própria comunidade LGBTQIAPN+. Desse modo, a cis-heteronormatividade apresenta-se como hegemônica e compulsória (Butler, 2003), pois acaba sendo imposta e regida por estratégicos mecanismos de poder e conduta (Foucault, 1988), ditando quem terá melhores condições, oportunidades e privilégios no trabalho, na escola, na roda de amigos, nas ruas, nas publicidades, nas mídias, nas plataformas de relacionamentos, enfim, em todas as esferas sociais.

Inclusive, são esses também os mecanismos e critérios de "validação corporal" que os aplicativos de relacionamentos homoerótico, como o Grindr, utilizam para a segregação dos corpos que são "requisitados", "aceitáveis" ou "descartáveis". São as pistas linguísticas "macho", "sigiloso', "discreto", "brother", presentes no aplicativo, que cumprem a missão de performatizar uma suposta heteronormatividade e entextualizam enunciados que colocam alguns sujeitos em posições abjetas, de desvio e aviltamento.

A reiteração performatizada de masculinidades hegemônicas cis--heteronormativas (Butler, 2003) mostrou-se como estratégia para a não declaração social e familiar (ou o não reconhecimento individual) da sexualidade dissidente, a qual mantem-se, na maioria das vezes, às escondidas, nos bastidores (Miskolci, 2015). Possivelmente isso seja para não causar desconforto, ou ser motivo de vergonha, aos pais e ao ciclo de amigos, evitar a exclusão social ou a perda de emprego, fugir da repreensão moral e religiosa, não correr o risco de ser agredido ou morto em uma rua deserta, entre outros tantos motivos que nos levam, muitas vezes, a nos acostumarmos com o a escuridão e a solidão do armário empoeirado. Inegavelmente,

> O ato de "sair do armário" envolve mais do que colocar-se publicamente como homossexual. Diz respeito a um processo político através do qual o indivíduo questiona a norma heterossexual, tornando-a visível e culturalmente inteligível. Assumir-se homossexual implica estar sujeito ao preconceito, entendido como atitudes hostis ou negativas baseadas em generalizações fundamentadas por estereótipos (Murasaki, 2016, p. 54).

O processo de atravessar a porta do armário é angustiante, lento, doloroso e, de fato, pode ser que não tenha fim. Pode ser que seja necessário para alguns, opcional para outros, mas sempre obrigatório para aqueles que não se encaixam nas sexualidades e performances de gênero hegemônicas. A travessia para o outro lado da porta, essa fronteira rígida e intimidadora, é um caminho ambíguo de perdas e ganhos. Perda de amigos, familiares, empregos, oportunidades, comodidades e certezas. Ganho de outros amigos, outra família, outras oportunidades e incertezas que movem outras travessias. Quando chega o momento do atravessamento, e não ousamos fazê-lo, ficamos à margem de nós mesmos (Andrade, 1978). O pior exílio é aquele em que nos sentimos exilados dentro de nós, é uma diáspora sem destino.

A livre expressão da sexualidade foi, e em muitos lugares ainda é, uma afronta aos valores tradicionais cultivados pelas famílias conservadoras brasileiras, as quais, supostamente, representam a defesa da moral e dos bons costumes, "crucificando" a dinâmica do universo das sexualidades dissidentes: "pecado, falta de vergonha, anormalidade, degeneração, e até doença, eram as chaves mais tradicionais desta visão que prestigia a situação específica do sexo em uma sociedade que passa por profundas mudanças nos costumes" (Quinalha, 2017, p. 315).

Por isso, é fundamental que debates sejam propostos, dentro e fora da universidade, lutas e movimentos de integração dos corpos LGBTQIAPN+ sejam criados e organizados para a defesa de direitos básicos, inclusive o de existir, e políticas públicas sejam pensadas e elaboradas para a construção de novas e outras narrativas que contribuam, de algum modo, para despertar algumas inquietações, olhando para o passado, no presente, desejando um futuro em que os armários sejam claustrofóbicos demais para se estar.

A partir disso, poderemos desnaturalizar as formas de preconceito que sujeitam alguns corpos a conter seus desejos e reprimir seus sentimentos. Em outras palavras, "é necessário criar condições de enunciação através das quais os 'transgressores de gênero', ou 'homossexuais', possam produzir um saber sobre si mesmos, se reapropriando das tecnologias de poder que lhes constituem como abjetos" (Preciado, 2000, p. 32).

Essas lutas exigem que atravessemos fronteiras incansavelmente. Fronteiras que causam feridas, e que podem nunca cicatrizar, mas também orgulho e gratidão. A fronteira, de fato, *es una herida abierta* (Anzaldúa, 1987). Pode ser que nunca atravessemos algumas delas, e outras desistiremos da travessia no meio do caminho, mas o importante é que lutemos pelo direito de podermos atravessá-las quando quisermos, pois, talvez, elas nunca se acabarão; as fronteiras nos exigem incessantes travessias (Anzaldúa, 1987).

E hoje, diferentemente do que eu pensava, como coloquei na primeira frase da introdução deste livro, entendo que não vivo apenas *na* fronteira. *Eu sou a fronteira.*

CARTA AO MEU EU CRIANÇA

Sei que você ainda não sabe ler nem escrever, mas de alguma maneira você escutará isso. Hoje você está completando 35 anos, e não faz ideia de como isso é estranho. Chegou no meio do caminho da sua vida, na metade do percurso. Até hoje, não sei o que as pessoas querem dizer com isso, mas você está completando um ano a mais de experiências e um ano a menos de vida. Estou te falando isso porque você vai perceber que quanto mais o tempo vai passando, menos você vai se preocupando com o que os outros vão dizer sobre você. Vai demorar, Thiago, mas você vai perceber que a vida é curta demais, que não adianta viver tendo medo do que os outros vão pensar. Muitos anos se passarão até cansar de viver a vida dos outros para não machucar ninguém.

Você não vai querer magoar as pessoas, e por isso vai sofrer calado. Você vai rezar muitas vezes para alguém que hoje você não acredita mais como antes, alguém que você não saberá direito quem é, mas te dirão que é o único ser do universo que pode fazer o impossível e escutar seus pedidos. Você vai chorar a "ele" durante muitas madrugadas na cama, mas nada acontecerá.

Você se sentirá sozinho, estranho, anormal, deprimido. E tenho que te falar que serão muitas vezes. Agora me escute com atenção: não há nada de errado com você! Não importa do que te chamarem, como te tratarem ou o que te disserem, lembre-se que não há nada de errado com você!

Sei que é duro te dizer isso, mas você perderá muitos amigos próximos, não conversará mais com seu pai, que, aliás, abandonará você e sua mãe antes mesmo de você entrar na escola. Mas sua mãe te cuidará com todo amor e te criará com muito esforço lavando roupa e limpando a casa de outras pessoas. Nunca te faltará comida, mas você não terá tudo o que quer. Seus materiais escolares serão comprados pelos patrões da sua mãe e suas mochilas sempre serão aquelas antigas e já usadas dos filhos das patroas, mas você sempre ficará muito feliz em ganhá-las.

A religião será sua válvula de escape, você cantará na igreja, acreditará em um futuro melhor e nunca deixará de estudar. Você se formará sempre como o melhor aluno da turma. Vai querer dar muito orgulho à sua mãe. Será feliz na sua profissão, amará muitas pessoas, encontrará seres maravilhosos nesta terra, que te darão apoio, colo e abraços quando você mais precisar.

Você também terá que conviver com pessoas cruéis. A escola será horrível para você, te chamarão das coisas mais ofensivas que as palavras podem expressar; você não chorará por medo e orgulho na frente dos outros, mas no silêncio do quarto você desabará em lágrima desejando a morte.

Você amará pessoas que não te amarão, entregará muito para quem não te dará nada. Julgarão suas roupas, sua voz, seu cabelo, seu corpo, você fará de tudo para passar desapercebido e se encaixar no padrão, mas não importa o que você faça, sempre te julgarão. O tempo vai te mostrar que você não é perfeito, que não precisa ser o melhor filho, melhor aluno, melhor amigo, melhor funcionário sempre. Que você tem imperfeições, e quem te ama de verdade vai decidir estar ao seu lado por escolha deles, não sua.

Aprenda, Thiago: você não tem controle sobre o que os outros pensam de você! Seu maior desafio será esse, viver fazendo aquilo que te faça feliz sem se preocupar com o que os outros vão pensar e falar. Você ainda pode não estar entendendo do que estou falando, sobre o que estou me referindo, mas na hora certa entenderá.

Seja sempre bom, Thiago, não importa a pessoa ou a ocasião, seja sempre bom. Independentemente do que te façam, escolha sempre ter cuidado e delicadeza com os outros, escolha sempre a ética para guiar seu caminho. Escute os conselhos da sua mãe. Ame, ame, ame. Ame intensamente, não se arrependa de amar. Amar não machuca quando é baseado na reciprocidade e respeito.

Saiba escutar e falar na hora certa. Ajude os mendigos na rua. Mande mensagens para as pessoas que você ama dizendo que elas são importantes na sua vida. Aproveite sua infância, brinque muito, corra bastante. Estude o dobro. Leia muitos livros, são eles que vão te ajudar a mudar sua visão sobre as coisas; serão seu refúgio nos momentos de tristeza.

Cuide da sua saúde, aprenda a gostar de esportes, você não sabe como isso vai te deixar feliz. Acorde cedo para fazer seu café e ler as notícias no jornal. Adote um cachorro. Escreva poesias. Faça tatuagens. Use a roupa que você quiser e te faça se sentir bem. Sua mãe vai te obrigar a usar roupas de "homenzinho": ternos, gravatas, sapatos sociais e suspensórios, mas com o tempo você vai perceber que você odeia isso. Então seja, faça e use apenas aquilo que te deixe bem.

Por último, Thiago, ultrapasse limites, transgrida fronteiras, atravesse o desconhecido, saia do escuro, abra portas, todas elas, e você será feliz.

Seu futuro eu.

Foz do Iguaçu, 7 de abril de 2023

REFERÊNCIAS

ACHUTTI, Luiz Eduardo Robinson. *Fotoetnografia*: um estudo de antropologia visual sobre cotidiano, lixo e trabalho. Porto Alegre: Tomo Editorial Palmarinca, 1997.

ALBUQUERQUE, José Lindomar Coelho. *Fronteiras em movimento e Identidades Nacionais*: a imigração brasileira no Paraguai. Ceará: UFC, 2005.

ALENCAR, Venan Lucas de Oliveira. *Aplicativos de Encontros Gays*: traços identitários de seus usuários em Belo Horizonte. 2017. 130 f. Dissertação (Mestrado em Sociologia) – Universidade Federal de Minas Gerais, Belo Horizonte, 2017.

AMARAL, Shirlena Campos. Modernidade e individualismo sob a ótica de Bauman e Giddens. *Revista Científica Internacional*, Campos dos Goytacazes, v. 1, n. 9, p. 138-175, 2014.

ANZALDÚA, Gloria. *Borderlands/La Frontera*: The New Mestiza. San Francisco: Aunt Lute Books, 1987.

ÁVILA, Simone. Sexualidade no interior conservador brasileiro: uma experiência de educação para a diversidade sexual e de gênero em Foz do Iguaçu. *Revista de Antropologia*, Manaus, v. 8, n. 2, p. 480-495, jul./dez. 2016.

BAKHTIN, Mikhail; VOLOCHINOV. *Marxismo e filosofia da linguagem*. São Paulo: Hucitec, 2003.

BARUFFI, Eduarda da Silva. Pink Money: compromisso ou oportunismo? *In*: HAMEL, Márcio Renan (org.). *Temas Contemporâneos do Direito*. Porto Alegre: Editora Fi, 2019.

BAUMAN, Richard; BRIGGS, Charles. Poética e performance como perspectivas críticas sobre a linguagem e a vida social. *Ilha Revista de Antropologia*, Florianópolis, v. 8, n. 2, p. 186-229, jul./dez. 1990.

BAUMAN, Zygmunt. *Modernidade Líquida*. Tradução de Plínio Dentzien. Rio de Janeiro: Jorge Zahar, 2001.

BAUMAN, Zygmunt. *Amor líquido*: sobre a fragilidade dos laços humanos. Tradução de Plínio Dentzien. Rio de Janeiro: Zahar, 2004.

BHABHA, Homi. *O local da cultura*. Belo Horizonte: UFMG, 2003.

BECKER, Howard. *Outsiders*: Estudos de Sociologia do Desvio. Rio de Janeiro: Zahar, 2008.

BENTO, Berenice. *A reinvenção do corpo*: sexualidade e gênero na experiência transexual. Rio de Janeiro: Garamond, 2006.

BLOMMAERT, Jan. *The Sociolinguistics of Globalization*. Cambridge: CUP, 2010.

BLOMMAERT, Jan. Ideologias Linguísticas e Poder. *In*: SILVA, Danilo Pereira; ALENCAR, Claudiana Nogueira de (org.). *Nova Pragmática*: modos de fazer. São Paulo: Cortez, 2014.

BOCAGE, Maria Barbosa Du. *Soneto do Pau Decifrado*. Disponível em: https://luizberto.com/soneto-do-pau-decifrado-bocage. Acesso em: 10 abr. 2023.

BORGES, Murilo. *Mulheres negras e plurais*: gênero, raça e sexualidade em Goyaz, século XIX. 2019. 252 f. Tese (Doutorado em Ciências Sociais) – Universidade Federal de Uberlândia, Universidade Federal Fluminense, 2019.

BUTLER, Judith. *Problemas de gênero*: feminismo e subversão da identidade. Tradução de Renato Aguiar. Rio de janeiro: Civilização Brasileira, 2003.

BUTLER, Judith. *Corpos que importam*. Tradução de Renato Aguiar. São Paulo: N-1 edições, 2019.

CAETANO, Marcio Rodrigo Vale. *Gênero e Sexualidade*: um encontro político com as epistemologias de vida e os movimentos curriculares. 2011. 278 f. Tese (Doutorado em Educação) – Universidade Federal Fluminense, Niterói, 2011.

CAMARGO, Mábia. *"Acuenda esse bajubá!"*: indexicalidades e interseccionalidades nas performances narrativas de uma travesti quilombola. 202 f. Tese (Doutorado em Letras) – Universidade Federal do Rio de Janeiro, Rio de Janeiro, 2019.

CANCLINI, Néstor García. *Consumidores e cidadãos*: conflitos multiculturais da globalização. Rio de Janeiro: Editora UFRJ, 1995.

CANCLINI, Néstor García. *Culturas Híbridas*: estratégias para entrar e sair da modernidade. Tradução de Ana Regina Lessa e Heloísa Pezza Cintrão. São Paulo: EDUSP, 2011.

CARDIN, Eric. Trabalho e organização dos "barqueiros" na fronteira do Brasil com o Paraguai. *In*: BOSI, A. de P.; VARUSSA, R. J. (org.). *Trabalho e trabalhadores na contemporaneidade*: diálogos historiográficos. Cascavel: EDUNIOESTE, 2011.

CASTELLS, Manuel. *A Sociedade em Rede*. Rio de Janeiro: Paz e Terra, 2011.

CAVALCANTI, Camila Dias. *Visíveis e Invisíveis*: práticas e identidade bissexual. 2007. 112 f. Dissertação (Mestrado em Cultura) – Universidade Federal de Pernambuco, Recife, 2007.

CECCHETTO, Fátima Regina. *Violência e estilos de masculinidade*. Rio de Janeiro: FGV, 2004.

CELANI, Maria Antonieta. Questões de Ética na Pesquisa em Linguística Aplicada. *Revista Linguagem & Ensino*, Pelotas, p. 101-125, jan./jun. 2005.

CHARTIER, Roger. *A história cultural entre práticas e representações*. Lisboa: Difusão Editora, 1988.

CHRISTIANS, Cifford. A ética e a política na pesquisa qualitativa. *In*: DENZIN, Norman; LINCOLN, Yvonna. *O planejamento da pesquisa qualitativa:* teorias e abordagens. Porto Alegre; São Paulo: Artmed/Bookman, 2006.

CHRYSTAL, Paul. *In Bed with the Ancient Greeks*. England: Amberley Publishing, 2016.

CLIFFORD, James. *A experiência etnográfica*: antropologia e literatura no século XX. Rio de Janeiro: UFRJ, 2002.

COLLING, Leandro. A igualdade não faz o meu gênero – Em defesa das políticas das diferenças para o respeito à diversidade sexual e de gênero no Brasil. *Revista Contemporânea*, São Paulo, v. 3, n. 2, p. 405-427, 2020.

COLLINS, James. Indexicalities of language contact in an era of globalization: engaging with John Gumperz's legacy. *Text & talk*, Germany, n. 31, p. 407-428, 2011.

CONNELL, Raewyn. *Masculinidades*. México: Universidad Nacional Autónoma de México, 2003.

COSTA, Jurandir Freire. *A face e o verso*: estudos sobre o homoerotismo. São Paulo: Escuta, 1995.

COUTO, Edvaldo; CRUZ, Ingrid de Magalhães Porto. #Fiqueemcasa: educação na pandemia da Covid-19. *Interfaces Científicas*, Aracaju, v. 8, n. 3, p. 200-217, 2020.

CTRL+N, Grupo Musical. *Afeminada*. São Paulo. Disponível em: https://www. youtube.com/watch?v=h1MI1xP7qrE. Acesso em: 10 abr. 2023.

CTRL+N, Grupo Musical. *Armário*. São Paulo. Disponível em: https://www. youtube.com/watch?v=Ehwx9vTnjFo. Acesso em: 10 abr. 2023.

DELEUZE, Gilles; GUATTARI, Félix. *Mil Platôs*: capitalismo e esquizofrenia. São Paulo: Editora 34, 1996.

DELORY, Christine. A pesquisa biográfica: projeto epistemológico e perspectivas metodológicas. *In*: ABRAHÃO, Maria Helena Menna Barreto; PASSEGGI, Maria da Conceição (org.). *Dimensões epistemológicas e metodológicas da pesquisa (auto) biográfica*. Natal: EDUFRN; Porto Alegre: EDIPUCRS, 2012.

DENZIN, Norman; LINCOLN, Yvonna. *O Planejamento da Pesquisa Qualitativa*: teorias e abordagens. Tradução de Sandra Regina Netz. 2. ed. Porto Alegre: Artmed, 2006.

DERRIDA, Jacques. *Mal de Arquivo*: uma impressão freudiana. Tradução de Cláudia de Moraes Rego. Rio de Janeiro: Relume Dumará, 2001.

DORFMAN, Adriana; SILVA, Regina Coeli Machado e. Controle das Fronteiras e inventividade local em Foz do Iguaçu (BR) e Ciudad del Este (PY) e Puerto Iguazú (AR) em tempos de pandemia. *In*: ROBALO-CORDEIRO, Cristina; JACINTO, Rui (org.). *Geografia e Poéticas da Fronteira*: Leitura de Territórios. Lisboa: Âncora, 2020.

ERICKSON, Frederick. Prefácio do livro. *In*: COX, Maria Inês Pagliarini; ASSIS--PETERSON, Ana Antonia de. *Cenas de sala de aula*. Campinas: Mercado de Letras, 2001.

FABRÍCIO, Branca Falabella. Nosso ser-assim é uma atividade. *In*: MOITA LOPES, Luiz Paulo da *et al*. *Estudos Queer em Linguística Aplicada Indisciplinar*: gênero, sexualidade, classe e raça. São Paulo: Parábola, 2022.

FAIRCLOUGH, Norman. *Language and power*. London; New York: Gongman, 1992.

FAIRCLOUGH, Norman. *Media Discourse*. Londres: Edward Arnold, 1995.

FERREIRA, Lorrany dos santos. *Juventude contemporânea no contexto da ruralidade*: um estudo sobre jovens estudantes de bela vista de goiás. 2019. 126 f. Dissertação (Mestrado em Ciências Sociais) – Universidade Federal de Goiás, Goiânia, 2019.

FOUCAULT, Michel. *A arqueologia do saber*. Tradução de Luiz Felipe Baeta Neves. Rio de Janeiro: Forense Universitária, 1972.

FOUCAULT, Michel. *Os anormais*. Tradução de Laura Fraga de Almeida Sampaio. São Paulo: Loyola, 1975.

FOUCAULT, Michel. *Vigiar e punir*: nascimento da prisão. Tradução de Raquel Ramalhete. Rio de Janeiro: Vozes, 1987.

FOUCAULT, Michel. *História da sexualidade I*: a vontade de saber. Tradução de Maria Thereza da Costa Albuquerque e Guilhon Albuquerque. Rio de Janeiro: Edições Graal, 1988.

FOUCAULT, Michel. *A ordem do discurso*. Tradução de Laura Fraga de Almeida Sampaio. São Paulo: Loyola, 1996.

FOUCAULT, Michel. *Microfísica do poder*. Tradução de Roberto Machado. Rio de Janeiro: Edições Graal, 2004.

FREIRE, Paulo. *Pedagogia da Esperança*. Rio de Janeiro: Paz e Terra, 1992.

FRYE, Marilyn. *The politics of reality*: essays in feminist theory. New York: Ten Speed, 1983.

FUNARI, Pedro Paulo. Falos e Relações Sexuais: representações romanas para além da natureza. *In*: FUNARI, Pedro Paulo; FEITOSA, Lourdes (org.). *Amor, Desejo e Poder na Antiguidade*: Relações de Gênero e Representações do Feminino. Campinas: Editora da Unicamp, 2003.

GARCEZ, Pedro de Moraes; SCHULZ, Lia. Olhares circunstanciados: etnografia da linguagem e pesquisa em Linguística Aplicada no Brasil. *Revista Delta*, Rio de Janeiro, v. 31, n. 39, p. 1-34, 2015.

GEERTZ, Clifford. *A interpretação das culturas*. Tradução de Fanny Wrobel. Rio de Janeiro: Zahar Editores, 1978.

GIDDENS, Anthony. *A Transformação da intimidade*: sexualidade, amor e erotismo nas

sociedades modernas. São Paulo: Editora UNESP, 1992.

GOLDMAN, Marcio. Os tambores dos mortos e os tambores dos vivos. Etnografia, antropologia e política em Ilhéus, Bahia. *Revista de Antropologia*, São Paulo, v. 46, n. 2, 2003.

GREEN, James. *Além do Carnaval*: a homossexualidade masculina no Brasil do século XX. São Paulo: EdUNESP, 1999.

GROHMANN, Rafael. Não sou/ não curto: sentidos circulantes nos discursos de apresentação do aplicativo Grindr. *Revista Sessões do Imaginário*, Porto Alegre, v. 21, n. 35, p. 71-79, 2016.

GROSSI, Miriam. Masculinidade: uma revisão teórica. *Revista Antropologia em primeira mão*, Florianópolis, v. 1, n. 1, p. 90-15, 1995.

GUIMARÃES, Thayse Figueira. *Embates entre performances corpóreo-discursivas em trajetórias textuais*: uma etnografia multissituada. 2014. 221 p. Tese (Doutorado em Linguística Aplicada) – Universidade Federal do Rio de Janeiro, Rio de Janeiro, 2014.

GUIMARÃES, Thayse; MOITA LOPES, Luiz Paulo da. Trajetória de um texto viral em diferentes eventos comunicativos: entextualização, indexicalidade, performances identitárias e etnografia. *ALFA Revista de Linguística*, São Paulo, v. 61, p. 11-33, 2017.

GUZMÁN, Manuel. *"Pa' La Escuelita con Mucho Cuida'o y por la Orillita"*: A Journey through the Contested Terrains of the Nation and Sexual Orientation. University of Minnesota Press, 1997.

HAESBAERT, Rogério. *O mito da desterritorialização*: do "fim dos territórios" a multiterritorialidade. São Paulo: Bertrand Brasil, 2006.

HAESBAERT, Rogério. Do corpo-território ao território-corpo (da terra): contribuições decoloniais. *Revista Geographia*, Niterói – UFF, v. 22, n. 48, p. 75-90, 2020.

HALBERSTAM, Jack. *A arte queer do fracasso*. Tradução de Bhuvi Libanio. Pernambuco: Cepe Editora, 2020.

HALL, Stuart. *A Identidade Cultural na Pós-modernidade*. Tradução de Tomás Tadeu da Silva. Rio de Janeiro: DP&A, 2006.

HARAWAY, Donna. Manifesto ciborgue: ciência, tecnologia e feminismo-socialista no final do século XX. *In*: SILVA, Tomaz Tadeu da (org.). *Antropologia do ciborgue*: As vertigens do pós-humano. Belo Horizonte: Autêntica, 2000.

HINE, Christine. *Etnografia Virtual*. Barcelona: Editorial UOC, 2004.

HOPKINSON, G. C.; HOGG, Margaret. Stories: how they are used and produced in market(ing) research. *In*: BELK, Russell (org.). *Handbook of qualitative research methods in marketing*. Northampton: Edward Elgar Publishing, 2006.

ILLOUZ, Eva. *O amor nos tempos do capitalismo*. Rio de Janeiro: Zahar, 2011.

IORC, Thiago. *Masculinidade*. São Paulo: Sony Music. Disponível em: https://www.youtube.com/watch?v=V5GUxCQ8rl4. Acesso em: 10 abr. 2023.

JUNQUEIRA, Rogério Diniz. A invenção da "ideologia de gênero": a emergência de um cenário político-discursivo e a elaboração de uma retórica reacionária antigênero. *Revista Psicologia Política*, São Paulo, v. 18, n. 8, p. 410-425, 2018.

KAFKA, Franz. *A metamorfose*. Tradução de Modesto Carone. São Paulo: Companhia das Letras, 1997.

KEMMER, Lilian. Para além da ética burocrática em pesquisa qualitativa envolvendo seres humanos. *Revista de Linguística*, São José do Rio Preto, v. 3, n. 6, p. 147-162, 2019.

KLEIMAN, Angela. Agenda de pesquisa e ação em linguística aplicada: problematizações. *In*: MOITA LOPES, Luiz Paulo da (org.). *Linguística aplicada na modernidade recente*: festschrift para Antonieta Celani. São Paulo: Parábola, 2013.

LACAN, Jacques. O estádio do espelho como formador da função do eu. *In:* LACAN, Jacques (org.). *Escritos*. Rio de Janeiro: Jorge Zahar Editor, 1998.

LAQUEUR, Thomas Walter. *Inventando o sexo*: corpo e gênero dos gregos a Freud. Tradução de Vera Whately. Rio de Janeiro: Relume Dumará, 2001.

LE BRETON, David. *A sociologia do corpo*. Petrópolis, RJ: Vozes, 2006.

LEMOS, André. Mídias locativas e vigilância: sujeito inseguro, bolhas digitais, paredes virtuais e territórios informacionais. *In*: BRUNO, Fernanda; KANASHIRO, Marta; FIRMINO, Rodrigo (org.). *Vigilância e visibilidade*: espaço, tecnologia e identificação. Porto Alegre: Sulina, 2010.

LEOPOLDO, Rafael. *Cartografia do Pensamento Queer*. Salvador: Editora Devires, 2020.

LEROY, Henrique Rodrigues. *Dos Sertões para as Fronteiras e das Fronteiras para os Sertões*: as (in)visibilidades das identidades performativas nas práticas translíngues, transculturais e decoloniais no ensino-aprendizagem de Língua Portuguesa Adicional da UNILA. 2018. 286 f. Tese (Doutorado em Letras) – Universidade Estadual do Oeste do Paraná , Cascavel, 2018.

LORENZI, Glaucia. *Prostituição feminina na tríplice fronteira:* uma etnografia no Motel Belize. 2019. 112 f. Dissertação (Mestrado em Sociedade e Cultura) – Universidade Estadual do Oeste do Paraná, Foz do Iguaçu, 2019.

LOURO, Guacira Lopes. *Teoria queer*: uma política pós-identitária para a educação. Belo Horizonte: Autêntica, 2001.

LOURO, Guacira Lopes. *Um corpo estranho*: ensaios sobre sexualidade e teoria *queer*. Belo Horizonte: Autêntica, 2004.

LUZZI, Thiago Emanuel. *Subjetividade e pornô online*: uma análise institucional do discurso. 2017. 147 f. Dissertação (Mestrado em Ciências Sociais) – Universidade de São Paulo, São Paulo, 2017.

MALINOWSKI, Bronislaw. *Argonautas do Pacífico ocidental*. São Paulo: Abril Cultura, 1978.

MAMED, Letícia Helena. Barrados na Ponte da Integração: imigrantes nas fronteiras da Amazônia Sul Ocidental durante a pandemia. *Revista Travessia*, São Paulo, n. 95, p. 9-37, 2022.

MARCUS, George. Ethnography in/of the World System: the emergence of multi-sited ethnography. *Annual Review of Anthropology*, v. 24, p. 95-117, 1995.

MARIUSSO, Victor Hugo Silva Gomes. *Caça às Bruxas Bichas*: homossexualidade e violência no Brasil contemporâneo. Campo Grande: Ed. UFMS, 2016.

MASTER, William; JOHNSON, Virginia. *A Resposta Sexual Humana*. São Paulo: Roca, 1984.

MARTINS, Pedro. Do pornô ao Grindr: por que temos medo do pênis? *Jornal Folha de São Paulo*, São Paulo, 10 abr. 2022. Disponível em: https://www.otempo.com.br/super noticia/interessa/tecnologia-e-games/do-porno-ao-grindr-que--censura-nudes. Acesso em: 1 jun. 2023.

MATTOS, Carmen Lúcia Guimarães de. A abordagem etnográfica na investigação científica. *In*: MATTOS, Carmen Lúcia Guimarães de (org.). *Etnografia e educação*: conceitos e usos. Campina Grande: EDUEPB, 2011.

MBEMBE, Achille. *Necropolítica*: biopoder, soberania, estado de exceção, política da morte. Tradução de Renata Santini. São Paulo: N-1 edições, 2018.

MEDEIROS, Ettore Stefani de. *Textos Verbo-visuais de homens que se relacionam afetivosexualmente com homens*: Te(n)sões entre Masculinidades no Aplicativo Grindr. 2018. 156 f. Dissertação (Mestrado em Comunicação) – Universidade Federal de Minas Gerais, Belo Horizonte, 2018.

MEDEIROS, Ettore Stefani de. *Capacidades de agir no aplicativo Grindr*: agências e negociações diante dos ódios contra homens com práticas afetivo-sexuais gays. 2022. 199 f. Tese (Doutorado em Comunicação) – Universidade Federal de Minas Gerais, Belo Horizonte, 2022.

MEDRADO, Benedito; LYRA, Jorge. Por uma matriz feminista de gênero para os estudos sobre homens e masculinidades. *Revista Estudos Feministas*, Florianópolis, n. 16, v. 3, p. 76-95, 2008.

MELO, Thiago. Benitez de. *As identidades que nos habitam*: representações, culturas e língua(gens) no contexto escolar transfronteiriço. 2014. 120 f. Dissertação (Mestrado em Letras) – Universidade Estadual do Oeste do Paraná, Foz do Iguaçu, 2014.

MIGNOLO, Walter. Desobediência epistêmica: a opção descolonial e o significado de identidade em política. *Cadernos de Letras da UFF*. Dossiê: Literatura, língua e identidade, Rio de Janeiro, n. 34, p. 287-324, 2008.

MISKOLCI, Richard. Machos e Brothers: uma etnografia sobre o armário em relações homoeróticas relações homoeróticas masculinas criadas masculinas criadas masculinas criadas on-line online. *Estudos Feministas*, Florianópolis, v. 21, n. 46, p. 301-324, 2013.

MISKOLCI, Richard. Discreto e fora do meio: notas sobre a visibilidade sexual contemporânea. *Cadernos Pagu*, Campinas, v. 20, n. 44, p. 45-68, 2015.

MISKOLCI, Richard. *Desejos Digitais*: uma análise sociológica da busca por parceiros on-line. Belo Horizonte: Autêntica, 2017.

MOITA LOPES, Luiz Paulo da. *Identidades Fragmentadas:* a construção discursiva de raça, gênero e sexualidade em sala de aula. Campinas: Mercado de Letras, 2002.

MOITA LOPES, Luiz Paulo da. *Por uma Linguística Aplicada Indisciplinar*. São Paulo: Parábola, 2006.

MOITA LOPES, Luiz Paulo da. Inglês e Globalização em uma epistemologia de fronteira: ideologia linguística para tempos híbridos. *Revista Delta*, Rio de Janeiro, v. 2, n. 34, p. 309-340, 2008.

MOITA LOPES, Luiz Paulo da. *O português no Século XXI*: cenário geopolítico e sociolinguístico. São Paulo: Parábola, 2013.

MOITA LOPES, Luiz Paulo da. Desejo na biopolítica do agora: performatividades escalares em um aplicativo de encontros homoafetivos. *Revista Delta*, Rio de Janeiro, v. 3, n. 36, p. 1-37, 2020.

MOITA LOPES, Luiz Paulo da; FABRÍCIO, Branca Falabella. Por uma ideologia linguística responsiva às teorizações queer. *Cadernos de Linguagem e Sociedade*, Brasília, v. 19, n. 2, p. 371-387, 2020.

MOITA LOPES, Luiz Paulo da. Linguística Aplicada Indisciplinar com base em uma ideologia linguística responsiva às teorizações queer. *In*: MOITA LOPES, Luiz Paulo da *et al. Estudos Queer em Linguística Aplicada Indisciplinar*: gênero, sexualidade, classe e raça. São Paulo: Parábola, 2022.

MONICA, Eder Fernandes; COSTA, Ramon Silva. Privacidade, liberdade sexual e sigilo: sentidos de liberdade no aplicativo Grindr. *Interfaces Científicas*, n. 2, p. 99-115, 2020.

MORIN, Edgar. *Ciência com consciência*. Rio de Janeiro: Bertrand Brasil, 2005.

MOTA, Fernanda Ferreira. *Gênero, raça e classe*: a desigualdade à democracia do cuidado. 2018. 212 f. Tese (Doutorado em Direito) – Universidade de Brasília, Brasília, 2018.

MURASAKI, Aryel Ken. Juventude, homossexualidade e diversidade: um estudo sobre o processo de sair do armário usando mapas corporais. *Cadernos de Terapia Ocupacional*, São Carlos: UFSCar, n. 1, v. 24, p. 53-68, 2016.

NODDINGS, Nel. *O cuidado*: uma abordagem feminina à ética e à educação moral. São Leopoldo: Unisinos, 2003.

NOGUEIRA, Gilmaro. *Caças e pegações online*: subversão e reiterações de gênero e sexualidades. Salvador: Editora Devires, 2020.

O SEGREDO de Brokeback Mountain. Direção: Ang Lee. Produção: Geraldine Peroni Dylan Tichenor. Estados Unidos: Focus Features, 2006. DVD (134 min.).

OLIVEIRA, Luciana de. Etnografia, pesquisa multissituada e produção de conhecimento no campo da comunicação. *Revista de Epistemologias da Comunicação*, Rio de Janeiro, n. 10, v. 5, p. 72-81, jul./dez. 2017.

PARANHOS, Marco Antonio Vieira. *De olho no boy*: identidades, consumo e afetividade em aplicativos de relacionamento. 2019. 243 f. Tese (Doutorado em Psicologia) – Universidade Federal do Recôncavo da Bahia, Cachoeira, 2019.

PEIRANO, Mariza. Etnografia não é método. *Horizontes Antropológicos*, Porto Alegre, ano 20, n. 42, p. 377-391, jul./dez. 2014.

PEIRANO, Mariza. *Cadernos Pagu*, Campinas, v. 20, n. 44, p. 45-68, 2014.

PELÚCIO, Larissa. Na noite nem todos os gatos são pardos: notas sobre a prostituição travesti. *Cadernos Pagu*, Campinas, v. 25, p. 217-248, 2005.

PELÚCIO, Larissa. Afetos, mercado e masculinidades contemporâneas: notas iniciais de uma pesquisa em aplicativos móveis para relacionamentos afetivos/sexuais. *Revista Contemporânea*, São Paulo, v. 5, n. 2, p. 309-333, 2016.

PEREIRA, Maria Ceres; COSTA, Rivaldo Vitor da. Quando a voz é o silêncio: questões de língua e aprendizagem em contextos sociolinguisticamente complexos. *In*: CAVALCANTI, Marilda; BORTONI-RICARDO, Stela Maris (org.). *Transculturalidade, linguagem e educação*. Campinas: Mercado de Letras, 2008.

PEREIRA, Pedro Paulo Gomes. *Queer* decolonial: quando as teorias viajam. *Revista Contemporânea*, São Paulo, v. 5, n. 2, p. 411-437, 2015.

PERES, Henry Fragel Madeira. *Expropriação do trabalho sexual plataformizado*: um estudo de caso na OnlyFans. 2022. 43 f. Monografia (Graduação em Letras) – Universidade Federal do Rio de Janeiro, Rio de Janeiro, 2022.

PERLONGHER, Nestor. *O negócio do michê*: a prostituição viril em São Paulo. São Paulo: Fundação Perseu Abramo, 2008.

PINHEIRO, Zuleika de Andrade Câmara. *Vidas Infames*: uma etnografia das masculinidades, identidades de gênero e sobrevivências de homens que moram nas ruas. 2018. 250 f. Tese (Doutorado em História) – Universidade Estadual Paulista, Marília, 2018.

PINO, Nánia Perez. A teoria queer e os intersexos: experiências invisíveis de corpos des-feitos. *Cadernos Pagu*, São Paulo, n. 28, p. 150-173, 2007.

PINTO, Joana Plaza. Conexões teóricas entre performatividade, corpo e identidades. *Revista Delta*, Rio de Janeiro, n. 23, p. 1-26, 2007.

PIRES-SANTOS, Maria Elena. *Plurilinguismo/Pluriculturalismo em cenários transfronteiriços*: as políticas linguísticas e a formação de professores. Relatório de projeto de pós-doutorado/Unicamp, 2012, inédita.

POLIVANOV, Beatriz. *Etnografia virtual, netnografia ou apenas etnografia?* Implicações dos conceitos. Rio de Janeiro: UFF, 2013.

POLLAK, Michael. Memória, Esquecimento, Silêncio. *Revista Estudos Histórico*, Rio de Janeiro, v. 2, n. 3, p. 3-15, 1989.

POUTIGNAT, Philippe; STREIFF-FENART, Jocelyne. *Teorias da Etnicidade*. Tradução de Elcio Fernandes. São Paulo: Editora Unesp, 2011.

PRADO, Caio. *Não Recomendado*. São Paulo: Sofar Sounds. Disponível em: https://www.youtube.com/watch?v=aq5yOS_XtNU. Acesso em: 10 abr. 2023.

PRECIADO, Paul Beatriz. *Manifesto Contrassexual*. São Paulo: N-1 edições, 2000.

PRECIADO, Paul Beatriz. *Testo Junkie*: sexo, drogas e biopolítica na era farmaco-pornográfica. Madrid: N-1 edições, 2008.

PRECIADO, Paul Beatriz. *Pornotopia*: Playboy e a invenção da sexualidade multimídia. [*S. l.*]: N-1 edições, 2014.

QUEBRADA, Linn da. *Mulher*. São Paulo: MC. Disponível em: https://www.youtube.com/watch?v=-50hUUG1Ppo. Acesso em: 10 abr. 2023.

QUIJANO, Aníbal. Colonialidade do poder, eurocentrismo e América Latina. *In*: LANDER, Edgardo (org.). *A colonialidade do saber*: eurocentrismo e ciências sociais: perspectivas latino-americanas. Buenos Aires: CLACSO, 2005.

QUINALHA, Renan. *Contra a moral e os bons costumes*: A política sexual da ditadura brasileira (1964-1988). 2017. 329 f. Tese (Doutorado em Direito) – Universidade de São Paulo, São Paulo, 2017.

RAFFESTIN, Claude. *Por uma geografia do poder*. São Paulo: Ática, 1993.

RAMOS, Alcida Rita. Ethnology brazilian style. *In: Anais [...]* Trabalhos em Ciências Sociais. Brasília: Universidade de Brasília, 1990.

REIS, Simone. *Learning to teach reading in English as a foreign language*: an interpretative study of student teachers' cognitions and actions. 2014. 268 f. Tese (Doutorado em Educação) – Radboud University Nijmegen, Nijmegen, 2014.

ROCHA, Ana Luiza Carvalho da; ECKERT, Cornelia. *Etnografia*: saberes e práticas. São Paulo: Iluminuras, 2008.

ROSA, João Guimarães. *Primeiras Estórias*. Rio de Janeiro: Editora José Olympio, 1962.

ROSA, Hartmut. *Aceleração*: A transformação das estruturas temporais da modernidade. São Paulo: Ed. Unesp, 2019.

RUANI, Ruann Moutinho. Sentidos de masculinidades dissidentes através do uso do emoji de berinjela no Grindr. *Revista Interthesis*, Florianópolis, v. 18, p. 1-20, 2021.

RUIZ, Melissa Salinas. *Em busca do aquê*: histórias de vida e trabalho de pessoas transgêneras em Foz do Iguaçu/PR. 2022. 233 f. Tese (Doutorado em Sociedade, Cultura e Fronteiras) – Universidade Estadual do Oeste do Paraná, Foz do Iguaçu, 2022.

RUSHDIE, Salman. *Cruze esta linha*. Tradução de José Rubens Siqueira. São Paulo: Companhia da Letras, 2007.

SALGADO, Ana Claudia Peters. Paisagem linguística e repertórios em tempos de diversidade: uma situação em perspectiva. *Revista Calidoscópio*, Unisinos, v. 14, n. 2, p. 219-228, 2016.

SANTOS, Milton. O retorno do território. *In*: SANTOS, Milton; SOUZA, Maria Adélia de; SILVEIRA, Maria Laura. *Território*: Globalização e fragmentação. São Paulo: Hucitec/Anpur, 1993.

SANTOS, Izaac Azevedo dos. *Narrativas de um adolescente homoerótico:* conflitos do "eu" na rede de relações sociais da infância à adolescência. Rio de Janeiro. 2008. 180 f. Dissertação (Mestrado em Letras) – Departamento de Letras, Pontifícia Universidade Católica do Rio de Janeiro, Rio de Janeiro, 2008.

SAYAD, Abdelmalek. *A imigração ou os paradoxos da alteridade*. São Paulo: Edusp, 1998.

SCLIAR, Moacyr. *O centauro no jardim*. São Paulo: Companhia das Letras, 2004.

SECRETO e Proibido. Direção: Chris Bolan. Pordução: Beech Hill Films. Estados Unidos: Netflix, 2020. Streaming (83 min.).

SEDGWICK, Eve Kosofsky. Epistemologia do armário. *Cadernos Pagu*, São Paulo, n. 28, p. 19-54, 2007.

SILVA, Tomaz Tadeu da. A produção social da identidade e da diferença. *In*: SILVA, Tomaz Tadeu da (org.). *Identidade e Diferença*: a perspectiva dos estudos culturais. Petrópolis: Vozes, 2012.

SILVA, Allyson Darlan Moreira da. *Janela Indiscreta: um estudo sobre sexo virtual, desejo e consumo no site Câmera Privê*. 105 f. Dissertação (Mestrado) – UFRN, Natal, 2017.

SILVA, Regina Coeli Machado e. Escola e educar na fronteira: atos do Estado se (des)fazendo em seus limites. *In*: DORFMAN, Adriana; FILIZOLA, Roberto (org.).

Ensinando Fronteiras: Projetos estatais, representações sociais e interculturalidade. Porto Alegre: Editora Diadorim, 2021.

SILVÉRIO, Valter. *O Multiculturalismo e o reconhecimento*: mito e metáfora. São Paulo: USP, 1999.

SILVERSTEIN, Michael. Pragmatic Indexing. *In*: MEY, Jacob (org.). *Concise encyclopedia of pragmatics*. London: Elsevier, 2009.

TREVISAN, João Silvério. *Devassos no Paraíso*: a homossexualidade no Brasil. Rio de Janeiro: Objetiva, 2018.

URIARTE, Urpi Montoya. *O que é fazer etnografia para os antropólogos*. Ponto Urbe: São Paulo, 2012.

VELHO, Gilberto. *Um antropólogo na cidade*. Rio de Janeiro: Editora Campus, 1980.

VENN, Couze. *Occidentalism*: modernity and subjectivity. Londres: Sage, 2000.

WASSER, Nicolas. O medo de voltar para casa: revisitando o nexo entre (homo) sexualidades e deslocamentos a partir do conceito de sexílio. *Revista Latianoamericana*, Rio de Janeiro, n. 37, p. 1-22, 2021.

WEBBER, Maria Aparecida. *Estudantes brasileiros de medicina em Presidente Franco (PY)*: motivações e tensões de um fluxo universitário transfronteiriço. 2018. 164 f. Dissertação (Mestrado em Antropologia) – Universidade Federal do Paraná, Curitiba, 2018.

WEBBER, Maria Aparecida; SILVA, Regina Coeli Machado e. "O Paraguai é um bairro de Foz": reflexões etnográficas sobre o território a partir de um fluxo universitário transfronteiriço. *In*: CURY, Mauro José Ferreira (org.). *Interdisciplinaridade em territorialidades transfronteiriças*. Curitiba: Editora CRV, 2019.

WOODWARD, Kathryn. Identidade e diferença: uma introdução teórica e conceitual. *In*: SILVA, Tomaz Tadeu da (org.). *Identidade e Diferença*: a perspectiva dos estudos culturais. Petrópolis: Vozes, 2000.

ZAGO, Luiz Felipe. *Os meninos*: corpo, gênero e sexualidade em e através de um site de relacionamentos. 2013. 320 f. Tese (Doutorado em Ciências Sociais) – Universidade Federal do Rio Grande do Sul, Porto Alegre, 2013.

ZAGO, Luiz Felipe. Pornotopias: espaço, mídias e sexualidade. *Revista E-compós*, Brasília, v. 9, n. 3, p. 2-19, 2016.

ŽIŽEK, Slavoj. *Um mapa da ideologia*. Rio de Janeiro: Contraponto, 1996.